당신의
투자가
심플했으면
좋겠습니다

✳
당신의
투자가
심플했으면
좋겠습니다

1판 1쇄 발행 | 2023년 2월 17일
1판 2쇄 발행 | 2023년 3월 10일

지은이 전주불도저
펴낸이 김기옥

경제경영팀장 모민원
기획 편집 변호이, 박지선
마케팅 박진모
경영지원 고광현, 임민진
제작 김형식

인쇄·제본 민언프린텍

펴낸곳 한스미디어(한즈미디어(주))
주소 04037 서울특별시 마포구 양화로11길 13 (서교동, 강원빌딩 5층)
전화 02-707-0337 | 팩스 02-707-0198 | 홈페이지 www.hansmedia.com
출판신고번호 제 313-2003-227호 | 신고일자 2003년 6월 25일

ISBN 979-11-6007-895-4 (13320)

당신의
투자가
심플했으면
좋겠습니다

전주불도저 지음

복잡한 소음은 뒤로하고,
주식 투자자에게 가장 중요한
단 하나의 원칙만 남겨두는 법

한스미디어

혼돈의 시장일수록 투자 전략은 심플하게, 나만의 원칙으로

2022년은 모두에게 참 어려웠던 한 해였습니다. 대다수가 희망을 안고 출발했던 것이 연초 상황일 텐데요. 불과 1년도 채 지나지 않아 주식과 부동산이라면 모두 불안한 눈으로 바라보고 있습니다. 2022년 초에 불과 0.25%에 해당했던 미국의 기준금리가 2023년 2월 현시점 4.75%를 기록 중입니다. 1년여 만에 금리가 급격히 치솟으며 시장에 상당한 충격이 있었습니다. 2022년에는 생각치도 못했던 우크라이나발 지정학 이슈도 있었고, 극단적 에너지 가격 급등도 있었습니다.

한편, 잘 생각해보시면 이 모든 것은 눈앞에 있어 급박해 보이지만, 개인의 주식 투자 측면에서 보면 중요한 문제는 아닙니다. 직장인 대부분은 마음에 불안을 안고 살죠. 회사에서 열심히 일하고 승진해서 성취를 거둔다 해도 퇴직 시점도, 노후도, 아이 교육도 모두 걱정됩니다. 그러나 자본주의 사회에서 부자가 되는 방법은 오직 사업과 투자뿐입니다. 사람은 어떠한 문제를 앞두면 언제나 두 가지의 관점을 마주하게 됩니다. 하나는 눈앞에 있는 어려움에만 집중하는 것입니다. 다른 하나는 '확정적으로 다가올 노후에 대한 대안이 있는가?'하고 되묻는 것입니다. 이때 대안이 없다면 무조건 실행해야 한다는 것이 저의 철학입니다.

무조건 '열심히'만 하는 것이 대책일까요? 사실 대한민국 직장인 대다수가 모두 열심히 살고 있습니다. 그런데 '무엇을' 어떻게 해야 하는지 모른 채 그냥 열심히만 하고 있을 뿐입니다. 지금 길을 잃은 직장인들에게 제가 이야기하고 싶은 세 가지 핵심은 이렇습니다.

첫 번째는, 'Know' 내가 앞으로 무엇을 해야 하는지 정확히 알고 있어야 합니다. 어떤 것을 중점으로 해야 할지 감을 잡아야 하는데요, 일단 무엇이든 한 바퀴 경험을 순환시켜보면 나에게 맞는 것은 무엇인지 우선해야 하는 것은 무엇인지 알게 됩니다.

두 번째는, 'Early' 이왕이면 일찍 시작하세요. 사회초년생일 때는 돈이 없고, 중년이 되면 자녀 교육비 등으로 모이는 돈이 없고, 노후에는 잃어서는 안 되는 돈이기 때문에 안 된다고들 합니다. 모두 그럴싸한 이야기 같지만, 오로지 시작을 늦추는 핑계일 뿐이라고 생각합니다. 핑계 대지 않는 습관도, 무형자산을 기반으로 자산을 증식해 나가는 습관도, 모두 일찍 시작해야 합니다. 습관은 한

번 자리 잡히면 똬리를 틀고 쉽게 바뀌지 않습니다. 중년이 되면 이미 정착된 자신의 방식이 있기에 다른 관점으로 마음을 열기가 어렵습니다. 바꾸려면 오늘 바꿔야 합니다.

마지막 세 번째는, 'Long' 멀리 보고 길게 투자해야 합니다. 무엇을 해야 하는지 명확히 아는 사람은, 실행하기만 하면 풀리는 자신의 숙제 리스트가 있어서 어떠한 상황에서도 마음이 즐겁습니다. 핑계 댈 것도 없고 오직 하기만 하면 풀리기 때문에 신이 납니다. 일찌감치 즐거운 라이프스타일과 투자의 비밀을 깨닫고, 장수 투자까지 병행한 사람이 있는데요, 바로 워런 버핏과 찰리 멍거입니다. 그들의 높은 수익률은 탁월한 선별에도 기인하지만, 롱런하고 있기 때문에 쌓이고 있는 복리 기간도 크게 한몫합니다.

도서 집필을 본격적으로 시작한 시점부터 탈고할 때까지 폭락장이 연이어졌으니 당황스러운 마음도 들었는데요. 한편으로는 오히려 마음 편한 투자의 정수를 시험할 수 있는 이때가 참 좋은 시기라고 생각합니다. 40년 만의 최대 폭락장, 그리고 암울한 2023년 전망은 우리를 위축시킵니다. 한편으로, 투자의 핵심은 언제나 '어떤 관점에서 질문하느냐'입니다. 40년 만에 최대 폭락장이라서 오히려 좋을 수 있습니다. 누군가는 불안의 정점에서 포지션이 없음을 기뻐하고 다른 누군가는 불안해하는 다수를 보며 더 유리한 포지션을 취합니다. 길게 보면 역발상 투자가 승리하기 마련입니다.

앞서 언급했던 모든 이슈는 이미 잘 알려진 주제들입니다. 인플레이션의 장기화, 우크라이나발 이슈의 지속, 경기 침체 우려 등인데요. 경기라는 것은 오고가는 것이며, 매크로 주제들과 개별 사업의 경제적 해자는 완전 별개입니다. 대다수는 투자에 임할 때 기가막히게 예리한 분석과 적중을 통해 성취를 평가합니다. 그렇지만 특정 시점에 대한 적중이 투자의 전부일까요?

사업으로서 임하는, 규모 있는 투자만이 실제로 부를 만듭니다. 규모를 키우려면 마음을 졸이지 않으면서 지켜볼 수 있는 투자처인지 확신이 있어야 합니다. 시장의 하락을 두려워할 게 아니라 오히려 하락할 때 더 살 수 있는 기업인지 따져봐야 합니다. 모두 기업의 경제적 해자에 대해 정면으로 묻는 질문입니다. 투자의 본질은 시간이 지날수록 성과를 내지 못하고 불리해지는 기업들을 적극적으로 피하는 것입니다. "열위 기업에게는 시간이 적으로 작용한다." 워런 버핏의 어록 중 하나인데요. 급이 다른 기업을 감별하기 위해서는 아주 탁월한 강점이 없다면 즉시 스킵하는 '1초 컷 관점'이 필요합니다. 심플한 질문으로 시야를 좁히면 좁힐수록 여러분은 까다로운 투자자가 될 것입니다. 지금 이익이 크게 증가한다는 대다수 수혜주가 불편하게 느껴질 것입니다. 그 모든 수혜가 결국 1년 안에 사라질 것을 알기 때문입니다. 모두가 흥분할 때 잠시 멈춰 던져 보는 단 하나의 질문이 여러분에게 안전마진을 제공합니다.

많은 직장인들이 의무감에 시달립니다. 매일 시황을 확인해야 할 것 같고, 분기별로 실적은 물론 사업보고서의 주석을 상세히 살펴봐야 할 것 같은 부담이 있습니다. 기업 공시에서 복잡해 보이는 전환사채, 신주인수권부사채 등 어려운 용어도 상세히 알아야 할 것 같습니다. 한편 저는 다른 관점을 제시하고 싶습니다. 복잡하게 튀어나오는 상세 비용을 다 파헤칠 필요가 없습니다. 오히려 어려워 보이는 공시를 남발하는 기업은 '쭉정이'일 뿐입니다. 시중에는 다양한 회계 도서가 많지요. 대부분 나쁜 기업은 이러이러한 특징을 지니고 있으므로 사업보고서 숫자를 통해 잘 판별해야 한다고 알려줍니다. 전 다르게 말하고 싶습니다. 우리가 오랫동안 함께해야 하는, 소위 '탁월한' 기업은 튀는 숫자가 좀처럼 나오지 않습니다. 아주 좋은 기업은 조달 시장에서 경쟁력이 있기에 주식으로 전환 가능한 사채 발행 공시가 나오지도 않습니다. 때문에 저러한 복잡한 숫자들에 속지 말고, 정작 필요한 것은 하나의 심플한 마인드 뿐입니다. '안 팔아도 되는, 아주 좋은 기업이 맞는가?'

수혜주라는 것들의 99%는 사실 분기 수혜에 해당하며, 대부분의 개인투자자는 못 팔고 물립니다. "복잡한 실타래 숙제를 자꾸 주지 않는 곳, 숙제를 하지 못한 죄책감을 주지 않는 곳, 지금까지는 물론 앞으로도 좋을 심플한 기업에 사업으로서 주식 투자를 하자." 본 도서를 쓰게 된 주제의식입니다. 직장인과 바쁜 현대인에게 가장 알맞은 방법이라고 생각합니다.

많은 사람들이 투자 실패로 우울한 시점을 지나고 있습니다. 한편 노후 이전의 투자 실패는 사실 우리 인생에서 가장 값이 싼 이벤트 중 하나입니다. 이혼, 부모의 치매, 가족 간 절연, 배우자의 암 판정, 자신의 건강 악화, 아이의 투병, 교통사고, 보이스피싱, 사기, 실직, 우울증. 사실 사람은 이 모든 조합에서 일생 동안 자유롭기가 쉽지 않습니다. 중요한 것은 무엇이 진짜 힘이 되는 투자 원칙인지 더 이른 시기에 발견하고, 장기간 유지하는 초점입니다. 재능이 뛰어난 사람이 돈을 버는 게 아닙니다. 자신만의 관점과 초점을 유지하는 사람이 부자가 됩니다.

'우리를 둘러싼 모든 난관과 현실의 어려움은 100% 온전하게 나의 책임이다.' 이 한 문장에서 극단적인 주인의식이 생겨납니다. '리더는 절대 핑계 대지 않는다. 리더는 최전선에서 언제나 가장 앞장선다. 리더는 그래서 지금 할 수 있는 것에만 집중한다. 리더는 실행하기만 하면 풀리는 비전을 가지고 있다.' 제가 매일 다짐하는 리더십입니다.

망매지갈(望梅止渴)의 고사를 떠올려보시죠. 무더위 행군이 이어지며 병사들의 사기가 완전 가라앉고 마실 물마저 떨어진 시점에 조조는 말합니다. "이곳만 넘어가면 매실 숲이 있다. 우리는 달콤새콤한 매실을 충분히 섭취할 것이고 고지가 바로 눈앞이다." 병사들은 큰 힘을 얻고 결국 냇물도 찾습니다. 이렇듯 리더는 반드시 선명한 방향성을 제시하며, 당장 할 수 있는 것에 집중합니다.

사람은 신체적 피로감으로 힘든 것이 아닙니다. 앞이 보이지 않는 심적 답답함으로 더 고통스럽기 마련입니다. "하고자 하는 자는 발전이 있다." 제가 가장 좋아하는 문장인데요. 직업으로서 펀드매니저가 아닌 우리들에게 가장 좋은 방법은 하나뿐이라고 생각합니다. 오직 경제적 해자 기반의 아주 좋은 사업을 부업처럼 주식으로서 소유하는 것이죠. 시간이 갈수록 자존감이 높아지는 투자 방법, 나 자신뿐만 아니라 가족도 함께 즐거울 수 있는 투자 방법으로 익히셔야 합니다. 분기별로 미로 같은 숙제를 주는 곳은 결국 사라질 쭉정이 기업일 뿐입니다. 주주가 편안하게 일상에 전념하도록, 현금흐름의 질이 좋고 균질적 성장을 만들어내는 기업이 우리가 함께할 기업입니다. 그들은 연도별 숫자가 심플하고, 실적 변동성이 크지 않고, 오히려 경제적 해자가 더욱 강하게 유지됩니다. 기업의 경제적 해자는 사실 무형자산으로 장부에 미계상되어 숨겨져 있을 뿐입니다. 눈에 보이는 밸류에이션 이면에 있는 위대한 기업의 심플함을 간파해야 합니다.

어떤 시황에서도 마음 편하게 둘 수 있는 기업을 선별하는 능력, 변화가 만들어지는 곳을 파악하는 부동산 경험, 이것을 하루라도 빨리 파악해 경험으로 검증해본 사람은 삶에 자신이 있습니다. 방향성에 자신이 생기면 삶이 즐겁고 관계가 좋아집니다. 이번 기회에 기존의 모든 습관을 다 바꿔 보시길 권합니다. 이왕이면 빨리, 모두 바꾸길 바랍니다.

이 책을 통해 독자 여러분께 제안드리는 투자 원칙은 제 스스로 하는 다짐과 같습니다. 사례로 거듭 등장하는 초단기적인 투자자의 행태와 실패 유형은 정확히 과거 제 모습이기도 하기 때문입니다. 저 또한 예전엔 수혜주를 찾아다니며 퇴근 후까지 자신을 괴롭혔고 예민한 모습을 보였었습니다. 제가 여러분들께 바라는 것은 하나입니다. 과거 저의 시행착오를 반복하지 마시기를 바랍니다.

끝으로 힘과 위로, 용기를 주시는 하나님께 영광을 돌립니다. 양가 가족과 구독자 분들께 깊은 감사드립니다. 먼저 실천하겠습니다.

2023년 2월

전주불도저

목차

Chapter 1.

관점을 바꾸면
투자가
심플해진다

많은 개인투자자는 본인의 노력이 부족하다고 생각합니다. 더 일찍 시황을 보고, 더 열심히 분석을 읽고, 더 예리한 촉으로 매매해야 한다고 다짐하는데요. 제 생각은 조금 다릅니다. 노력이 부족한 게 아닙니다. 오히려 며칠이면 지나갈 뉴스에 초점을 자꾸 뺏기는 게 문제입니다. 관점을 독립적이고 심플하게 정립해보시죠. 아주 좋은 기업에 마음 놓고 투자하고 시간이 남는 것에 익숙해져야 합니다.

1
주식 투자를 해야 하는
단순하지만 명확한 이유

누구나 부자가 되고 싶어 합니다. 그러나 많은 사람들이 부자가 될 수 있는 방법을 찾지 못한 채 확률적으로 불리한 방식만을 고집합니다. 무엇이 현실적으로 부자가 될 수 있는 유리한 투자 방식인지 진중하게 생각해보지 않았기 때문입니다. 투자의 목적은 무엇인지, 어떻게 해야 목표를 달성할 수 있는지 스스로 납득할 수 있을 만큼 여러 차례 질문해야 하는데 말입니다.

투자는 결국 자신의 급을 달리하기 위한 행동입니다. '급이 달라진다'는 것은 나의 재산에 변동이 존재해야 한다는 뜻이기도 합니다. 따라서 기본적으로 급이 다른 투자를 위해서는 변동성이 존재하는 투자처로 들어가야 합니다. 익히 알려진 대로 변동성이 높은 대표적인 자산은 주식입니다.

나보다 능력 있는 생산 수단을 획득해야 한다

주식 투자의 본질에 대해서 생각해보죠. 주식은 산업혁명 이후 인류의 생산성을 비약적으로 증가시킨 기업들에 대한 지분 증권, 기업 소유권입니다. 간혹 혀를 내두를 정도로 뛰어난 능력을 가진 사람을 볼 때가 있습니다. 누구나 그처럼 비범한 능력을 가지고 싶어 하지만 결국 누구나 비범할 수는 없죠. 주식 투자의 강점은 내가 능력이 부족해도 탁월한 천재성을 갖추고 성취를 만들어내는 사람을 판별할 수만 있다면, 그 수혜를 함께 받는 소유권을 얻을 수 있다는 점입니다.

주식의 장기 수익률이 부동산을 비롯한 모든 자산군을 압도하는 것은 이미 익히 알려진 사실입니다. 일부에서는 부동산의 실질 수익률이 더 높다고 언급하기도 하지만 그것은 갭 투자로 알려진 전세금 부채 레버리지가 반영된 수치이기 때문입니다. 부동산과 주식의 수익률 논쟁이 주기적으로 발생하는 근본적인 이유는 두 개 분야를 모두 깊이 있게 투자해본 경험이 적기 때문이 아닐까 생각합니다. 먼저 부동산 투자를 생각해보시죠.

직전 5년간 부동산 가격 상승은 한국만이 아니라 전 세계 도시에서 공통적으로 발견된 현상입니다. 일각의 주장처럼 부동산 정책 실패만으로는 전 세계 대도시에서 공통적으로 나타난 직전 5년 간의 부동산 폭등을 설명할 수 없습니다. 글로벌 각국 정부가 마음이 맞아 동시에 같은 시점에 정책에 실패하고 물량 부족에 진입했을 리는 없지 않을까요?

결국 가파른 통화 완화 정책을 근간으로 인허가 및 입주 물량 감소마저 동반되며 부동산 시장이 급등한 것입니다. 다 함께 상당 기간 상승한 것처럼 부동산은 하락기에 접어들면 물건의 우위와 무관하게 다 함께 내려가게 됩니다. 즉 부동산 투자는 물건 선택의 차별화보다는 외부 환경에 종속되는 경향이 훨씬 큰 것이죠.

한편 개별 기업의 성장은 외부 환경과 무관한 직선적 여정입니다. 단기적으로는 투자 심리 영향으로 주가가 춤을 추지만, 장기적으로는 각 기업의 성장 궤도를 따라 수렴합니다. 따라서 투자로 급을 달리하기 위해서는 주식과 부동산 각각의 특징을 이해하고 이치에 맞는 투자 원칙을 고수해야 합니다.

잘 아시는 것처럼 투자로 내 삶이 달라지기 위해서는 결국 투자 금액이 커야 합니다. 평범한 직장인이라면 처음부터 투자 금액이 클 수 없겠죠. 주변을 둘러보면 부동산으로 크게 돈을 벌었다 하는 분들은 결국 보유 물건의 개수를 늘립니다. 부동산은 크게 취득 시, 보유 과정 중, 매각 시 총 3단계에서 세금이 발생하는데, 사실 다주택자는 취득세, 보유세, 양도세 면에서 모두 불이익이 큽니다. 규모를 키우기 위해 다주택자 포지션을 가져갈 경우 리스크는 개인

투자자가 부담하지만 수익의 상당 분은 정부가 가져갑니다. 부동산 투자만으로는 급을 달리하는 부자가 없는 이유입니다.

부동산 투자를 한다면 세제 혜택을 극대화할 수 있는 핵심 물건으로 압축할 수밖에 없으므로, 결국 부의 크기를 극대화하려면 주식 투자로 달성해야 합니다. 지금 '성공'한 부동산 투자자일지라도 2020년 이후 우호적이었던 매크로 환경 영향이 컸음을 인지해야 하기 때문입니다. 그래서 조금이라도 더 젊은 시기에 본질에 부합하는 주식 투자 원칙을 습득하고 실전 경험을 통해 내게 가장 알맞은 투자 환경으로 조정해가야 합니다.

2
잘못된 투자 습관은
일상의 피로도만 높인다

이제 주식 투자에 대해 생각해볼까요? 지난해 너 나 할 것 없이 동반 급락했던 시장을 바라보면 주식 가격도 외부 환경에 종속되는 것처럼 느껴지겠지만 사실과 다릅니다. 증권사 리포트와 신문의 투자 섹션을 보면 마치 우리 같은 개인투자자들도 기민하게 돌아가는 매크로 정세를 알아야 할 것 같습니다. 투자 심리(수급)가 결국 성공을 결정하는 8할이며, 시대의 테마와 순환매에 올라타지 않으면 손해일 것 같습니다.

그렇지만 이런 것들은 현상을 왜곡시키는 껍데기에 불과하다고 생각합니다. 주식은 하나하나가 개별적 사업이기 때문입니다. 외부 환경을 모두 고려해야 하는 대단히 복합적 관점이 아닌 각 기업이

가고 있는 직선적 성장 여정에 불과하죠. '그 기업이 10년 뒤까지 성장을 이어갈 것인가, 대주주와 경영진은 기업의 성장을 만들어 나갈 역량과 투명성을 갖추고 있는가?'를 따져보는 게 더 중요합니다. 어느새 투자의 영역에서도 '복잡계'라는 단어가 유행처럼 쓰이고 있지만 진실은 오히려 단순합니다.

이제 주식 투자에 임하던 나의 모습, 주식 투자를 바라보는 일반 개인투자자들의 양상을 한번 복기해볼까요? 우리는 부지런하면 투자 수익이 늘어날 것이라고 생각합니다. 실상은 기존의 나쁜 투자 습관을 반복하며 성과가 더 악화될 뿐인데 말입니다. 더 기민하게 트렌드를 흡수해야 하고 매일의 시황을 공부해야 하고 금융 지식에 해박해야만 수익이 좋을 것이라 생각하지만, 사실은 그런 투자자일수록 일상의 피로도가 높고 장기 수익률은 부진한 경우가 태반입니다.

이를테면 대다수의 개인투자자는 금융시장 전문가라 불리는 사람들의 루틴을 따라 하는 것입니다. 금융시장 전문가도 사실 회사원에 불과합니다. 그들 중 실제 그러한 투자를 통해 자신의 급을 바꾼 사람이 몇이나 있을까요? 급을 바꾸기 위한 개인의 투자로 넘어간다면 관점을 달리해야 합니다.

우리는 매일 아침 전일 뉴욕 증시의 주가지수를 확인한 뒤 주요 국제 정세를 확인하고 투자 중인 기업들의 수익률을 확인합니다. 때로는 52주 신고가와 신저가가 어느 곳에서 만들어지는지 확인한 뒤 '내가 한 발 늦었구나' 하며, 선수가 이미 털고 나간 상황이라는 것을 아쉬워합니다.

일반적으로 이러한 루틴이 옳다고 생각하겠지만 사실 기업 투자와는 전혀 무관합니다. 주식은 모두 개별적 사업에 대한 것이라는 본질을 이해한다면 이러한 행동들이 부질없다는 것을 깨닫게 됩니다. 수천 개 기업들의 주가 움직임이 담겨 있는 주가지수 관찰도, 국제 정세 관찰도 사실은 모두 취미로 보는 다큐멘터리 시청과 크게 다르지 않은 셈입니다. 그렇다면 어떤 것을 보고 판단 기준을 세워야 할까요?

3
당장 인정받으려는 마음이
투자를 더 어렵게 한다

주가는 개별 기업을 바라보는 주주와 외부 주체 간 교환 가격입니다. 당연하지만 매일 발생하는 거래량은 실제 해당 주식의 발행 주식량에 크게 미치지 못합니다. 일부는 매도 물량으로 내놓고 해당 호가에 거래가 체결되어 주가로 표시되겠지만, 사실 해당일에 물량을 내놓은 주주를 제외하면 다른 주주는 해당 가격에 동의하지 않는다는 것입니다.

외부 사람 100명이 그렇게 생각하는 것과 사업의 성장은 완전히 다른 주제입니다. 기업 외부에서 바라보는 일부의 의견이 당일 주가에 해당하며, 기업의 실제 가치는 오직 실적으로서 증명하는 실제 기업의 성장에 해당합니다. 매일 현금이 쏟아져 들어오는 사업체를 운영하는 사업가가 있다고 생각해보시죠. 어느 인터넷 커뮤니티를 들어가봤더니 회원들끼리 서로 공감하며 "형편없는 그 사업체가 잘되는 게 이상하다"라고 써둔 비판 글을 우연히 봤다면 어떨까요? 과연 그 사업의 대표는 그들의 의견에 화들짝 놀라고 침울해져 자신의 사업체를 매도할까요? 아마 다음 성장 사업을 구현하느라 일부에서 어떤 생각을 하는지조차 신경 쓰지 않을 것입니다. 현시점에 일부 다른 이의 생각과 개별 기업의 성장은 완전하게 무관하다는 것입니다.

이는 어찌 보면 지극히 당연한 사실입니다. 이제 실제 투자할 때의 행동을 돌아볼까요? 투자자 A로 예를 들어보겠습니다. A는 시나리오를 충분히 조망한 뒤 핵심적으로 투자한 기업이 있습니다. 그 기업의 주가가 조정기를 거친 뒤 이제 분출하기 시작합니다. 자신의 시나리오가 확연히 맞았음을 기뻐하며 A는 규모를 더 늘리기 시작합니다. 더 높은 가격에 계속 매입하고 있기에 수익률은 희석되고 있지만 투자 수익은 더 커집니다. 이때쯤 A는 '가는 놈이 더 간다'는 옛말이 틀린 것 하나 없음에 희열을 느낍니다.

한편 시장이라는 게 늘 뜻대로 되지 않죠. 몇 개월도 지나지 않아 시장이 순환매로 다시 접어들고, 투자 심리가 빠르게 바뀝니다. 급등하던 기업의 주가가 바닥으로 내리꽂히는 것을 심심치 않게 봅니다. 이때 떠오르는 격언은 '수익은 역시 실현해야 내 것이며, 무릎에서 사서 어깨에서 욕심 없이 팔아야 한다는 것'입니다. 무조건 싸게 사야 한다는 조언들도 그때쯤 더 아프게 떠오르기 시작합니다.

위의 이야기는 아마 기업명만 다를 뿐 대부분이 투자 과정에서 겪는 경험일 것입니다. 대다수는 수익이었음에도 불구하고 손실로 바뀌는 경험을 하게 되면 투자 실패의 대표적인 사례로 복기합니다. 그렇게 자신을 타박하는 것입니다. 한편 저는 '과연 수익률이 내려가면 내가 틀린 것인가요?'라고 묻고 싶습니다. 세간에선 수익률을 계속 강조하지만 수익률은 매입 가격 대비 현재 주가이며, 주가로 표기된 체결 가격은 주주들 중에서도 극히 일부가 현시점 상대방 일부와 동의한 생각일 뿐입니다.

A는 분명 시나리오를 조망한 뒤 투자하였다고 했습니다. 투자가 노후를 위한 것임을 인지한다면 10년 뒤 시간이 쌓이면 성과가 실현될 시나리오이겠죠? 미래에 실현될 것으로 예상하는 시나리오에서 최적의 가치를 제공하는 기업을 선별하여 투자해야 합니다. 하지만 실상을 보면, 글을 쓰는 지금은 2022년 3월이며 미디어에서는 주가 급락 및 투자 심리 냉각에 대해 보도 중입니다. 사실 3개월 사이에 기업은 아무런 변화가 없는데 말이죠.

처음부터 목표점으로 삼았던 미래에 맞춰서 자본을 배치해놓은 뒤 지금의 수익률을 비교하는 것은 상당히 모순적인 행동입니다. 10년 후에 가격이 10배로 성장하는 기업이 있다면 그 기업의 주가가 지금 하락하였다고 매도할 사람이 있을까요? 결국 그 모든 잡다

한 현재의 여러 이유를 제외하고 나면 진실은 단순합니다. 주가가 아니라 기업의 성장에 대한 자신의 선별이 없는 것입니다.

기업의 미래 성장을 확신하고 투자했다면 지금 해당 기업의 실제 가치를 잘 모르는 일부 의견은 사실 필요 없습니다. 그 의견이 시장에서 다수라고 하더라도 말입니다. 오히려 지금 다른 이의 생각이 어찌 됐든 간에 미래에는 다수가 인정할 수밖에 없는 기업의 성장 여정이 중요합니다. 결국 주식은 사업이며 "사업은 누가, 무엇을, 누구에게 판매하는가"입니다. 자신의 비전에 몰입한 대주주가 통찰력 있는 선구안에 따라 제품 및 서비스를 사업으로 풀어내어, 앞으로 분출될 수요에 판매하는 것입니다. 기업의 직선적 성장 여정 중 주변 사람들의 시각은 다양한 이유로 변하기 마련입니다. 그들의 생각을 담은 주가 변화와 수익률은 내 판단에 대한 객관화된 공식 판결 같지만 사실 그 당시 시계열에서만 바라본 판단일 뿐입니다. 우리는 타인의 마음에 투자하는 것이 아니라 기업의 성장 여정에 하는 것입니다. 지금 모두에게 인정받으려는 욕구를 버리면 편안한 투자가 시작됩니다.

4
눈앞의 숫자에 속지 말고
미래에 더 커지는 선택을 해야 한다

　우리는 일반적으로 자신을 하염없이 괴롭히는 특기에 중독되어 있습니다. 오직 현재 보이는 것에 대해 걱정하고 당장 들리는 내용에 즉각적으로 반응하는 본능은 원시시대에 맹수로부터 생명을 지켜주었습니다. 인류는 계획 경제로 수렴되는 농경사회, 신석기 시대를 맞아 크게 진일보하였습니다. 산업혁명과 함께 찾아온 자본주의의 가파른 발전은 결국 지금 현금을 유출하더라도 미래 성장동력을 위해 생산자산을 취득하는 것이 유리하다고 믿었던 사업가로부터 출발하였습니다. CAPEX(Capital expenditures, 자본적지출)라 불리기도 하는데 단기적으로는 잉여현금흐름에 부담을 주지만 더 큰 성장을 위해서는 필수적인 투자죠.

자본주의에서 다른 이들보다 더 많은 부를 갖기 위해서는 본질적으로 더 멀리 내다보는 생각 훈련이 필요합니다. 우리들의 모습을 돌아보시죠. 지금 당장의 수익률 변화에 극도로 괴로워하며 지금 보이는 수익률을 통해 내 실력을 판단합니다. 증권이 아니라 사업이라는 버핏의 조언을 모두 잊은 채 수익률이 이렇게 된 것에는 판단 과정에 무언가 잘못이 있다고 믿는 것입니다.

사업에 투자하였다면 사업과 연관된 주제들에 집중해야 합니다. 지금 주식 시장에 상장되어 있는 모든 기업은 결국 대주주가 보고 있는 미래가 뚜렷하며, 특정 수요가 분출된다고 믿기에 터질 듯한 열망을 가지고 시작하고 공개한 기업들입니다. 당연하지만 주식 투자는 대주주와 매니지먼트가 바라보는 비전에 크게 공감될 때 향후 분출될 수요를 사업으로 풀어내는 여정에 자본을 배치하는 것입니다.

증권은 하루아침에도 교환 가격이 크게 변동하지만 실제 존재하는 사업은 한 분기 만에 기업의 내재 가치가 달라지지 않습니다. 변하는 것처럼 보이는 것은 오직 사업에 합류하지 않고 주변에서 증권을 주고받고 있는 일부의 구경꾼들일 뿐이죠. 사실 우리가 직장에 다니는 이유는 직접 사업체를 꾸리기에는 나의 능력이 부족하고 두렵기 때문입니다. 이렇게 흘러가면 답이 나오지 않는다는 것을 느끼고 있지만 미래를 꿰뚫는 통찰력은 부족하고 세상을 놀라게 할 아이디어가 있더라도 사업으로 풀어낼 능력이 없기 때문입니다. 거듭 강조하지만 자본주의는 탁월한 역량을 갖춘 사람이 있다면 그 사람의 사업에 함께함으로써 수혜를 누릴 수 있게 도와줍니다. 더 가파른 성장을 만들고 싶은 사업가가 기업을 공개하면서 자본을 조달하고 이후의 성장에 대하여는 주주와 과실을 공유하는 것입니다.

우리가 모든 것을 다 해결하지 못해도 됩니다. 비범한 천재가 있다는 것은 사실 대다수는 평범하다는 뜻입니다. 어떻게 모든 사람이 다 탁월할 수 있겠습니까. 탁월한 매니지먼트가 사업으로 풀어내는 기업을 선별한 뒤 장기간 품을 수 있는 무형자산만 내게 있으면 됩니다. 관점이 결국 행동하는 습관으로 이어지며 풍요와 빈곤을 결정합니다. 자본주의의 본질은 더 뛰어난 생산성으로의 자본 위탁입니다.

5

현상이 아니라
이성이 정답이다

도서《찰리 멍거의 말들》에 따르면 멍거는 "합리적 판단은 윤리적 의무다. 필요 이상으로 어리석어지면 절대 안 된다"라고 말합니다. 책의 저자 데이비드 클라크는 멍거의 이 발언이 "이성이 모든 윤리의 근원이라는 칸트의 주장을 살짝 바꾼 것"이라고 말합니다.[1]

멍거의 투자 철학이 근거하고 있는 칸트의 주장은 정언명령입니다. 도서《러셀 서양철학사》에 따르면 칸트는 "그러므로 정언명령은 단 하나뿐이며 사실상 다음과 같은 말이다. 너는 오직 네 의지의 격률이 동시에 일반 법칙이 될 수 있도록 행동하라"라고 말합니다.[2]

그렇다면 멍거와 칸트의 메시지를 주식 투자 측면에서 생각해봅시다. 매일 시황을 보고, 그날의 신고가 및 신저가, 주도주를 확인하는 것은 과연 10년 후 가장 분출한 사업을 선별하는 데 얼마나 이성적인 도움을 줄까요?

이성적으로 침잠하는 시간을 가지며, 스스로 더할 나위 없이 납득되는 투자 철학을 투자 전부터 명료하게 가지고 있어야 합니다. 투자의 성과는 매일의 기민함과 촉으로 성패가 갈리는 것 같지만 오히려 스스로 확신하는 자신의 시계열, 한 사업에 평생을 쏟아온 대주주의 10분의 1이라도 사업체에 묵히는 시간과 열정이 좌우합니다. 버티는 것이 아니라 편안한 상태로 품을 수 있는 투자자의 시각이 더 중요합니다.

지금 수익률이 50% 하락인가요? 관점이 뚜렷하다면 오히려 정말 싸게 산 것을 스스로에게 축하해줄 수 있어야 합니다. 필립 피셔의 아들, 켄 피셔는 향후 유망 투자처를 묻는 〈한경글로벌마켓〉과의 인터뷰에서 "현시점 기업의 저평가 여부와 향후 12~36개월 주가 수익률은 상관관계가 크지 않다"고 말합니다. 기업의 성장 변화가 주가로 연동되기까지는 시간이 걸린다는 것입니다.

버크셔 해서웨이는 연간 보고서에서 기업의 주가 수익률이 아닌 장부 금액 변화를 기재하는 전통을 가지고 있습니다. 결국 진정한 수익률은 기업의 실제 사업으로서 성장이며 주가는 변동성을 수반하며 따라오는 것입니다. 사업이 빠르게 성장하고 있다면 싸게 산 것에 기분이 좋아지는 단계에 이르길 바랍니다. 선별이 맞았다면 어차피 지금의 주가도, 수익률도 모두 기억나지 않을 것입니다.

탁월한 사업가는 오직 사업에 집중합니다. 사업의 성장을 통해서만 자신의 성취를 스스로 평가할 뿐이죠. 주식 투자는 결국 사업체 선정입니다.

6

집단 속 편안함은
독이다

'모난 돌이 정 맞는다.' 한국에서는 누구나 익숙한 속담이죠. 우리는 '다 함께'라는 말에 익숙함과 편안함을 느낍니다. '우리 집', '우리 가족'이라는 단어부터가 사실 서양의 my home, my family와는 사뭇 다르게 느껴집니다. 대다수와 다른 목소리를 내는 사람은 눈치가 없는 것으로 치부하기 마련입니다.

몇 년 전 많은 관람객이 찾았던 영화 〈국제시장〉을 보면, 고국에 두고 온 가족을 위해 당연하게 희생하는 아버지 덕수(황정민)의 모습이 그려집니다. 불과 얼마 전까지만 해도 한국 사회에서 집단을 위한 희생은 늘 당연하게 인식되어 왔습니다. 가족을 위한 희생은 당연시됐고, 조직을 위한 희생도 당연시됐습니다. 개인의 독립적인 의사 표현과 자신이 원하는 것을 말하는 것은 이기적인 것으로 인식되어 왔습니다.

자기 확신 부족은, 곧 투자 실패로 이어져

금융투자 분야에서는 업계 용어의 난이도 등 특성 때문인지 전문가에 대한 의존도가 상대적으로 높습니다. 상대적으로 나의 수익률이 저조한 시점에서는 전문가라 불리는 사람들의 (후행적으로만 맞아 보이는) 의견이 나의 판단을 흐리게 만듭니다.

생각해보시죠. 투자 기관에서 일하는 대다수는 실제 개인으로서 성과를 드러난 적이 없습니다. 증권사 애널리스트는 분석 글을 작성할 수는 있지만 실제 본인의 커버리지 기업에는 투자하지 못합니다. 펀드를 운용하는 운용역은 분산 투자에 익숙하지만 펀드 투자로 부자 된 사람은 들어보지 못했습니다. 중요한 것은 투자는 분산이 아닌 집중이며, 수익률이 아닌 규모입니다.

금융투자 업계의 전설 중 가장 유명한 사람은 워런 버핏입니다. 2021년 기준 버크셔 해서웨이의 총 자산은 9,588억 달러로 한화로 약 1,175조 원입니다. 엄청난 운용 규모를 가진 버크셔의 주식 포트폴리오는 사실 4개 기업 비중이 73%를 차지합니다. 뛰어난 성과를 내는 전문가의 내역을 보면 사실 집중 투자인 것이죠. 말은 값이 싸기 마련입니다. 행동이 필요 없는 조언은 늘 쉽지만, 실제 본인의 투자를 위해선 결국 투자자 자신의 선별과 규모를 유지할 수 있는 철학이 필요합니다.

네덜란드의 문화심리학자 홉스테드의 연구 결과에 따르면 한국은 집단주의 성향이 높고 불확실성을 회피하려는 기질이 높다고 합니다. 전문가라는 위계 권위를 받아들이는 수용성 지표, '권력 거리(Power distance)' 역시 한국이 미국 대비 높게 나타납니다.

동양과 서양의 시각 차이를 연구한《생각의 지도》의 저자, 리처드 니스벳의 연구 결과도 홉스테드의 연구 결과와 결이 같습니다. 동양의 사고 흐름은 유교 철학을 기반으로 발전하여 왔으며, 유교 철학의 핵심은 관계 속에서 지나치지 아니하는 중용입니다. 자신의 의견보다는 자신을 주변에 맞추도록 수양하는 일을 중요시했다는 것입니다. 리처드 니스벳은 조화라는 가치를 중요시하고 관점에 따

홉스테드의 문화 비교 테스트

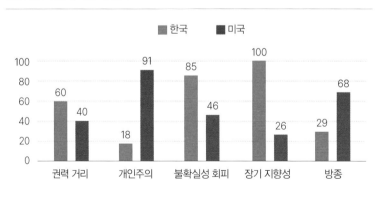

자료: 홉스테드 홈페이지

라 해석은 달라질 수 있다고 믿는 동양 철학이 자기 확신의 부족으로 연결될 수 있다고 지적합니다. 독립적인 자신의 사고를 고집하는 것에 대하여 스스로 경계하며 집단 속에서 부딪히지 않는 화목에 가치를 부여하다 보니 동양에서는 자신에 대해 만족하고 좋은 감정을 느끼는 자존감 개념이 상대적으로 익숙하지 않다고 말입니다.[3]

> "일본어에 자존감(self-esteem)에 해당하는 고유한 단어가 없다는 사실 또한 우연이 아니다. (중략) 자기 자신에 대하여 스스로 만족하고 좋은 감정을 느끼는 경향성을 표현하는 단어가 동양 언어에서는 생소하다. 반면 미국인들은 자기 자신을 스스로 칭찬하는 것에 매우 자연스럽다."
> –《생각의 지도》 중에서

불확실성은 위험하다고 생각하는 한국인

흥미롭게 느껴지는 동양과 서양의 문화적 특성은 실제 금융 시장에서도 확연하게 드러납니다. 투자는 결국 풍요로운 노후를 위한 것입니다. 노후를 위한 투자라면 응당 가져야 하는 특성은 무엇일까요? 보유 기간 동안 변동성이 높다 하더라도 장기 시계열에서 기대 수익률이 가장 높은 곳의 투자 비중을 높여야 한다는 것입니다.

한국 내 연금 제도는 총 3개 층으로 구성되어 있습니다. 국민연금, 퇴직연금, 개인연금을 가리키는 것인데요. 눈에 띄는 것은 유독 낮은 주식 비중입니다.

존 리 전 메리츠자산운용의 대표는 언론과의 인터뷰를 통해 "미국은 노후를 대비하는 퇴직연금의 주식 비중이 40~50%이지만 한국은 2.7%에 불과하다"고 지적합니다. 한국과 일본의 경우 정부에서 운용하는 금융·보험사의 기금 운용 포트폴리오에서도 그러한 흐름이 나타납니다. 2021년 기준 노르웨이 국부펀드의 주식 투자 비중이 약 70%였던 반면, 우리나라 국민연금공단의 주식 투자 비중은 약 44.6%였습니다.

유독 한국과 일본 등 동양권에서 왜 주식 비중이 낮게 나타나는 것일까요? 홉스테드의 문화 연구 결과에서 보듯 미래의 불확실

국민연금공단 포트폴리오 현황(2021년 12월 기준)   (단위: 조 원)

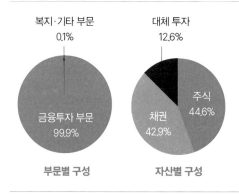

	금액	비중
전체 자산	948.7	100%
복지 부문	0.2	0.0%
금융투자 부문	948.1	99.9%
국내 주식	165.8	17.5%
해외 주식	256.6	27.0%
국내 채권	340.0	35.8%
해외 채권	63.9	6.7%
대체 투자	119.3	12.6%
단기 자금	2.5	0.3%
기타 부문	0.4	0.0%

복지·기타 부문 0.1%
금융투자 부문 99.9%
부문별 구성

대체 투자 12.6%
주식 44.6%
채권 42.9%
자산별 구성

자료: 국민연금공단

성에 대해 기피하고자 하는 심리가 미국 대비 한국에서 매우 높게 나타나기 때문입니다. 장기적으로 주식의 기대수익률이 가장 높다는 것에 이견을 가질 사람은 아마 적을 것입니다. 많은 연구 결과가 공통적으로 한 가지 사실(주식의 기대수익률이 가장 높다)을 가리키고 있다면 필요한 것은 본능적으로 느껴지는 감정에 대한 구별입니다. 내 마음속의 '불편'은 사실 기업을 저렴하게 구입할 수 있는 할인율입니다. 그렇다면 변동성은, 미래에 대한 확신이 있는 투자자에게 기회가 됩니다.

우리는 왜 유독 지금 당장의 수익률에 민감하게 반응하는 것일까요? 집단의 의견에 따를 때 마음이 편해지는 전통적 가치관에서 비롯된 것은 혹시 아닐까요? 다수와 생각이 다르면 내가 틀렸다고 빠르게 인정하는 게 마음 편하기 때문이 아닐까요? 투자는 틀리더라도 내 생각으로 틀려야 복기가 가능하고 무엇이든 얻습니다.

7
위대함은
불편을 안고 출발한다

홉스테드와 리처드 니스벳의 연구가 말해주는 한국인의 특성은 불확실성에 대한 높은 민감도, 자신의 독립적 시각 유지에 대한 경계, 집단의 화합에 기여할 때 빛나는 자신의 가치 등으로 말할 수 있습니다. 동양의 사상은 분명 안정적 중앙 집권 시스템을 유지하는 것에는 효과적이었을 것입니다. 주식 투자는 서로 다른 매력을 가진 사업에 대한 선별이죠. 각각의 기업별로 펼쳐지는 직선적 성장 여정에 대해 가늠한 뒤 사업을 선택하는 것입니다. 사람들의 마음에 따라 거래가 발생하고 주가가 오르내리지만, 나의 시각이 더 중요하다면 장기 보유하는 것입니다.

주식의 본질이 사업이라는 것을 떠올린다면 오늘날 가장 큰 부자들은 사실 주식의 대주주이며 불확실성을 수용하는 기업가정신이 근간이라는 점을 기억해야 합니다. 결국 탁월한 투자 성과는 남들과 다른 선택을 하는 것에서 시작되며 대중의 시각에 동의하기 어려운 이견에서 시작합니다. 2022년 들어 가파른 수익률 급락을 보이고 있는 아크 인베스트먼트(ARK Investment)의 캐서린 우드(일명 '캐시 우드')는 지난 2022년 3월 〈파이낸셜 타임즈〉와의 인터뷰에서 "역경이 닥칠수록 우리는 최선을 다한다(We are at our best when odds are against us)"라고 단호하게 말합니다.

아크 인베스트먼트의 플래그십 아크 이노베이션 ETF는 글을 쓰는 2022년 3월 시점, 직전 6개월간 52% 급락하였습니다. 결과론적으로 이러한 하락에 대해 우리는 쉽게 비판할 수 있지만, 관건은 사실 지금 당장의 수익률이 아닙니다. 오히려 파산 위기설이 돌던 테슬라를 성장 초기 사이클에 발견한 뒤 뚝심 있고 규모 있게 포지션을 가져갈 수 있던 아크 인베스트먼트와 같은 운용사가 국내에는 존재할 수 있을까요? 우리의 투자 문화를 돌아봐야 합니다. 독립적 역발상 시각을 지지해줄 수 있을 만큼 한국의 투자자 풀은 성숙되어 있을까요?

미국의 아크 인베스트먼트, 스코틀랜드를 대표하는 베일리 기포드(Baillie Gifford), 위대한 성장 기업의 장기 보유 철학을 실천한 티로우 프라이스(T.Rowe Price), 역발상 가치주 투자로 대표되는 프랭클린 템플턴(Franklin Templeton) 등 이름을 떠올리면 그들의 투자 성향까지 바로 떠오르는, 색깔 있는 운용사가 유독 외국에 많은 이유는 무엇일까요? 투자의 영역에서도 군중과 무관하게 자기만의 색깔을 가져도 되는데 말입니다. 개인투자자에게도 해당됩니다. 자신의 생각을 갖는 것이 당연하다는 믿음, 무엇보다 개인투자자에게 필요한 철학입니다.

인문학의 시선으로 낯설게 보기

근대 철학의 효시를 연 것은 데카르트로 알려져 있습니다. 《러셀의 서양철학사》에서는 "데카르트 이후 철학자들은 대부분 인식론에 중요한 의미를 부여하는데, 이러한 경향은 대체로 데카르트에서 비롯되었다. '나는 생각한다. 그러므로 존재한다'라는 주장은 물질보다 정신을, 타인의 정신보다 나의 정신을(나에 대해) 더 확실한 존재로 만들었다"고 말합니다.[4]

데카르트가 독립적으로 생각하는 자신에 대한 인식을 강조하며 근대를 열었다면(1596~1650), 이후 등장한 로댕(1840~1917)은 〈생각하는 사람(thinker)〉 조각으로 사유의 중요성을 표현했습니다. 낭만주의, 사실주의의 사조를 뒤이은 미술 화풍은 모더니즘입니다. 모더니즘은 당시에는 당연했던 회화 방식에 대해 의문을 가진 뒤 자신의 새로운 정의에 따라 표현하기 시작하며 나타난 흐름입니다.

클로드 모네는 〈수련〉으로 우리에게 잘 알려진 인상주의 화가

죠. 한편 클로드 모네로 대표되는 인상주의의 본질은 무엇일까요? 기존의 사실주의 등을 넘어 자신의 주관에 따라 색채를 표현하는 것입니다. 인상주의의 뒤를 이어 색채를 강조하는 마티스의 야수파가 있었고, 피카소로 대표되는 입체주의가 있었습니다만 결국 본질은 동일합니다. 응당 당연하다고 알려진 기존의 상식보다 자신의 관점을 존중하고 재해석한 것입니다.

피카소는 미술사에서 가장 유명한 화가 중 하나일 것입니다. 왜 유명할까요? 파격적인 방식으로 지극히 상식적인 내용을 뒤집었기 때문입니다. 피카소의 그림을 보면 사람의 얼굴이 분리되어 그려져 있습니다. 우리가 보고 있는 모습이라는 것도 사실 단방향이 아니라 입체적 다면적 관점에서도 조망할 수 있다는 게 그의 생각이었습니다. 다수의 비웃음을 당할지도 모르지만 자신의 생각을 존중한 뒤 표현한 것입니다.

이번에는 소변기에 〈샘〉이라는 이름을 붙여 작품을 출품한 뒤 현대미술의 상징이 된 뒤샹의 작품을 바라보시죠. 그가 작품을 통해 사회에 던진 메시지는 "예술의 정의에 대해서도 사실은 사람마다 다르게 생각할 수 있지 않을까? 생각이 달라도 괜찮아"일 것입니다. 얼마 전 타계한 LVMH의 전 크리에이티브 디렉터 버질 아블로의 초기 브랜드 파이렉스의 제품 역시 브랜드 산업의 본질을 표현한 것입니다. 브랜드 의류의 이면은 결국 OEM(주문자 상표 부착 생산)으로 동일하다는 것이죠.

뒤샹의 〈샘〉(좌)과 챔피언 바지를 파이렉스로 바꾼 상품(우)

자료: 테이트모던, 그레일드

이상하게 보일지라도 자신의 원칙을 세운다는 것

영화 〈라라랜드〉에서 가장 큰 울림을 받았던 장면은 주인공인 미아가 오디션장에서 불렀던 노래였습니다. 가사는 이렇습니다. "A bit of madness is key. To give us new colors to see. Who knows where it will lead us? And here's to the fools who dream. Crazy as they may seem. Here's to the hearts that break. Here's to the mess we make." 제가 해석한 바는 이렇습니다. "약간의 광기가 승부수예요. 색다른 시각이 중요한 거죠. 어떻게 풀릴지 누가 알겠어요? 자, 여기 꿈꾸는 엉터리들이 있습니다. 보이는 그대로 미쳤어요. 터져버리는 심장을 안고 여기 있어요. 제대로 한번 저질러 봅시다."

결국 당대의 획을 그은 작품들은 미아의 노래 가사처럼 약간의 광기를 가지고 새로운 시각으로 세상을 바라봅니다. 당시의 당연함을 파괴하며 불편을 안고 출발하는 것입니다.

이런 것들이 투자와 무관한 엉뚱한 이야기들에 지나지 않을까요? 전 그렇게 생각하지 않습니다. 투자의 출발은 대단한 지식 습득과 기민한 대응 같지만 가장 중요한 원칙은 자신의 생각을 들여다보고, 자신의 생각을 존중하는 것입니다. 모두가 옳다고 하는 수혜 업종과 주도주에 떠밀리듯 투자하는 것이 안전한 것이 아닙니다. 오히려 나의 판단을 혼탁하게 만들고 나의 목소리를 없애는 것이 위험한 것입니다.

내가 무슨 생각으로 기업을 편입했던 것인지 스스로의 시나리오와 투자 포인트를 기억해야만 투자 경험이 축적될 때마다 제대로 된 복기가 가능합니다. 복기가 가능해야지 투자 기록이 쌓일 때마다 무형자산 해석 능력이 개선됩니다. 기억하셔야 합니다. 어떤 종류로든 투자를 하지 않는 사람은 없습니다. 중요한 것은 원칙을 세우고, 원칙대로 행동한 뒤, 복기하는 과정의 축적입니다.

레이 달리오가 그의 명저 《원칙(Principle)》에서 강조했던 영웅의 여정이기도 합니다. 영웅은 실패하지 않는 무결한 존재가 아니라 도전하고 실패하고 교정하며 개선하는 원칙의 선순환 사이클을 밟게 된다는 것이죠. 긴 시간 동안 열심히 하였지만, 만약 단 한 번도 나의 생각이 아닌 다른 사람들의 정보 조합으로 투자를 반복하였다면 그 귀한 시간이 지난 뒤 무엇이 남을까요?

틀리지 않는 것이 중요한 게 아니라, 틀리더라도 최대한 젊은 시기에 틀리고, 실패에서 어떤 것을 배우느냐가 중요합니다. 유튜브의 콘텐츠만 소비하며 좋아 보이는 곳에 투자를 반복하면 모든 것이 남의 의견이었기에 어떤 게 내 생각이었는지 분별조차 되지 않습니다. 레이 달리오의 저서《원칙》의 핵심은 시간이 지날수록 자신의 원칙을 발전시켜나가는 방향성에 있습니다. 스스로 납득할 수 있는 자신의 원칙을 세우고 자신의 생각을 존중하는 것에서 진짜 투자가 시작됩니다.

Chapter 2.

투자 중 겪는
마음에 대한
관찰

입장 비용이 없는 단단한 무형자산은 없습니다. 실수는 누구나 하는 것이고, 앞으로도 하는 것입니다. 손실이 발생하면 마음이 괴로운 것이 본능일 텐데요. 훨씬 중요한 것은 본능과 이성을 구별하는 것입니다. "무작정 장기 투자하자, 버텨야 한다, 안 팔면 손실 아니다." 이런 문구에 의존해서는 며칠 안 가 다시 흔들리게 됩니다. 이번 챕터에서는 우리의 본능적 감정을 관찰하고, 스스로 납득할 수 있는 합리적인 방법은 무엇이 있는지 찾아보고자 합니다. 납득이 되면 내 생각으로 변하고, 생각이 지속되면 습관이 됩니다.

1
올라도, 내려도
괴로운 투자자

투자 과정 중 실제 겪게 되는 다양한 마음들에 대해 생각해보시죠. 단순하게 "주식은 해야 하는 거래"라는 마음으로 투자를 시작한다면 생각치도 못한 현실을 마주하며 마음이 요동치기 쉽습니다. 수익률은 마이너스인데 이미 상당 분의 자금을 투자했다면 손절을 해야 하는지, 마음은 더 괴롭기만 합니다.

한편 돌이켜 보면 마음의 괴로움은 수익률이 하락할 때만의 이야기는 아닙니다. 2020년 하반기와 2021년 상반기에 증시는 물론 부동산 시장이 다 함께 급등세를 보였지만 대다수의 투자자는 일종의 '포모증후군(소외되는 것에 과도한 두려움을 가지는 증상)'을 호소했습니다. 투자를 통해 수익이 나고 있음에도 남들보다 더 크게 벌지 못해 마음이 괴로웠던 것입니다. 돌아보면 수익이 나는 중에도 자신을 괴롭혔던 모습이 인상적입니다.

2022년 하반기가 되자 많은 투자자는 자신의 투자 손실을 놓고 괴로워했습니다. 수익률을 높이기 위해서는 무엇을 해야 할까요? 사실 필요한 것은 질문을 바꾸는 것입니다. 지금의 수익률 변동을 희생하더라도 장기 수익률을 높이기 위해서 해야 할 것은 무엇일지를 생각해야 합니다. 오늘도 많은 투자자는 포트폴리오에 리밸런싱이 필요한 이유를 찾아보고, 새로운 투자처를 찾아다니지만 사실 이러한 방식으로는 허무함만 높아질 뿐입니다. 워런 버핏의 스승이자 전설적 투자자인 벤저민 그레이엄의 격언 중 하나는 "주식 시장은 단기적으로 투표소 같지만 장기적으로는 (기업의 체력을 그대로 드러내는) 저울과 같다"는 것입니다.[5]

지금 마음이 괴로운 것은 정보가 부족하고 선별이 잘못됐기 때문이 아닙니다. 사실은 상승 시에도, 하락 시에도 괴롭던 것이 대부분 투자자들의 양상이고, 이는 내밀한 시간을 통해 스스로 쌓아올린 투자 원칙이 얇기 때문입니다. 여러분이 투자 중 겪는 다양한 감정들은 사실 주제만 경제, 사회, 예술, 정치, 과학 등으로 달라질 뿐 인류의 역사 속에서 무수히 반복된 내용입니다. 차분하게 역사 속 인물들의 심정을 헤아려보고, 무엇이 잘못되었는지 우리의 투자와 비교해 생각해봐야 하는 까닭입니다.

2

조광조의 죽음과
주도주의 순환매

대통령 선거 시즌이 되면 유력 인물을 중심으로 정책 관련 주도주가 만들어지곤 합니다. 비슷한 선상에서 테마주가 있지만, 테마주는 주도주와 조금 결이 다릅니다. 테마주는 투자 포인트와 무관하게 인맥, 차트의 모양 등을 근거로도 주가가 움직이며 사실 누구도 투자 포인트에 완전히 납득하지는 않습니다. 오르니까 산다는 식이죠. 한편 주도주는 그 당시에는 지극히 합리적으로 느껴지는 투자 포인트가 존재합니다. 바이든이 당선되었던 시점에는 친환경 기업이 주도주였으며, 2020년 하반기 경기 회복이 완연하던 때에는 중장비 인프라 기업이 주도주로 움직였습니다. 주도주의 가장 큰 단점은 마음이 바뀌면 현상도 달리 보인다는 것이며, 언제 마음이 바뀔지는 알 수 없다는 것입니다.

투자는 외부 환경과 무관하게 이익을 스스로 결정할 수 있는 기업에 해야 합니다. 우리가 각자의 본업에 집중하는 동안 자본을 배치해놓은 기업이 생산자산을 활용하여 이익을 쌓아가야 하기 때문입니다. 주도주의 가장 큰 특징은 당시의 뜨거운 투자 열기가 그 기업이 가지고 있는 본질적인 사업 모델 열위와 과거 시계열에서 나타났던 실적 변동성에 모두 눈 감게 만든다는 것입니다. 매출이 균질하게 성장하지 못하고, 이익의 변동성이 높고, 수익성이 부족한 '질이 나쁜 이익'일 뿐인데 말입니다. 심지어 대다수는 "이익 증가율을 보라, 이것이 수혜다"라고 말하겠지만 현금흐름과 순이익의 괴리율이 높은 기업도 상당수입니다. 기본적으로 급이 떨어지는 기업은 주도주 열풍이 사라지면 해석이 달라집니다. 주가 하락이 워낙 가파르게 나오기에 이제라도 손절해야 하는지 고민될 때, 그때서야 기업의 실질 체력이 눈에 보이는 것입니다.

조광조의 비극을 통해 생각해보는 외부 시선

추풍낙엽처럼 주기적으로 추락하는 주도주의 본질을 생각하며, 역사 속 사례를 떠올려보겠습니다.

중종은 시대의 미치광이로 알려진 연산군의 뒤를 이은 조선의 11대 왕입니다. 연산군의 어머니 윤씨가 시답지 않은 이유로 폐비가 된 후 사망하자 연산군은 무오사화라 불린 피의 보복을 시작합니다. 조선은 성리학 중심의 명분 사회였습니다. 연산군의 행동은 경악스럽기는 하였으나 그것이 사실 폐위의 근거가 되기는 어려웠습니다. 자연스럽게 연산군을 끌어내린 중종에게 남게 된 아킬레스건은 빈약할 수밖에 없었던 왕위 계승 명분이었습니다. 중종은 왕의 권위를 공고히 하기 위해 명분과 원칙, 체계를 내세우는 성리학 전문가인 조광조를 등용합니다. 조광조로부터 경영(과외)을 받으며 왕위 계승 후 자리를 잡아갔습니다.

조광조는 원칙 그 자체에 미쳐 있던 사람이었습니다. 그가 중종에게 등용된 후 시도했던 대표 개혁 중 하나는 위훈 삭제입니다. 지금 국가에서 공식적으로 인정하고 대우해주는 조선의 공신들에 대하여 제대로 다시 한번 평가해보자는 것이었죠. 위훈 삭제는 국가의 재정을 튼튼하게 만들지만 필연적으로 적을 만들 수밖에 없던 정책이었습니다. 중종의 입장을 생각해보시죠. 중종은 목숨을 걸고 자신을 지지하는 세력과 함께 연산군을 뒤집고 왕위를 쟁취했습니다(중종반정). 당시 중종을 도와 활약했던 최고의 공신들은 왕으로부터 서훈(표창)을 받습니다. 최고의 공신들 옆에 일을 함께 도모한 또 다른 오른팔이 있다면 '공신'이라 할 수 있는 주변인들이 많아질 수 있습니다.

반면 조광조의 눈에는 모두 어림없어 보이는 이야기입니다. 핵심 활동 인력이 아니었음에도 불구하고 한몫 챙긴 것처럼 보이는 인물이 많은 것이죠. 합리적 관점에서 바라본다면 위훈 삭제는 물론 바람직합니다. 국가의 재원을 아낄 수 있고, 진정으로 국민을 위할 수 있는 길입니다. 하지만 중종반정의 핵심 대신들은 조광조의 위훈 삭제 움직임으로 자신의 오른팔에게 면이 서지 않고 점점 화가 치미는 상황이 펼쳐집니다.

따라서 조선의 대학자로 알려진 율곡 이이가 〈율곡전서〉를 통해 조광조에 대하여 말하길 "오직 한 가지 애석한 것은 조광조가 출세한 것이 너무 일러서 (중략) 의논하는 것이 너무 날카롭고 일하는 것도 점진적이지 않았으며 임금의 마음을 바로잡는 것으로 기본을 삼지 않고 겉치레만을 앞세웠으니"라고 평가합니다.

결국 조광조는 임금의 절대 권위마저 비중을 낮추고 원칙 중심의 통치 철학을 강조하면서 중종의 반감을 사게 됩니다. 때마침 주변 대신들 사이에서도 조광조는 눈에 가시였겠죠? 그가 바라보던 이상은 분명 합리적이고 정의로운 사회였지만 각자에 대한 헤아림은 부족하였던 것입니다.

투자 측면에서도 진짜 중요한 것은 '살아남는 것'입니다. 소중하게 모은 자본을 미래 가치를 제공하는 기업에 배치해야 합니다. 바로 내면적 관점입니다. 주도주 투자는 이러한 측면에서 보면 정확히 반대의 지점에 있습니다. 처음부터 실질 체력으로 움직이는 주가 흐름이 아니기 때문에 리포트 발간 여부, 수급 주체 등 외부적 요인에 따라 투자 성과가 결정됩니다. 매일 타인의 눈치만 살피는 아이는 마음이 건강하게 자랄 수 없듯이 주도주 투자는 안에서부터 곯아갑니다.

조광조는 맥락에 대한 헤아림 없이 원칙만 고집한 탓에 이번에는 사약을 받고 죽습니다. 중종에게 등용됐던 시점에도, 내쳐졌던 시점에도, 사실 그는 바뀐 게 없었을 것입니다. 한결같이 개혁을 주장하고, 원칙을 사랑하고, 임금에 충성하는 신하였을 것입니다.

"임금 사랑하기를 아비 사랑하듯 하고, 나라 근심하기를 집 근심하듯 했도다. 밝은 태양이 땅에 임하였으니 밝고 밝게 충성을 비추어 주리."[6] 조광조가 죽기 전 마지막으로 남긴 위 시를 읽으면 그는 한결같았음에도 그 주변을 둘러싼 시선이 얼마나 쉽게 변했는지 알 수 있습니다.

우리의 투자는 주도주처럼 외부의 심리에 따라 결정되면 안 됩니다. 외부의 시각이 변한다고 한들, 기업이 주체적으로 이익 결정권을 가지고 스스로 급을 높여 나갈 수 있어야 합니다. 역사를 돌아보면 서글픈 장면들이 유독 많습니다. 올라가고, 내쳐지고, 그렇게 영광을 뒤로한 채 스러지는 것의 반복입니다. 주도주는 매 순간 지금의 수혜를 놓치면 안 될 것처럼 우리들의 마음을 뒤흔듭니다. 그러나 모든 것이 지나고 나면 다시 숫자로 귀결될 것입니다.

회계 기간이 순환할 때마다 주도주에 탑승한 뒤 내쳐지지 않을까, 두려워하기보다는 시간이 갈수록 반드시 힘이 커지는 기업 유형에 집중하시길 바랍니다.

3
지금의 수익률이 정답이라 보는
잘못된 믿음

　저에게 가장 중요한 투자 원칙은 '흘러가도 마음이 편안한 투자'입니다. 주가는 현시점 타인의 마음이기에 본질적으로 변동성이 높은 자산이죠. 따라서 주가에 초점을 맞춘다는 것은 다른 사람의 마음에 집중한다는 것과 다름없습니다. 다른 이의 마음을 읽는 독심술로 투자를 잘하는 사람이 세상에 존재할까요? 이미 충분히 잘하고 있는 자신을 달달 볶고 다그치는 모습은 사실 인식의 오류에서 출발합니다. 지금의 수익률을 마치 정답지로 생각하며 최초 기업을 편입했던 자신의 생각을 완전히 무시하는 것입니다. 모두 자신의 생각은 하찮은 것이며 기관 및 외국인은 대단하다는 착각에서 비롯됩니다. 주변의 소음과 무관하게 자신의 시각을 고집할 수 있고, 장기적으로 가장 크게 성장할 수 있는 곳에 투자할 수 있기 때문에 개인투자자는 사실 그 어떤 기관보다 유리합니다.

결국 투자의 진정한 출발점은 현시점에서 다른 이의 인정을 받으려는 마음을 내려놓고, "인정받지 않아도 괜찮아. 내 생각에 나는 충분히 납득되기 때문이야"라고 자신을 믿는 자존감에서 출발합니다. 여러분이 시나리오를 분명 올바르게 조망하였고 시나리오에서 가장 강한 기업을 선별하였음에도 타인의 생각에 휩쓸려 기업의 위대한 여정에서 이탈된다면 얼마나 억울할까요? 타인의 시선을 의식하다가 자신의 삶을 송두리째 빼앗긴 사례는 역사 속에서도 자주 등장합니다.

잘못된 인정 욕구로 자멸한 코모두스 이야기

영화 〈글래디에이터〉는 로마의 황제 아우렐리우스와 그의 아들 코모두스 시대를 다룹니다. 아우렐리우스는 로마의 말기 황제로 당시 로마는 게르만족을 비롯한 외부의 침입이 잦았습니다. 많은 시간을 전장에서 보내며 이런저런 일을 겪던 아우렐리우스는 금욕과 절제로 유명한 스콜라학파 철학에 빠져듭니다. 고생을 워낙 많이 하다 보니 내면적 수양의 경지를 극도로 끌어올린 〈명상록〉을 집필하기에 이릅니다.

한편 아들 코모두스는 어떨까요? 아버지 아우렐리우스의 사망

이후 왕위에 즉위한 코모두스는 자신에 대한 암살 시도에 큰누나 루킬라가 관여됐음에 큰 충격을 받습니다. 누구인들 안 그럴까요? 부친상을 마치자마자 가족에게 암살 위협을 받은 사실을 알게 된 것입니다. 코모두스는 이후 극도로 허무해진 마음을 달래기 위해 기행에 빠져듭니다. 가족의 안정이 무너졌기에 오히려 타인의 인정을 받아 마음을 채우려는 모습을 보이죠. 이때부터 코모두스는 자신이 헤라클래스의 환생이라 주장하며 인정받기 위해 신격화를 시도합니다. 예를 들어 사자 가죽을 걸치고 곤봉을 든 자신의 조각상을 헤라클래스처럼 만들었던 것이죠. 코모두스는 기록에 따르면 장사형 타입이었다고 합니다. 힘이 넘치는 매력을 과시하기 위해 직접 검투사로서 735회나 전투하였으며, 운동 능력을 뽐내기 위해 전차 기수로도 직접 활약했습니다. 아버지 아우렐리우스는 병약하였지만 절제와 철학을 몰입의 대상으로 삼았기에 로마 시대 성군을 가리키는 오현제 중 마지막 군주로 기록됩니다. 뒤를 이은 코모두스는 모든 것을 갖추고 있었지만 시대의 망나니로 남습니다. 코모두스는 자신에 대한 만족을 외부의 시선에서 얻고자 했던 것이 패착이었습니다. 그는 결국 기행을 일삼다 레슬링 스승에게 암살당합니다.

코모두스의 이야기는 단순히 흥미로운 망나니 스토리에서 끝나지 않고, 우리의 투자 습관도 이와 별반 다르지 않다는 교훈을 줍니다. 우리는 어떻게 투자하고 있을까요? 매입 후 주가가 하락하면 마치 나의 판단이 잘못된 것처럼 자책을 시작합니다. 주식의 현재 가라는 것은 주주들 가운데 극히 일부가 내놓은 물건 중 거래가 발생했을 때 가격을 말합니다. 처음 투자를 집행했을 때 생각한 기업의 미래에 대한 나의 통찰, 매니지먼트가 만들어갈 기업 가치 상향이 중요할 뿐입니다. 지금 당장 다른 이들의 생각이 바뀌길 매달릴 필요는 없습니다. 지금 당장 모두에게 나의 선택을 인정받을 필요도 없습니다.

주가가 오르든 말든 마음 편한 투자가 가능하려면, 오직 나의 시각이 훨씬 중요하다고 믿는 자존감이 중심에 있어야 합니다. 코모두스는 결국 인정 욕구 하나에 미쳐 있었는데 내면에는 왕위 안정 및 생존에 대한 불안이 있었습니다. 경제적 해자에 대한 이해가 깊고 기업의 질적 우위를 판별할 수 있는 사람은 주가 변동으로 흔들리지 않습니다. 어차피 지금 물건을 내놓은 일부 사람들의 의견일 뿐이니 동의하지 않고 내 갈 길을 가면 그만입니다. 주식은 결국 이해관계가 철저하게 일치하는 주체들 간 마음을 합하여 전개하는 직선적 성장 여정입니다. 주가는 매일 변하겠지만 사실 대주주도, 매니지먼트도(경영진), 실제로서의 사업도 직선적으로 순항하는 중입니다.

자신의 주관과 비전이 분명한 사람이 결국 사업을 합니다. 사업으로 풀어내는 능력이 입증된 사업가는 더 빠른 성장을 위해 기업을 공개(주식 상장)합니다. 사업가의 비전에 공감하는 이들은 성장의 여정에 동참하기로 마음먹습니다. 한국에서는 되기만 하면 돈 버는 것으로 알려진 공모주 청약의 본질은 사실은 이렇게 뜨거운 마음입니다. 가장 뛰어난 사람을 찾아 최대 손실 폭을 원금으로 제한하여 사업의 소유권을 얻을 수 있는 것이 주식 시장입니다. 이 좋은 시스템을 잘 활용하려면 관점의 전환이 필요합니다. 순간순간 소수의 생각인 주가 변화에 매달릴 필요가 없습니다. 사업가도, 사업처럼 투자하는 우리들도 불필요한 외부의 인정은 필요 없습니다. 직선으로 자신이 조망한 지평까지 들어가는 것입니다. 투자자들도 실제 사업가처럼 생각하며 투자해야 합니다.

4

물타기 위한 현금이 부족하다는
생각의 함정

최근 제도권 기관 매니저 등의 시각이 인터뷰 등을 통해 알려지며 개인투자자들의 기호에 맞는 해석이 눈에 들어옵니다. 'No market timing, fully invested'라는 문구는 '모든 여유 자금이 주식에 투자되어 있어야 한다'고 주장합니다. 왜 그런 주장이 나온 걸까요?

자산운용사의 주요 고객은 보험사 및 국민연금 등에 해당합니다. 운용기관 위에 또 다른 운용기관이 있는 것이죠. 최상단의 운용기관에 해당하는 보험사 및 연기금은 이미 자체적으로 자산 클래스(Class) 분산이 되어 있습니다. 이뿐만 아니라 국민연금 및 보험료의 기계약자 납입 주기가 분산되어 있으니 자산의 매입 시점도 자연스럽게 분산됩니다. 시점 분산이 자동 수행되는 것이죠. 보험 계약자는 매월 보험료를 납부하며 근로소득자는 매월 국민연금 납입액이 월급에서 자동 차감됩니다. 모두 보험사와 연기금의 시점 분산 재원으로 사용되는 신규 투자 재원 유입입니다. 운용사의 고객 측에서 이미 시점 분산은 물론 주식과 채권과 같은 자산 유형 분산을 완료한 뒤 맡긴 자금입니다. 당연히 주식 투자를 위해 자금을 위탁받은 운용사는 앞선 문구대로 위탁받은 전액을 주식에 투자해야 합니다. 분산이 필요 없는 것이 아니라 분산은 이미 앞단에서 실행된 것입니다.

개인의 투자는 기관과 달라야 합니다. 모아 놓은 여유 자금을 특정 시점에 한번에 주식에 투자한 뒤 급락이 나온다면 매월 저축액으로는 규모 면에서 크게 부족하기 때문입니다. 살다 보면 예상하지 못했던 비상금 사용이 필요한 이벤트도 주기적으로 발생합니다. 만약 여유 현금 없이 모두 주식에 투자할 경우 시장이 안 좋은 최악의 시점에 손절매를 해야 할 수도 있습니다.

시장 타이밍을 염두하지 않는다는 투자 철학의 정수는 사실 워런 버핏이 이끄는 버크셔 해서웨이의 투자 방식입니다. 반드시 기억해야 합니다. 버크셔 해서웨이는 현시점에 모든 여유 금액을 투자하지 않습니다. 오히려 기대수익률을 희생하더라도 막대한 규모의 현금 및 현금성 자산을 상시적으로 보유할 것임을 몇 번이고 강조합니다.

"우리들은 충분한 현금 보유를 통해 편안하게 숙면을 이루고 싶습니다. 우리들의 채권자와 보험계약자, 주주 여러분들도 숙면을 이루시기를 바랍니다(Both of us like to sleep soundly, and we want our creditors, insurance claimants and you to do so as well)."[7]

특정 시점에 여유 자금을 주식에 모두 투자한 뒤 가격이 상승하면 초과 수익율을 달성할 수도 있겠지만, 1%라도 뒤집힐 확률이 있는 투자는 하지 않겠다는 것이죠. 역방향 시에도 대비되어 있는 투자 방식이기에 버핏은 대부분의 재산을 버크셔 해서웨이 주식으로 오랜 시간 유지해왔습니다. 버크셔 투자 조합의 초창기 주주들도 마찬가지이죠. 'No market timing'이 'No cash'를 의미하지는 않습니다.

시장 상승 구간에서 방어막을 생각하기란 사실 쉽지 않습니다. 더 큰 규모로 수익을 낸 비교 대상이 주변에 늘 존재하기 때문입니다. 시장 하락기에도 마찬가지입니다. 지금의 수익률이 마치 객관화된 자신의 투자 실력처럼 느껴집니다. 투자 당시에 노후를 바라봤던 자신의 시점을 기억한다면 서두를 필요가 없습니다. 물론 우리는 스스로 열위라고 평가받는 느낌이 싫기에 증명하기 위해 뒤집기를 시도합니다. 뒤집기에 해당하는 물타기는 사실 투자뿐 아니라 도박에서 가장 극명하게 드러납니다.

투자는 어떻게 돈을 잃을 수밖에 없는 도박이 될까?

영화, 〈몰리스 게임〉은 포커 하우스에서 벌어지는 인물들의 심리를 내밀하게 묘사합니다. 극 중에는 포커 하우스에서 플레이어들에게 미움을 받는 할런이라는 능숙한 플레이어에 대한 묘사가 나옵니다. "(할런은) 늘 소심하게 치는 데다 모험도 하지 않고 늘 돈을 따니까 확률로 포커를 친다"는 것입니다. 그런 할런조차 순간의 실수에 자존심이 상한 뒤 결국 게임을 뒤집기 위해 전념하는 모습을 보입니다. 얄밉게 유리한 구간에서만 규모를 키우던 할런의 모습은 어느새 사라지고 한번에 뒤집을 수 있는 홈런만 노리며 휘두르고 말죠. 버핏은 주주총회 질의응답에서 성공을 거둔 가장 중요한 이유에 대해 "훌륭한 스승을 만났고 끝까지 초점을 잃지 않았기 때문"[8]이라 대답합니다.

포커 하우스는 우리들의 주식 투자와 과연 본질적으로 얼마나 다를까요? 유리한 확률에서 비중을 높이고, 불리한 확률에서는 소심한 마음을 갖는다는 것은 가격이 낮을 때 매입을 확대한다는 뜻입니다. 증권가에서는 이미 가격이 낮아진 시기에 투자 심리가 좋지 않기에 현금 비중을 키울 때라고 조언합니다. 수익률은 누구나 확정적으로 어려움을 겪는 시기가 있을 것입니다. 필요한 것은 홈런이 아니라 천천히 뒤집을 수 있는 유리한 방식에 대한 습득입니다. 할런이 이성을 잃고 과감한 베팅을 반복하며 돈을 잃기 시작하자 포커 하우스의 주최자, 몰리는 이성을 차릴 수 있도록 내일까지 잠시 시간을 가지라고 말합니다. 때로는 지금 안간힘을 쓰는 것보다 시간이 지나도록 시점을 분산하는 것이 승률을 높일 수 있다는 뜻입니다.

기업에 대한 투자도 마찬가지입니다. 주식은 각자의 예리한 촉으로 하는 것이며 뒤집기 위해 필요한 것은 현금이라 느껴지겠지만 투자자에게 필요한 것은 사실 원칙을 유지하는 것에 지나지 않습니다. 그 어떤 장기 투자자도 사업을 처음 일으켰던 대주주와 비교하면 사업에 묵힌 시간이 턱없이 부족합니다. 주식 시장의 심리는 돌고 도는 것이며 피할 수 없는 변동성이지만 유리한 시점에서 투자를 늘려 나가는 방식은 사실 스스로 통제할 수 있는 운용 능력입니다. 투자하기 전부터 충분히 계획해놓을 수 있는 원칙과 시점 분산에 해당합니다.

손실이 시작되면 대부분은 더 열심히 공부해서 더 큰 규모의 현금으로 뒤집으려 합니다. 거듭 강조하지만 주가는 더 많이 벌고 싶다고, 더 공부한다고 지금 높아지는 것이 아닙니다. 주가는 사실 현시점 사람들의 마음이며 사람들의 마음은 단기적으로 비이성적이기 때문입니다. 대다수는 눈에 보일 때에만 믿고 움직이게 됩니다. 현명한 투자자라면 사람들의 마음이 움직이길 바라기보다 어떤 기업이 결국 사람들이 인정할 수밖에 없을 만큼 돋보이게 성장할 것인지 조망한 뒤 자본을 배치해놓을 것입니다. 기업의 성장 여정에 따라 주가는 당연히 따라옵니다.

부동산을 투자할 때는 공인중개사를 통해 물건을 알아본 뒤 계약금과 중도금, 잔금을 치르고 등기권리증 수령까지 하려면 최소 3개월이 소요됩니다. 성장이 확실한 곳을 발견하였을 때 사업가는 자본을 조달하고, 인재를 채용한 뒤 유무형 생산자산을 활용하여 본격적으로 사업을 성장시켜 나갑니다. 언뜻 생각해봐도 1년은 족히 걸리는 세팅 시간일 것입니다. 일반 기업들도 사업을 성숙시킬 기간이 필요합니다. 본격적으로 사업으로 풀어낼 준비를 마친 뒤 주변을 둘러봤더니 이미 투자자들이 매매한 뒤 떠난 상태라면 대주주는 얼마나 황당할까요? 대주주의 재산만 부러워하기보다 어떻게 평범했던 일반적인 사람들이 대주주가 될 수 있었는지, 뒤집어서 그들의 특성을 생각해보세요. 한 가지 주제에 대한 몰입과 축적의 시간이 월등히 다르다는 것을 깨닫게 될 것입니다.

5

마음이
불안한 이유

경제신문의 증권 섹션을 볼 때면 개인투자자들을 함정으로 빠뜨리는 정보들로 가득 차 있다는 생각이 들 때가 있습니다. 지금부터 수혜 업종은 어떤 곳이며, 무엇을 대비해야 하며, 따라서 어떤 기업의 비중을 키워야 한다는 내용이 주를 이루죠. 내용만 조금씩 달라질 뿐 10년 전에도 반복됐던 내용이며, 대체로 지금의 환경은 A이기 때문에 B라는 기업이 좋다는 식입니다.

그러한 의견이 당시에는 지극히 합리적으로 느껴집니다. 제도권 기관의 직함에서 오는 권위에 믿음이 가고, 추천 종목과 기업에 투자해야 하는 논리도 객관적이고 합리적으로 보입니다. 대부분 개인투자자는 "왜 나는 그런 생각을 조금 더 일찍하지 못했을까"라며 자신의 게으름을 자책하고 서둘러 매매를 하기 시작합니다.

신문에서, 리포트에서 수혜 기업 추천을 접하는 개인투자자의 사례에서 얻을 레슨은 무엇일까요? 수혜가 맞았는지 틀렸는지는 사실 중요하지 않습니다. 핵심은 주식은 사업이라는 것이고, 분기마다 가장 좋은 사업체가 바뀌지는 않는다는 것입니다. 실제 사업을 할 때 연간마다 사업체를 바꾸는 사람도 없고, 그런 사람은 결국 파산합니다.

투자자는 자신의 무형자산을 강화해야 합니다. 사람에 대한 헤아림을 키워 인문학에 자주 노출돼야 합니다. 회계적 숫자는 물론, 회계적 숫자 이면의 진짜 핵심적인 기업의 숫자 흐름에 대해서도 자주 생각해야 합니다. 해석 능력을 키워 10년 뒤 가장 강한 기업을 조망하였다면 그것은 사실 증권으로서 주식이 아니라 사업체의 선별로 이어집니다. 10년 뒤 가장 강한 기업을 확실히 알고 있다면 군중들이 몰려가고 시선이 전환될 때 오히려 강한 기업의 지분을 늘릴 수 있습니다.

잘 생각해보시죠. 지난 10년 동안에도 분기 단위별로 그 시점에 좋아 보이는 기업들은 계속 존재했습니다. 물론 지나고 나서 보니 지속적으로 성장한 기업은 오직 가장 강한 기업들 일부였을 뿐이죠. 오늘도 모든 종류의 전문가가 동원되어 지금부터 어떤 기업이 수혜인지 말하겠지만 수혜인 것과 급이 다른 기업은 완전 다른 말입니다. 급이 다른 사업의 주인이 되어 장기간 수혜를 축적하며 흘러가도록 지켜줘야 합니다. 마음이 불안한 이유의 본질은 투자 수익은 내가 움직여서 얻는 것이라고 믿기 때문입니다. "주식 하세요?"라는, 익히 들어온 문장에서조차 한국인 대다수의 인식이 드러납니다. 주식은 투자자가 기민하게 움직여서 무엇인가를 하는 것이라는 전제가 있기에 그렇습니다. 주식은 선택한 사업에 대한 소유권이기에 자연스러운 질문은 "함께하는 사업체가 있으세요?" 또는 "어떤 사람이 운영하는 주식 있으세요?"라는 질문일 것입니다.

주식의 수익률이 지금 손실 중이라면 우리는 오늘의 종가가 정답처럼 여겨지기에 내 못난 선택을 자책합니다. 지금부터 수익률이 좋을 종목에 대한 정보를 듣는다면 또다시 움직이려 합니다. 그야말로 '주식을 하고 있는 것'이죠. 당장의 수익률은 타인의 마음들일 뿐이며 지금의 수혜가 아니라 10년 후 급의 변화가 중요합니다. 당연하지만 급이 탁월한 기업은 장기적으로 수혜를 쌓아나가며, 지금 수혜가 분출하여 주가가 오르는 열위 기업은 시간이 지나면 원래의 급으로 돌아옵니다.

《삼국지》의 유비가 주식 투자를 한다면?

여러분은 《삼국지》를 떠올릴 때 어떤 사람이 생각나시나요? 많은 인물들이 있지만 그중 한 명을 고르라면 유비를 선택하지는 않을 것 같습니다. 우리는 관우의 충정, 여포의 적토마, 조자룡의 용맹함, 장비의 무력, 제갈량의 적벽대전을 기억합니다. 한편 위 화려한 인물들의 공통점은 무엇일까요? 모두 유비의 부하라는 것입니다.

유비는 무력가도, 지략가도, 카리스마형 리더도 아니었지만 최상의 인재를 품을 수 있는 인품이 강점이었습니다. 관우·장비와는 복숭아나무 아래 도원결의로 형제의 의를 맺었고, 삼고초려로 제갈량의 마음을 움직였으며, 뛰어난 장수였던 조자룡을 누구보다 아꼈습니다. 자신을 경계하는 조조를 안심시키기 위해 천둥 소리에 탁자 밑을 기어들어 가기도 했죠. 결국《삼국지》의 최종 승자는 유비가 됩니다. 유비는 상대적으로 스스로는 특별한 강점이 없던 평범한 사람이었지만 사람들의 능력을 알아보고 품을 수 있던 혜안과 인품이 돋보이는 사람이었습니다.

개인의 투자는 어떨까요? 우리가 기민하게 움직여 수익률을 높일 수 있다고 믿는 것은 투자는 내가 하는 것이라 믿기 때문이며, 사람들의 마음(현시점 교환 가격인 주가)을 맞출 수 있다고 믿기 때문입니다. 만약 유비가 투자를 시작한다면 늘 하던 것처럼 가장 뛰어난 사람이 이끄는 사업을 알아보고, 그 사람이 비즈니스 모델을 통해 사업을 풀어내도록 시간을 두고 지켜줄 것입니다. 천하통일은 내가 이루는 것이 아니라 내가 품고 있는 지략가와 장수들이 생산 자산으로서 만드는 것이기 때문입니다.

6

물타기도, 불타기도
어려운 이유

투자의 출발은 기업의 언어를 이해하는 것입니다. 회계 지식 습득은 따라서 투자자의 가장 첫 단계라 할 수 있겠죠? 한편 실제 주변을 관찰해보면 회계에 익숙한 금융권 종사자 및 펀드 매니저조차 물타기와 불타기 여부를 놓고 혼란스러워하는 경우가 태반입니다. 투자의 출발은 지식 같지만 실제 결정 시 필요한 것은 지식이 아닌 원칙이며, 원칙을 지키기 위해 필요한 건 내가 좋아하는 기업인지 판별할 수 있는 기준입니다.

여러분의 투자를 가만히 생각해보시죠. 어떤 곳이 오르는지 주목하며, 이제부터 수혜주라는 곳에 집중합니다. 지금 수혜가 있는 것과 실제 강한 기업은 완전히 다른 이야기입니다. 수혜는 오고 가는 것이며 매 분기 단위로 바꿔온 것이지만 위대한 기업의 DNA는 쉽게 바뀌지 않습니다. 위대한 기업의 숫자 성장과 비즈니스 모델에 대해 최대한 많이 노출되고 공통점을 찾아보는 훈련이 필요한 까닭입니다.

탁월한 기업의 유형을 알면 마음이 편하다

넷플릭스의 〈지로의 꿈〉이라는 다큐멘터리에서는 일본의 초밥왕 오노 지로에 대해 다룹니다. 그는 1925년생으로 한국 나이 99세이며 미슐랭 역사상 가장 오래 지속된 미슐랭 3스타입니다. 영상을 보는 동안 충격적인 문구가 여러 번 나옵니다.

"돈은 아무래도 좋다.""어떤 직업을 가지기로 결정했다면, 그 직업에 대해서 가장 전문가가 되어야 한다.""꿈에서도 어떻게 하면 더 나아질 수 있을까 생각했다.""일 년 중 가장 힘든 시기는 설날이다. 일을 나가고 싶다.""같은 자리에서 지하철을 타고, 같은 일을 반복하는 것."

그의 연배 구순이 넘어 동일한 패턴을 유지할 수 있던 것은 삶의 방향성 자체가 신념, 원칙, 자신이 정해 놓은 위대한 수준 등 숫자로 계상되지 않는 곳을 향하기 때문입니다. 지금의 승리를 위해 우리는 당장의 이익 증가율로 표시되는 수치적인 수혜를 찾아다닙니다. 조금만 지나도 곧 사라지게 되는 수혜라면 사실 독에 가깝다고 해석해야 합니다. 이미 알려진 수혜에서는 잔여 상승 여력이 적고 시간이 지나면 곧 원래의 급이 드러날 것이기 때문입니다. 오노 지로는 왜 설날에도 일을 나가고 싶어 하고, 같은 자리에서 지하철을 타는 것에 의미를 부여하고 있을까요? 지속성의 출발은 결국 본인이 정한 원칙에 대해 더할 나위 없이 납득되는 것입니다.

버크셔 해서웨이의 주주총회 Q&A 서한을 읽다 보면 버핏은 자신들이 우량 기업을 인수할 수 있는 배경으로 기업의 고유문화를 그대로 존중해주며, 인수 여부를 아주 빠르게 결정하기 때문이라고 답합니다. 무슨 의미일까요? 자신들의 투자 판단 기준에 맞는지 즉각적으로 알 수 있다는 것이며, 자신들이 좋아하는 존(zone)이 아주 명확하다는 뜻입니다.

일본의 오노 지로가 100세를 바라보는 연세에도 초밥집에 나가 동일한 패턴을 반복하듯, 미국에서는 한 살 더 많은 1924년생 찰리 멍거가 주제만 다를 뿐 같은 일상을 반복합니다. 자신의 기준에 맞춰 투자 판단을 즉각 결정할 수 있는 멍거의 철학과 훌륭한 셰프의 음식을 자주 먹어보며 "좋고 나쁜 걸 선별하는 미각을 키워야 합니다"라고 말하는 오노 지로의 철학은 다르지 않습니다.

위대한 성장을 만들어낸 기업들의 공통점을 아주 명확하게 파악해놔야 합니다. 일부 투자자는 저 PER(주가수익비율), 저 PBR(주가순자산비율) 기업에서만 편안함을 느낄 수 있고, 일부 투자자는 급이 다른 탁월함에 프리미엄을 부여합니다. 정답을 일괄적으로 말하기 어렵겠지만 자신이 가장 좋아하는 기업 유형을 말하고 선별할 수는 있어야 합니다.

물타기도 불타기도 두려운 이유는 본질적으로 추가 하락 시 더 매입해도 되는지에 대한 확신이 없기 때문입니다. 가치주라 불리는 자산 가치 중심의 투자자라면 순 현금 대비 시가총액 수준 등을 파악하여 내재가치의 하방을 계산할 수 있을 것입니다. 성장 가치 중심의 투자자라면 기업이 갖춘 비즈니스 모델의 질적 가치는 물론 매니지먼트의 탁월함에 대해 판별이 가능할 것입니다.

투자를 하기 전부터 자신의 기준이 명확했던 사람은 기업 가격이 하락하거나, 상승하더라도 혼란을 느끼지 않습니다. 가격이 하락하면 향후 근로소득을 통해 더 저렴하게 매입이 가능하며, 가격이 상승하더라도 기업이 성장하고 있기에 시간을 두고 계속 성장하길 기다리면 되기 때문입니다. 혼란이 오는 본질적 이유는 이 투자를 유지해도 되는지 불안하기 때문입니다. 사람들이 말하는 수혜에 집중하기 전에, 내가 좋아하는 탁월한 기업 유형을 먼저 정해놓으면 해결될 일입니다.

7

결국 투자는
운이라는 생각

많은 사람들은 주식 투자가 운이라고 생각합니다. "운이 좋으면 버는 것이고 운이 나쁜 상황에서는 잃는 것이다"고 생각하죠. 실제로 운이 좋은 것으로 느껴지는 주식 시장 상승장에서는 시장에 참여자가 늘어납니다. 주식을 소유권이 아닌 매매하는 증권으로 인식하기 때문인데 공통적으로 시장 지수를 예측하고 운(지수)의 방향에 따라 기민하게 행동하려 노력합니다. 주기적으로 신문에 등장하는 인터뷰는 주식 전문가라 불리는 사람들에게 지수 전망을 묻는 것이며, 지금의 수혜 업종과 기업에 대해 묻는 것입니다. 전쟁을 앞두고 신전 앞에 나가 제사를 지내던 과거의 풍습과 과연 무엇이 다를까요?

향후 보유할 사업을 선별하는 것이라면, 당연하지만 지금의 수혜가 아닌 지금까지 어떻게 성장해왔는지 과거 숫자를 볼 것이며, 사업체를 전개해나갈 매니지먼트에 집중할 것입니다. 엉뚱한 곳에서 이유를 찾고 치명적 실수를 반복했던 사례는 비단 투자뿐 아니라 역사에서도 반복됐습니다.

인조의 고집과 소현세자의 발상 전환

영화 〈남한산성〉은 인조의 치욕스러운 병자호란 당시의 모습을 담습니다. 오랑캐라고 무시했던 후금(이후 청나라가 됨)에게 인조가 추운 겨울날 머리에 피가 나도록 바닥에 절을 하며 예를 표한 사건입니다.

사실 인조 입장에서는 어쩌면 당연한 선택일 수 있습니다. 광해군을 폐위하고 자신이 왕위에 오를 수 있던 인조반정의 명분은 광해군이 중립 외교를 펼치며 명나라에 의를 다하지 않고 있다는 것이었죠. 자연스럽게 왕위 집권 당시 비판을 했던 정책을 자신이 되풀이하기는 쉽지 않았을 것입니다.

한편 당시 후금 입장에서 생각해본다면, 명나라와 운명을 걸고 전투를 하는 상황에서 배후에 명나라를 둔 조선 왕조가 불편하겠죠. 따라서 영화 〈남한산성〉의 배경이 되는 병자호란이 있기 전, 후금은 조선이 명나라를 가까이하고 자신들을 배척하고 있다는 이유로 조선을 공격합니다. 정묘호란이 발발됩니다.

후금은 당시의 떠오르는 신흥 패권 국가입니다. 자연스럽게 인조의 조선은 패배하였고 인조 등을 비롯한 대신들은 강화도로 피신한 상태에서 후금과 형제국의 예를 맺습니다. 종실(왕족)에 해당하는 원창군도 인질로 보내게 됩니다. 후금은 이후 명나라를 크게 이긴 뒤 국호를 '청'으로 변경하고 형제 나라 관계였던 조선에게 군신 관계로의 변경을 요구합니다. 사실상 기존 명의 위치로의 대접을 공식적으로 요구한 것입니다.

인조는 어떤 선택을 했을까요? 그는 그렇지 않아도 오랑캐에 불과했던 청나라이기에, 청을 적대시하자는 대신들의 의견에 심정적으로 동의한 뒤 청을 또다시 배척하고 결국 병자호란을 맞이합니다. 상당히 아이러니한 것은 1차 정묘호란 당시에 강화도로 피신했던 인조는, 2차 병자호란 당시에도 곧바로 강화도로 피신처를 정한 것입니다. 청나라가 이번엔 강화도 피신 경로를 차단하자 인조는 외딴 남한산성에 갇히게 됩니다. 이번에 인질로 잡혀간 것은 인조의 친아들, 소현세자와 봉림대군입니다.

처음의 패배 당시의 후퇴 경로를 그대로 반복한 인조, 그리고 엄연한 현실 앞에서 "응당 이것이 맞지 않은가"라며 당위성을 강조하는 인조. 여러분은 어떻게 생각하시나요? 이러한 역사적 배경과 당시 인조의 선택은 투자자와 완전 무관한 주제 같지만 사실 우리들의 투자와 현상만 다를 뿐 맥락은 동일합니다.

사료에 따르면 청에 인질로 잡혀갔던 큰아들 소현세자는 아버지 인조와 현실 인식이 달랐습니다. 청나라의 신진 문물을 받아들이는 데 적극적이었고 아버지에게도 청에서 배울 만한 강점이 있다며 설득할 정도였죠. 추운 겨울날 머리에 피가 나도록 바닥에 머리를 조아렸던 인조는 절대 인정하고 싶지 않은 것이 청이었을 것입니다. 한 사료에 따르면 인조는 소현세자에게 화가 나서 벼루를 던졌고, 소현세자는 이후 독살로 의심되는 병을 앓다가 사망했다고 알려집니다.

투자자에게는 언제나 오늘의 시계열로 미래를 바라볼 때 가장 강한 기업을 선택할 수 있는 권리가 있습니다. 한편 우리들의 의사결정은 통상 어떤가요? "나의 원칙은 손해를 보고는 팔지 않는 거야." 또는 "주식이라는 게 벌기도 하고 잃기도 하는 거니까 물 들어올 때 빨리 팔아야 돼." 대부분은 주식을 증권으로 보며 나의 기민함으로 매매하는 투자 대상으로 인식합니다. 사실 나의 매입 가격은 개별 주식 거래창에 올려져 있는 사람들의 호가와는 완전 무관한 것인데도 말이죠. 투자는 어떠한 가격에 하는 것이 아니라 기업의 성장 여정에 직선적으로 하는 것입니다. 우리가 복기해야 하는 대상은 주가가 아니라 '기업의 선별이 나의 투자 원칙 기준에 맞춰 이뤄졌는가'입니다. 투자 원칙의 기준은 회계적 숫자는 물론, 비즈니스 모델과 매니지먼트를 포괄합니다. '무작정 오래 기다리면 오른다'와 같은 잘못된 신념은, 응당 명나라에게 의를 다해야 한다는 것과 무엇이 다를까요?

　주가가 올랐거나 내렸을 때도, 나의 선별 기준에 맞춰 합당한 산택을 했다면 편안하게 투자를 이어가면 그만입니다. 선택이 잘못된 걸 깨달았다면 나의 기존 매입 가격과 무관하게 지금부터 가장 유리한 기업에 자본을 배치하면 됩니다. 투자는 철저하게 지금부터의 가격 변동에 대한 투자입니다.

　인조가 큰아들 소현세자처럼 지금부터 가장 강해지는 방법에 대해 열린 마음이었다면 어떠했을까요? 청나라의 신진 문물을 차라리 일찍 받아들여 조선의 입지를 키웠을지도 모릅니다. 소현세자는 청나라에서 독일인 선교사, 아담 샬을 만난 뒤 서양의 문물에 크게 감탄하며 서양 과학 서적의 출간을 조선에 약속하기도 했던 사람이죠. 물론 그는 당시 다수의 뜻과 달랐기에 끝내 뜻을 이루지 못했습니다.

　인조의 둘째 아들 봉림대군은 달랐습니다. 아버지 인조를 쏙 빼닮았죠. 아버지가 명분에 집착하는 것만 보고 자란 봉림대군은 반청 감정이 시종일관 강했습니다. 청나라가 아무리 강하다 한들 그때의 치욕을 잊을 수 없다는 것이죠. 따라서 인조를 이어 즉위한 효종(봉림대군)은 뜬구름과도 같은 북벌을 평생 주장하다 생을 마칩니다. 당시의 청은 이미 동아시아의 최대 강국으로 부상한 상태였는데도 말이죠.

　승패는 병가상사(兵家常事)라고 하죠. 투자에서 실수는 매우 일상적인 것입니다. 우리들에게 정말 중요한 것은 '투자를 통해서 무엇을 복기한 뒤, 어떻게 새롭게 얻은 관점으로 더 나은 투자를 연결시키는가'입니다. 전 세계 최고의 투자자 워런 버핏조차 셀 수 없는 실수가 있었다고 말합니다. 정말 위대한 것은 실수를 인정하고 지금부터 강한 곳으로 투자를 선택하는 것입니다. 인질로 붙잡혀 갔던 나라의 강점을 발견한 뒤 오히려 배울 점을 찾아냈던 소현세자를 자주 떠올리시길 바랍니다.

Chapter 3.

상식적인
투자 조언
뒤집어보기

아주 많은 경우 중요한 것은 이면에 있습니다. 수익률이 높으면 좋겠지만 더 좋은 것은 규모를 키워 수익금이 늘어나는 것이겠죠. 물론 이 경우 수익률은 희석됐을 것입니다.

"구슬이 서 말이라도 꿰어야 보배입니다." 주변에 있는 투자 조언을 무작정 받아들이기보다 각자 상황에 맞춰 재적용해야 합니다.

먼저 겸손하게 배워야 합니다. 다음은 내 상황에서 최선은 무엇인지 가늠해보는 겁니다. 다음에는 정반대의 다른 의견도 들어볼 수 있겠죠. 그렇게 천천히 나의 성향을 발견하고 내게 맞는 투자 방식이 정립됩니다.

1
철저한 분산이
리스크를 낮춘다

　한국에서 한때 선풍적인 인기를 끌었던 투자 방식 중 하나는 투자의 안정성을 위해 자산을 배분해서 돈을 불려가는 투자입니다. 사실 여전히 많은 경제신문에서 자신이 속한 금융사와 타이틀을 내걸고 자산 클래스별 투자 비중과 함께 조언을 해주기도 합니다. 자주 언급되는 투자 방식 중 하나는 국내 주식 ETF, 해외 주식 ETF, 채권 ETF, 달러 ETF, 심지어 구리·골드와 같은 원자재에 투자를 분산하라는 것입니다.

　한편 분산의 효용에 대해 생각하려면 변동성과 위험의 용어를 먼저 구별해야 합니다. 결국 투자의 목적은 풍요로운 노후를 위한 것이고 우리들 대부분이 현시점에 풍요롭게 가지고 있는 것은 자본이 아니라 사실 '시간'입니다. 아시는 것처럼 수익률은 매입 가격에서 출발하는데 할인을 받아 구입하려면 이견이 존재해야 합니다. 위대한 기업은 지나고 나서 보면 성장을 지속해오지만 과정 중에는 구간별로 가격이 상승하기에 끊임없이 고평가라는 이견을 받게 됩니다. 따라서 일부에서는 본질적으로 위험한 자산에 해당하는 주식 투자를 대응하는 수단으로서 분산을 강조하죠.

하지만 분산은 변동성을 상대적으로 낮출 수 있겠지만 변동성이 낮아지는 것이 투자의 목적은 아닙니다. 오히려 변동성이 존재하기에 기회가 있음을 이해해야 합니다. 러시아와 우크라이나 분쟁으로 금 가격이 상승하였으나 일반적으로 달러화 가치와 금은 역방향의 속성을 가지고 있습니다. 달러화 가치가 하락할 때 금은 일반적으로 가격이 상승하죠. 따라서 만약 분산 투자의 방식대로 달러화와 골드를 함께 매입한다면 사실상 역방향의 속성을 가진 자산을 매입한 것으로도 볼 수 있습니다.

구리와 채권 ETF는 어떨까요? 구리는 '닥터 코퍼'라 불릴 만큼 산업 활동의 곳곳에서 사용되기에 대표적인 경기 선행지표로 알려져 있습니다. 산업 경기가 활기를 띠게 될 때 구리 가격이 높아진다는 것이죠. 반면 채권 ETF는 채권 가격이 높아질 때 수익이 상승합니다. 채권 가격은 할인율로 작용하는 금리와 역방향의 관계를 가지고 경기 하락 구간에서 일반적으로 금리는 하락합니다. 따라서 경기가 건강하게 활력을 띠게 된다면 구리는 상승하고 채권은 하락하게 될 개연성이 높습니다.

일부에서는 이처럼 서로 상충되는 속성을 배치한 것을 가리켜, 분산이 효과적으로 되어 있다고 말할지도 모르겠습니다. 하지만 서로 간 속성이 다른 기업을 포트로 편입한 것과 스스로 어떤 이익도 만들지 못하는 원자재와 통화 상품 등을 역방향 성격으로 편입하는 것은 완전 다른 이야기입니다. 5% 수익률과 -5% 수익률인 역방향 성격 자산으로 포트가 편입되어 있다면 포트는 어떤 성과를 갖게 될까요? 분산 효과는커녕 시간이 갈수록 마이너스로 수렴하기 쉬울 것입니다. ETF를 유지하기 위한 운용 보수 및 매매 비용이 수익률에 녹아들기 때문입니다.

기업은 회계 기간이 순환하며 이익잉여금을 자본으로 쌓아 나갑니다. 우리는 법인에 대해 법 인격체라 부르기도 하죠? 사실상 기간이 축적될수록 자산이 쌓여야 하는 것은 개인도 마찬가지입니다. 순자산뿐 아니라 무형자산도 강화돼야 합니다. 정말 무서운 것은 시간이 흘러도 회계 해석 능력이 발전하지 않고, 사실과 다른 관념적 투자 조언을 그대로 받아들이는 것입니다.

일부에서 언급하는 연기금, 보험사 등의 전략적 자산 배분 및 분산 전략은 실제 개인의 투자와 전혀 맞지 않습니다. 연기금 및 보험사는 매달 연금보험료 및 지급보험료로 현금 유출이 발생합니다. 앞으로도 수십 년간 지출되어야 하는 부채가 기간별로 예정되어 있습니다. 자연스럽게 기금 운용의 제1목적은 듀레이션 매칭이라 불리는 전략입니다. 수익 최대화가 목적이 아닙니다.

우리들의 투자는 어떤가요? 우리는 당장의 현금은 있다 하더라도 투자로 배치해놓아야 하는 판국입니다. 현금이 부족한 것이 아니라 순자산이 부족한 상황이기 때문입니다. 따라서 변동성과 이견을 가격으로 지불하고 흘러가면 기대수익률이 가장 높은, 스스로 일하는 자산으로 배치해야 합니다. 분산을 위한 분산은 원형 차트를 그리는 취미로서의 투자, 그 이상도 이하도 아닙니다.

분산이 과도하다는 것은 다른 말로 무형자산이 빈약하다는 것입니다. 전 세계 최대 규모의 보험사 그룹을 보유 중인 버크셔 해서웨이는 오히려 과도한 분산 전략을 비판합니다. 개인투자자의 이점은 변동성을 무시하고 자신의 투자 시계열에 맞게 역사적으로 검증된 좋은 자산을 길게 보유할 수 있다는 것입니다. 스스로 굳이 손발을 묶는 투자 방식을 따라서는 안 됩니다.

2
결국 수익률로
보여주면 된다

우리는 어떤 방식으로 투자를 잘하는지 못하는지 구별할까요?
가장 객관화된 지표 중 하나는 수익률일 것입니다. 수익률이 높은
사람은 응당 수익률이 낮은 사람 대비 투자에 뛰어나며, 장기 수익
률이 높은 사람은 더욱 그렇다 여기겠죠?

응당 당연하다 여겨지는 정답에서도 본인의 해석을 새롭게 가져
보는 게 투자에서는 좋은 훈련이 됩니다. 수익률이 높으면 투자를
잘하는 것이라 생각하기에 우리는 더 높은 수익률을 만드는 것이
투자의 목적이라 생각합니다.

가만히 있으면 화폐 가치는 인플레이션으로 하락하며, 기회비용
을 생각한다면 당장 수익률이 높은 곳으로 움직이는 것은 지극히

당연하게 느껴집니다. 한편 생각해보시면 100만 원의 수익률 50%는 1,000만 원의 수익률 10%에 비견하지 못합니다. 50% 수익은 50만 원, 10% 수익은 100만 원에 해당하겠죠. 또 한 가지 분명한 사실은 사회생활을 5년 이상 한 경우 1,000만 원의 저축이 어려운 사람은 사실 없다는 것입니다.

결국 상단의 투자 성과 비교도 두 번째 관점이 존재합니다. 처음에는 더 높은 수익률이 눈에 들어오겠지만 더 현명한 사람은 첫 투자 이후 사업을 공부하면서 자신의 확신에 따라 금액을 키우고 수익률을 10%로 희석한 사람입니다. 미래 성장 가치를 알기 때문에 큰 금액을 투자할 수 있고 비싼 기업이기에 변동성이 존재하지만 균질하게 성장한다고 보기 때문에 길게 보면 또다시 커지는 기업입니다. 커뮤니티에서 인증을 위한 투자로는 더 높은 수익률이 우위라 판단될 수 있으나, 현실 세상에서는 계좌 수익률을 등에 붙인 채로 걸어 다니지 않습니다.

수익률 중심의 사고방식은 지속적으로 유리할 수 있었던 우리의 투자 방식을 오염시킵니다. 장기로 가장 좋은 곳에 배치하는 것이 시간 가치를 고려 시 전혀 유리하지 않다고 생각하게 되죠. 생각은 꼬리를 물고 우리가 놓친 것이 무엇인지 눈앞에 아른거리게 합니다. 국내에서 누구나 알고 있는 기업 A는 증권 서비스를 개시하며 간편한 UI/UX를 통해 출시 이후 한국에서 가파른 인기를 끌었습니다. 직관적 인터페이스에 저도 A증권사를 좋아하는데요. 사실 가장 눈에 띄는 메뉴는 '만약 어제 알았더라면'이라는 기능입니다.

어제 알았더라면, 내가 하루 만에 이 수익률을 얻었을 텐데, 한 달 전에만 알았더라도 이 수익을 거뒀을 텐데…. 모두 내가 조금만 기민하고 적극적으로 움직였다면 해낼 수 있었을 것이라 알려줍니다. '판을 뒤집을 수 있다'고 은연중에 생각을 심어주는 것은 사실 모든 포커 게임장의 본질 맥락이기도 할 것입니다. 국내 리테일 부문 1위 증권사는 실전 투자 대회를 개최합니다. 당연히 해당 기간 내 수익률이 가장 높은 사람은 1등의 영예를 차지하겠죠.

한편 생각해보면 사업에서 1년이라는 것은 무엇을 할지 정하고, 적합한 사람을 구한 뒤 본격적으로 조직이 굴러 가기 시작하는 초년에 해당할 것입니다. 주식은 사업이며 창업의 비전에 공감한 뒤 매니지먼트의 사업으로 풀어내는 역량을 검증한 뒤, 직선적 여정에 동참하는 것입니다. 1년은 사업장의 임차 계약이 채 만료도 되기 전인 기간입니다.

투자는 내가 하는 것이 아닙니다. 우리가 해야 하는 것은 비즈니스의 선별입니다. 실제로서의 사업은 경영을 맡고 있는 매니지먼트가 노무비를 투입하여 인력을 획득하고 기업 내 유형과 무형자산을 활용하여 생산성을 축적하는 개념입니다. 당연하지만 오직 매니지먼트를 믿을 수 있고, 회사의 자산을 최대 생산성으로 풀어내는 비즈니스 모델이 강력할 때 투자 규모를 키울 수 있습니다.

수익률이 중요한 것이 아니라 방향성이 가장 중요합니다. 방향성에 확신이 있어야 규모를 키울 수 있습니다. 규모가 커야만 인증용 투자자가 아닌 실제로서 세상에 존재하는 부자가 됩니다. 우리가 가진 것은 시간입니다. 오랜 기간 동안 흘러가도 편안한 방향성에 대해 생각해야 합니다. 유효 기간이 존재하는 수혜에 매달리며 그 짧은 수익률을 붙잡고 있는 것은 자존감을 파먹는 행위입니다.

3

일단
빚부터 줄이시죠

저 역시 금융사에서 커리어를 출발하였지만 지나고 나서 보니, 당시에는 충분히 합리적으로 보이는 투자 조언과 실제 급을 바꿀 수 있는 투자 방식은 크게 다르다는 것을 알게 됐습니다. 제가 입사했던 2012년 당시 투자와 관련한 대부분의 조언은 부채를 줄이고 저축 비중을 높이라는 것이었습니다. 최근에는 인플레이션이 극심해지며 투자에 대한 니즈가 늘어나긴 하였지만 부채로 투자하면 안 된다는 인식은 사실 매한가지입니다.

제 생각은 이렇습니다. 듣는 사람의 마음이 편해야 하니까 안전한 투자 방식을 조언으로 하는 분이 있다면, 실제 도움이 되려면 그 사람도 자신이 제안한 방식으로 부자가 됐어야 한다는 것입니다. 재무학적 관점에서는 부채 비율이 늘어나면 자기자본수익률(ROE)은 모든 조건이 동일하다면 높아집니다. 일본의 초우량 기업 키엔스(Keyence)는 금융이자 부채가 없는 초우량 재무 상태로 유명한 기업입니다. 키엔스는 ROE 수준이 높지 않지만 본업 성장이 발생하며 이미 해자를 구축했습니다. 우리들 대부분은 본업 성장은 커녕, 무엇을 해야 하는지조차 모르는 경우가 허다합니다. 개인의 성장 방식은 오히려 스타트업의 경로를 관찰할 때 도움이 될지 모릅니다.

성장 초기에 해당하는 스타트업은 자본의 흐름을 표현하는 재무현금흐름이 대체로 유입을 보입니다. 돈이 필요하다는 것이죠. 사업이 순항하며 영업현금흐름은 유입되고, 성장 속도를 높이기 위해 투자 현금흐름은 유출을 기록합니다. 개인으로 적용해보면, 어디서 돈 벌지 아는 것이 중요할 뿐, 방법만 알고 있다면 내 돈은 물론 남의 돈(부채)까지 활용하여 성장성을 높인다는 것입니다.

무엇을 해야 할지 알고 있는 무형자산이 강해지면 그때부터는 영업현금의 기울기가 더 빨라지며 풍요로운 잉여현금흐름을 통해 자연스럽게 재무현금흐름은 유출로 전환합니다. 자사주를 매입하든지 부채를 축소하는 것이겠죠. 사회생활의 초년 단계부터 '부채는 위험한 것이야'라는 단편적 인식을 가지게 되면 여러 가지 악효과가 발생합니다. 사회생활을 시작하고 결혼을 한 뒤 주택을 마련하고 자녀를 출산하며 양육에 들어가는 사회적 역할의 순서는 대체로 비슷합니다. 지역에 따른 편차는 존재하겠지만 공통적으로 회사원의 월급만으로는 턱없이 부족한 것도 대동소이하죠.

따라서 대부분은 필요 금액을 계산해본 뒤 부채를 높일 수가 없기에 수익률을 더 빠른 기간 안에 높여야 되겠다며 마음먹게 됩니다. 앞선 주제에서 언급했던 수익률을 우선하면 지금 당장 멀게 느껴지는 미래의 방향성은 뒷전이 되죠. 딱 보기에 밋밋한 투자 대상보다는 지금 당장 오르는 기업에 투자해야 한다고 믿게 됩니다.

그렇다면 워런 버핏의 투자는 어떠했을까요? 버핏은 버크셔 해서웨이를 운영하며 상시적으로 높은 수준의 현금성 자산 보유를 강조하였습니다. 지금 유동 현금을 투자에 모두 사용한다면 수익률은 높아질 수 있겠지만 편한 숙면조차 취할 수 없다고 판단한 것이죠. 실제 버핏은 첫 주택 매입을 제외하고는 부채를 활용한 투자는 한 적이 없음을 강조하기도 합니다.

한편 급을 바꾸기 위한 개인의 투자는 중요한 것이기에 버핏의 조언에 대해서도 조금 더 들여다볼 필요가 있습니다. 먼저 버크셔 해서웨이는 부채가 정말 없는 것이 맞는지 생각해봐야 합니다. 워런 버핏의 평전을 쓴 앤드루 킬패트릭은 "대략적으로만 따져보더라도 무이자 레버리지의 마술이 없다면 버크셔의 수익은 24%가 아닌 약 15%에 불과할 것이다"[9]라고 말하기도 했습니다.

버핏은 버크셔 해서웨이의 성장에 있어 플로트(float, 책임준비금)가 핵심 역할을 수행하고 있다고 자주 말해왔습니다. 플로트를 통해 돈을 무료로 사용하는 것도 모자라 실제로 수익까지 났다는 것이죠. 플로트의 힘을 말할 때마다 버핏이 함께 언급하는 버크셔 해서웨이의 핵심 자산은 '아지트 자인'입니다. 아지트 자인은 버크셔 해서웨이의 보험 사업 부문 부회장이며 그의 역할은 손해율 리스크를 판단하여 계약 인수를 결정하는 것입니다.

그렇다면 버핏이 강조했던 플로트는 무엇일까요? 플로트는 사실 보험 사업에서 계약자들에게 미래의 약속을 제공하며 미리 받아 놓은 돈, 즉 수입보험료 부채에 해당합니다. 버핏은 부채는 위험한 것이라 말하였으나 실상 버크셔 해서웨이 투자의 중심에는 플로트, 즉 부채가 존재합니다. 플로트를 통해 돈을 무료로 사용하며 수익도 발생한다는 뜻은 이자율 운용에서도 수익이 나며 계리적 위험률(언더라이팅 이익)에서도 이익이 발생한다는 뜻입니다. 보험업에서는 이자율 이익과 위험률 이익으로 표현하며, 버핏은 이자율 이익 창출을 맡고 아지트 자인은 계리적 리스크를 총괄하며 위험률 이익을 만든다는 뜻이죠. 말이 조금 어렵지만 결국 부채를 활용해서 투자의 규모를 키운 것이고 장기 투자를 하기에 최적의 조건으로 투자할 때 조달했던 부채의 만기가 길었던 것입니다.

이제 앞서 스타트업의 현금흐름 특성과(재무현금 유입) 버크셔 해서웨이의 플로트 투자 방식을 통해 우리들의 투자에 대해 생각해 볼까요? 스타트업은 결국 금융이자가 발생하는 부채 조달을 두려워하기보다는 무엇을 통해 사업 성장을 만들지 고민해야 합니다.

1,000원의 금융이자가 발생한다면 5,000원을 벌면 그만이라는 것이죠. 재무학적으로도 당기순이익은 매출에서 원재료와 판매비와 관리비를 제외하고 이자에 해당하는 금융 비용을 제하면 도출됩니다. 금융 비용은 부담이지만 영업이익이 늘어나면 해결될 일입니다.

급을 높여야 하는 우리들의 현 모습을 기업에 조망해본다면 스타트업과 같은 성장 단계일 것입니다. 교과서적인 부채의 기피에 매달리기보다는 어떻게 하면 금융이자를 지불하더라도 차라리 총 매출을 높일 수 있을지 알고 있는 무형자산을 강화해야 합니다. 부채의 규모에 대해 강박적으로 경계하기보다는 어떻게 하면 버핏의 무이자 발생 부채를 우리 투자에도 활용할 수 있을까 가늠해봐야 합니다. 우리는 보험사를 인수할 수 없지만 한국에는 전세 제도가 존재합니다.

갭 투자는 다소 투기를 연상하는 단어처럼 사용되고 있지만 사실 전세가의 방향성을 파악하는 인허가, 착공 및 입주 물량, 규모별 물량 분석은 아지트 자인이 플로트 부채를 인수할지 결정하는 언더라이팅 계리적 분석과 차이가 없습니다. 갭 투자를 할 경우 만기 2년, 4년이 지나며 오직 그 시점이 되어야 그때의 전세가를 알 수 있습니다. 제조업과 달리 보험 상품 역시 만기까지 도달해야만 최종 수익을 확정할 수 있습니다. 비용이 확정되기 때문입니다. 보험 계약의 만기가 올 때까지 버핏은 이벤트가 발생하면 지급해야 하는 계약 부채를 투자 재원으로 사용한 것입니다. 금융 이자가 발생하지 않는 부채이며 전세보증금과 맥락은 동일합니다. 버핏은 심지어 수익도 발생되는 플로트라고 하였습니다. 갭 투자 역시 보증금이 상승하면 자금을 무료로 상승할 수 있는 이익과 매각 차익까지도 기대 가능합니다. 보험에서 위험률, 이자율 이익과 하등 차이가 없습니다.

버핏이 하면 선(善)이고, 우리가 창의적으로 활용하면 악(惡)이라는 것은 다소 이분법적 사고에 해당합니다. 물론 버크셔 해서웨이가 보유한 보험사는 자본적정성에 대해 규제받고 있으며 초우량 신용등급을 유지하는 중입니다. 우리들의 투자 역시 역전세가 난다고 하더라도 보증금을 내줄 자본을 충분히 점검한 뒤 진행한다면, 결국 타인 부채를 활용하는 본질은 다르지 않습니다.

앞서 다뤘던 주제는 수익률보다는 방향성이며, 방향성이 명확해야만 규모를 키울 수 있다는 것입니다. 규모를 키우려면 필수적으로 생각해야 하는 것이 결국 부채의 활용 여부입니다. 저는 이렇게 생각합니다. 이자 발생 금융 부채는 수익으로 상계시킬 수 있다면 문제될 것이 없습니다. 부동산을 보유 중이시고 향후 입주 물량이 부담되지 않으며, 필요시 동원 가능한 현금 여력이 충분하다면 보증금을 활용한 투자도 유연한 대안 중 하나가 될 수 있습니다.

4
차트가 꺾인 주식은
사면 안 된다

투자에서 가장 중요한 것은 오직 미래 시계열로 생각하는 훈련입니다. 일부에서는 차트가 역배열이면 부담된다고 말하고, 외국인과 기관이 팔고 있으면 수급이 불리하다고 말합니다. 당연하게 들리던 말은 사실 가격이 오르는 순간, 곧바로 왜 그랬을까 하는 어처구니 없이 후회스러운 상황으로 변합니다. 역배열로 내려오던 차트는 가격이 저렴할 때 사는 것이라는 조언과 일치하며, 외국인과 기관이 팔고 있다는 것은 수급 조건이 최악이기에 오히려 유리했다는 것이겠죠.

우리는 장기 투자를 지향하며 수익률은 매입 가격에서 비롯되기에 낮은 가격이 유리하다고 알고 있지만 그 시점에는 머리가 굳어버립니다. 그렇다면 가격이 하락할 때 매입하는 것이 유리한 것일까요? 때로는 역발상의 전제조건이 단순하게 올라가는 주식에 대해서 의식적으로 동의하지 않는 것처럼 느껴집니다. 하지만 물타기도 불타기도 정답이 아닌 것처럼 수급도, 차트의 모양도 투자와는 완전 무관한 주제입니다. 상단의 모든 개념들은 사실 기업을 둘러싼 주변 사람들의 심리에 불과하기 때문입니다. 거듭 강조하지만 기업에 대한 투자는 오직 기업의 직선적 사업의 성장 여정입니다.

하락하는 차트는 마음을 불안하게 만들지만 시장의 해석과 달리 미래 기업의 성장 동력이 빨라진다고 판단하면 사실 대수롭지 않은 것입니다. 뒤로 갈수록 유리한 것은 탁월한 기업을 더 저렴하게 더 많이 매입한 사람이기 때문입니다. 사고 싶었으나 이미 가격이 올라버린 기업도 마찬가지입니다. 이미 상승한 가격은 아쉬운 것이지만 긴 시간이 지난 뒤에도 가장 탁월한 기업의 급이 균질적으로 지속된다고 판단되면 사실 추가 매입도 문제되지 않습니다. 수익률의 대상이 되는 비교 시점이 지금에 있지 않고, 가장 탁월한 급을 균질적으로 유지할 수 있는 기업은 전 세계적으로 보아도 희귀하기 때문입니다.

수익률은 매입 가격에서 비롯되지만 훨씬 더 중요한 것은 지금부터 미래 시계열에서 발생하는 수혜입니다. 모든 탁월한 기업은 긴 시계열에서 성장을 지속하며 화폐 가치 하락과 희소성의 수요에 따라 기업 가격이 상승합니다. 기꺼이 더 지불하겠다는 마음은 오직 탁월한 가치를 제공하는 곳에서만 발생합니다. 투자는 기업의 급의 변화에 대하여 자본을 배치하는 것입니다. 사람들의 마음을 읽을 수 있다고 말하는 투자를 경계하시고 주식 증서가 말하는 실제 물건을 바라봐야 합니다.

국내에서 지난 10여 년간 가장 크게 성장한 기업 중 하나는 JYP엔터테인먼트입니다. 멀리서 돌아보면 희극이지만 자세히 당시 시점으로 돌아가서 살펴보면 곡절마다 피 말리는 움직임입니다. 10개월 만에 52% 하락(2018년 10월 19일 37,900원에서 2019년 8월 16일 18,150원으로 급락)을 견딜 수 있는 사람이 몇이나 있을까요? 당시에 차트를 들여봤다면 이미 역배열이기에 조금이라도 더 빨리

JYP엔터테인먼트 주가 흐름

자료: 구글

파는 것이 현명한 선택이라고 믿었을 것입니다. 동사는 약 12년의 기간 동안 4700% 주가가 상승했습니다.

과연 사람들의 심리를 옮겨 다니는 독심술로 구간 구간을 맞출 수 있을까요? 기업은 직선적 성장 여정을 이어가지만 주변 구경꾼들의 심리는 시점별로 그 당시의 합리적 이유에 납득되어 계속 옮겨 다닙니다. 주가는 춤을 추겠죠? 관점이 있는 투자자는 직선적 여정에서 발생하는 이견을 기회로 삼아 부자로 올라섭니다. 대주주와 사업 초창기에 합류한 대표이사, 그리고 매우 일부에 해당하는 초창기 스톡옵션을 가지고 있는 임직원입니다. 모두 주가는 물론 실적의 파고까지도 이겨낸 사람들입니다. 차트와 수급을 중요시하는 것은 이견을 피하고 싶기 때문입니다. 이견은 피하는 것이 아니라, 다른 생각이 있어야만 급이 구분된다는 것을 기억하셨으면 합니다.

5
주식을 묻어 놓고
볼 필요가 없다

주식 투자를 하다 보면 상충되는 조언을 들을 때가 사실 참 많습니다. 정말 부지런한 투자자라면 지금 열심히 공부해서 어디서 이익이 늘어나는지 보고 있어야 한다는 의견, 결국 노력하는 사람만이 시장에서 살아남기 때문에 기업을 최대한 많이 다니고 전화해봐야 한다는 의견, 투자는 매수도 중요하지만 결국 팔아야 내 돈이기 때문에 투자의 예술은 매도라는 의견 등이겠죠.

투자에 입문할 때는 대부분의 사람들이 장기 투자를 생각하지만 실제 원칙을 지켜내는 사람은 극소수에 불과합니다. 왜 그럴까요? 일부에서는 손실에서 느끼는 고통이 수익을 벌 때보다 훨씬 크기 때문이라고 말하기도 하지만 더 본질적으로는 내 원칙이 무엇인지 헷갈리기 때문입니다.

예를 들어 기업의 급이 탁월하기에 장기 보유로 매입한 기업 A가 있습니다. A는 탁월한 실적을 2021년에 기록하였고 2022년도 좋을 것으로 예상되지만 항상 탁월하기에 비싸다는 단점이 있습니다. 한편 시장의 흐름을 보니 급이 좋은 A기업은 실적이 좋다는 게 새삼스러운 일이 아니기에 주가는 오히려 흐르고 있고, 과거 10년 수익성도 실적도 좋지 않았던 B기업은 리오프닝 수혜주로 분류되며 주가가 급등합니다.

자연스럽게 투자자의 시선은 A기업을 바라볼 때 수익성과 우수한 DNA가 보이는 것이 아니라 외국인의 매도세와 흘러내리는 주가가 보일 것입니다. B기업도 마찬가지이죠. 과거 10년간 기록한 급이 낮은 수익성이 보이는 것이 아니라 지난해에 유독 안 좋았기에 올해 좋게 보이는 이익증가율과 올라가는 주가가 보일 것입니다.

이때 투자자는 내가 몸을 바쁘게 움직여 부지런히 이익이 증가하는 기업을 찾아야 한다는 조언과 우량 기업을 장기 보유하라는 원칙 간 충돌을 경험하게 됩니다. 사실은 정답이 있는 것이 아니라 자신이 어떤 시계열의 투자자인지 먼저 정립하고 출발하는 것이 중요합니다. 트레이더라면 B기업으로 넘어가는 것이 당연하겠지만 기업을 사업으로 접근하는 장기 투자자라면 당연히 A기업의 지분을 가격이 할인된 구간에서 더 높일 것입니다.

결국 어떠한 조언에 대하여 수학적 절대 명제처럼 옳고 그름이 아닌, 나의 투자 원칙에 맞춰 새롭게 정립시켜 나가는 것입니다. 그렇다면 해석 시에 가장 경계해야 하는 조언 중 하나는 무엇일까요? 수익률이 손실로 넘어간 순간 정당화를 위해 떠오르는 "주식을 보유한 것조차 잊어버릴 만큼 완전히 주식을 잊어버리라"는 조언입니다.

주식을 잊으라는 조언의 핵심은 주식 뒤에는 기업이 있고 투자자는 기업의 성장을 추적해야 한다는 것입니다. 투자는 자신이 보는 미래의 모습에서 분출하게 될 가치에 대하여 지금 가격을 지불하는 것입니다. 주식 앱을 삭제한 뒤 주식을 잊는 것과 기업의 성과를 추적하는 것은 완전 별개입니다. 버핏은 번잡한 뉴욕이 싫어한평생을 오마하에서 거주했지만 현장을 떠났다고 해서 공부를 하지 않는 것은 아닙니다. 대부분의 개인투자자는 오를 것 같은 기분에 대해 투자한 뒤 주가가 급락하면 손실을 확정하기 전까지는 끝나지 않는다고 말합니다. 투자는 당장의 성과가 중요한 것이 아니라 다시 반복하더라도 유리한 투자 원칙을 습관화하고 결국 규모를 키워야 합니다.

주식을 잊어버린다면 방향은 두 가지이겠죠. "버텼더니 가격이 올라가더라", "10년을 버텨봤지만 가격이 오히려 더 내려가더라." 정답은 무엇일까요? 둘 다 투자와 완전히 무관한 해석입니다. 버티거나 주식을 잊는 것이 중요한 게 아니라 기업의 직선적 성장 여정이 중요합니다. 매일매일의 주가는 현자들의 조언처럼 전혀 중요하지 않습니다. 투자는 미래를 위한 자본 배치이고, 주가 변화는 오늘 물량을 내놓은 매우 일부 사람들의 생각이기 때문이죠. 하지만 관점은 매우 중요합니다. 부지런한 기업의 직선적 성장 여정에 대한 추적도 중요합니다. 오직 실적과 성장의 로드맵만이 시간을 버티게 만들어주는 힘입니다. 주식을 매입 후 먹으라는 의도적 수면제가 아닌, 이성적으로 충분히 납득이 되기에 흔들리지 않는 편안한 수면제를 스스로 얻길 바랍니다.

6

지금부터 좋은
저평가 기업을 찾아야 한다

투자를 하며 경험이 쌓이면 누구나 원칙의 갈등 시간을 맞습니다. 어떤 기업을 발견해서 규모 있게 투자를 한 뒤 실제 주가가 크게 상승할 때는 자신감이 차오르게 됩니다. 중요한 순간은 시장의 색이 바뀌면서 비중이 커진 보유 기업이 하락하고 다른 기업이 오를 때입니다.

어떤 기업의 주가가 최근 오르고 있다면 그 기업이 앞으로 수혜로 지목된 배경에 당시에는 합리적인 이유가 있습니다. 지금부터 이익이 크게 증가한다거나, 국가 정책에 의해서 앞으로 본격적인 수혜가 있을 예정이라는 거죠. 적정 주가는 미래에서 벌어들일 잉여현금흐름 총합의 현재 가치라고 합니다. 수혜주가 언급되는 시점에 우리들의 생각은 보고 싶고, 듣고 싶은 실적 전망으로 향하기 쉽습니다. 다 함께 흥분해서 들어간 뒤 빠져나가는 썰물에 가라앉지 않기 위해서는 미래가 아닌 과거부터 조망해야 합니다. 균질한 실적 성장이 이어지고 있는지, 그렇게 좋다면 과거에는 수혜가 왜 아니었는지, 오히려 뒤로 돌아가서 검증해봐야 합니다.

사실 지금부터 수혜라 말하는 기업 대다수 중 과거부터의 균질적 성장을 이어오는 기업은 매우 찾기 어렵습니다. 수익성이 높은 이익을 만드는 곳에는 반드시 경쟁이 붙기 마련이고, 경쟁에서 이기기 위해 기업이 연구개발 비용 투자를 늘리면 비용이 증가하며 단기 수익성이 악화되고 순이익이 감소하기 때문입니다. 오직 강력한 비즈니스 모델을 갖춘 기업에서 탁월한 매니지먼트가 유무형 자산을 효과적으로 활용할 때 수혜주 열풍이 사라진 뒤에도 추가 성장을 만들 수 있습니다.

그렇다면 한때는 주가가 분출했으나 이제는 지금의 수혜주들에 묻혀서 매일 주가가 내리는 기존 투자 기업들은 어떻게 해야 할까요? 초심자의 행운이 사라지고 내일도 하락할 것이 뻔히 보이는 바로 이 지점에서 실전 투자자로 성장하기 위한 원칙의 시험 구간이 찾아옵니다.

매일 뒤처지는 기분이 들고 주가를 보는 것이 고통스러운 구간에서 우리에게 필요한 것은 너무나 당연한 처음 투자 시점에 생각했던 시계열의 재인식입니다. 우리는 분명 노후 시점의 풍요로운 생활을 위해 현재의 소비를 참은 뒤 돈을 투자하였습니다. 필요한 것은 노후 시점에 자산이 가장 크게 불어 있는 것입니다. 기업 A, B, C가 있다고 해보시죠. 모두 100점에서 시작합니다. 우리가 돈이 필요한 시점이 10년 뒤이며, A의 주가는 180점, B는 130점, C는 80점으로 내려간다고 가정해봅니다. 당연하지만 우리에게 필요한 것은 미래를 조망할 때 A기업이 가장 강한 것을 선별하는 숙제 하나, 두 번째로는 여유 현금흐름이 생길 때마다 A기업을 지속 매입하는 것입니다. 너무나 당연한 이야기 같죠? 하지만 실제 우리들의 투자 행태는 어떤가요?

대다수는 이번 달 A가 1점 내려간다 하고, B는 변동이 없고, C가 2점 오른다 한다면 A를 팔고 C를 매입할 것입니다. 시장에서는 이번 달의 수혜주로 C를 말하고 있고, A의 주가가 내리는 것은 눈에 뻔히 보이기 때문입니다. "그래도 A가 역시 실적이 계속 좋은데요?"라고 중얼거린다면, A는 이미 실적 성장이 시장에 충분히 알려졌고 이미 주가가 오른 상황이기 때문에 매력이 없다는 조언을 들을 것입니다. 그래도 A를 계속 보유한다면 실제로 올라가는 것은 C이고 A는 내려가고 있기 때문에 SNS상 수익률 자랑하기에서 밀릴 것이고, '나도 다 생각하던 건데…' 자존심이 상할 것입니다.

시장 내 대부분은 "생각만 하면 뭐해, 그게 수혜인 걸 알았으면 샀어야지"라고 말할 것입니다. 실제 주가가 오른 모습이 보일 테니 당장은 할 말이 없을 수도 있겠죠. 하지만 매우 소수의 사람은 오히려 장기로 볼 때 가장 탁월한 실적 성장 기업이 소외되는 기간 동안 수량을 늘려갑니다. 기간은 1개 분기가 아니라 1년이 될 수도 있겠죠. 하지만 잘 아시는 것처럼 우리의 노후가 시작되는 시점은 1년은커녕 10년도 넘게 남아 있는 일입니다. 현실에서의 우리는 1분기 BM 대비 수익률을 등에 붙이고 돌아다니지 않습니다.

풍요로운 노후를 위한 여러분의 '스노우볼'을 만들고 싶다면 기업의 직선적 성장 여정에 동참해야 합니다. 만약 자녀가 있으시다면 아이에게 말을 가르치던 때를 생각해보세요. 처음에는 글자부터 시작하고, 단어로 넘어가는 동안 발음하는 게 엉성하지만 시간이 지나고 보면 어느덧 아이는 제법 문장을 구사하게 됩니다. 기업의 성장 여정도 마찬가지입니다. 울퉁불퉁 길을 지나가며 기업은 성장의 여정을 만들어 갑니다. 위대한 기업과 함께하는 것이 투자라는 것을 인식한다면 투자 심리가 울퉁불퉁 왜곡될 때 이견에서 주식을 모아가야 합니다.

지금부터 좋은 기업에 현혹되기보다는 항구적으로 좋은 기업인지, 지금까지는 왜 좋지 않았는지 차분하게 생각해봐야 합니다. 정말 위대한 기업은 매우 희소합니다.

7

금융상품을 활용하고
시대의 수혜주에 올라타야 한다

　주가 하락이 나오는 가파른 변동성 구간에서 유독 눈에 들어오는 기사가 있습니다. 변동성 장세를 대응하기 위하여 적극적 분산 전략을 고려하라는 것입니다.

　대체로 ELS(주가연계증권)부터 금·은 등의 원자재와 채권형 ETF, 그리고 달러화 통장 등을 추천합니다. 함께 등장하는 조언은 늘 같은 맥락으로 반복되는, 그 시점에 가장 매력적인 산업에 투자하라는 것입니다.

　예를 들어, 이와 같은 스토리텔링 기반의 투자 조언이 있을 수 있겠죠. "변동성이 높은 시기에는 채권과 주식을 60:40으로 분산 투자하면 좋습니다. 동시에 메가트렌드에 대한 관심도 계속 기울여야 합니다. 4차 산업 시대가 더 빨라지고 있죠. 나보다 더 빨리 변하는 시대에 적응하려면 나보다 경쟁력 높은 산업, 5G 등에 투자해야 합니다. 위험자산의 리스크가 부담된다면 ELS와 금을 섞어주는 전략도 대안이 될 수 있습니다."

언뜻 들으면 충분히 합리적으로 느껴지는 전문가다운 조언입니다. 역시 5G 시대의 등장은 필연적으로 느껴지고 계란을 한 바구니에 담지 말라는 조언을 실천해야 합니다. 하지만 전문가의 조언일수록 잠잠하게 뒤집어 생각해봐야 합니다.

먼저 안전자산을 60% 투자하는 것부터 어불성설입니다. 금리가 올라가고 있습니다. 경기의 실질 체력을 보여주는 장단기 금리 폭은 좁아지지만 금리 수준 자체는 올라갑니다. 또 우크라이나 사태가 장기화되고 있습니다. 자연스럽게 글로벌 교역의 비효율성이 높아지고 있고, 비효율은 자연스럽게 불필요한 비용 증대를 일으키며 물가가 상승합니다.

연준의 가장 중요한 목표 중 하나가 물가 안정화라는 것을 생각한다면, 긴축 정책을 가져갈 수밖에 없습니다. 단기 금리는 이 경우 상승하게 되죠. 채권은 일정 기간 이후에 정해진 금액을 돌려받기로 약속된 증서입니다. 인플레이션은 따라서 채권의 가장 큰 적이기도 합니다. 대표적인 안전자산의 유형은 채권이지만 금리 상승 시기의 안전자산으로서의 채권은 사실 최악의 투자가 되는 것이죠.

또 하나의 안전자산으로 인식되는 금 가격은 역사적으로 복기해보면 위험자산에 해당하는 주식 시장 지수와 정의 관계로 연관성이 높고, 달러화 화폐 가치와는 일반적으로 역방향의 상관관계를 지니고 있습니다. 안전자산을 편입하는 목적이 위험자산 투자에서 오는 리스크를 줄이고 싶은 것이라면, 투자 규모 자체를 줄인 뒤 현금 비중을 상시적으로 가져가면 됩니다. 전문적으로 보이는 뭔가 대단한 투자 상품과 방식에 귀 기울일 필요가 없습니다.

ELS 투자 조언이 신문에서는 꾸준히 나오고 있지만 ELS야말로 사실 가장 불편한 투자처입니다. ELS는 일반적으로 특정 조건 하에서 약속된 수익율을 지급받는 형태입니다. 개인들은 "그런 가격까지 기초 지수가 하락하는 일이 설마 있겠어?"라고 생각하며 ELS에 투자합니다.

확률에 기반한 약속을 판매하는 대표적인 조직이 보험사입니다. 보험사는 수십 년간 축적된 경험 생명표라는 통계와 상품 설계를 담당하는 계리 조직, 이후 입구에서 역선택을 방지하는 언더라이팅 팀이 존재합니다. 반면 개인은 ELS에 투자할 때 아무런 방어막이 없습니다. '개별 기업 또는 지수가 특정 시점에 얼마 이상이라면 어떤 수익률을 준다'고 하지만 만기가 짧은 시기의 주가를 누가 알 수 있을까요? 장기적으로 실적에 대한 예측만 가능할 뿐이며 장기 실적에 따라 시가총액이 움직일 뿐입니다. 만기가 정해진 시점에서, 특정 조건 충족 시 수익을 제공한다는 것은 수익을 낸다고 하더라도 반복할 수 있는 무형자산이 아닙니다. 다음에는 또 다른 조건 값에 베팅해야 하는데 흘러가도 알 수 없는 것이기에 규모를 키울 수 없습니다. 시간이 지날수록 승리를 반복할 수 있는 무형자산이 쌓이지 않는 투자 방식은 시작부터 안 하는 것이 맞습니다.

이번에는 또 다른 예를 들어 보겠습니다. "메가트렌드 수혜주에 올라타야 한다. 특히 클라우드와 5G에 대한 투자가 유망할 것으로 본다"는 주장은 어떨까요? 듣기만 해도 이미 마음이 설렙니다. 하지만 클라우드 산업 내에서도 수많은 기업이 존재하며 기업에 따라 성장의 스테이지 및 재무 속성이 완전하게 다릅니다. 국내에 수많은 5G 관련 기업 중 이익 성장이 균질적으로 나오는 기업이 몇이나 있을까요? 5G가 수혜를 받을 것 같은 시대 흐름과 개별 기업의 DNA 및 균질적 숫자 성장은 완전 무관한 주제입니다. 아마 5G 산업에 대한 국가적 투자 언급이 나오면 또다시 리포트가 나오면서 주가는 순간 오를 수 있겠죠. 그렇다면 투자는 주가가 오를 만한 곳에 하는 게 맞기에 수혜주를 바라봐야 할까요? 저는 동의하기 어렵습니다.

투자는 수혜 전망이 있을 것으로 예상되는 스토리에 하는 것이 아니라 과거부터 균질하게 실적 성장을 만들고 있는 기업의 여정에 장기간 자본을 묵혀 놓는 방식이어야 합니다. 지속성이 담보되지 않는 일시적인 수혜주로는 규모를 키울 수 없습니다. 과거에 없던 위대한 DNA가 지금부터 생길 리도 없습니다. 하락이 두려운 것이 아니라 하락 시 추가 매입이 두려운 것입니다. 처음부터 항속적으로 검증된 수요와 DNA를 가진 기업에 투자하면 됩니다. 주식 투자의 출발은 수혜를 수용하는 것이 아니라 오히려 까다롭게 사업체를 선별하는 것입니다.

Chapter 4.

투자를 구성하는
네 가지 주체

우리는 앞서 세간에 널리 알려진 상식적인 투자 조언에 대해 관점을 바꿔 생각해봤고, 투자 시 충동적으로 떠오르는 마음들을 자세히 들여다봤습니다. 이번에는 조금 더 큰 그림에서 성공적인 투자를 구성하는 네 가지 핵심 주체에 대해 생각해보려 합니다. 결국 투자는 네 가지의 핵심 개념이 선순환을 이어가며 돌아갈 때 번창하게 됩니다.

인문학적으로 뒷받침되는 시대적 수요, 무형자산이 단단한 비즈니스 모델, 탁월한 사업가가 이끄는 매니지먼트, 마지막으로 선별한 투자처를 장기간 품을 수 있는 투자자의 그릇입니다.

1
인문학적으로 뒷받침되는
시대적 수요

먼저 기업의 매출로 연결되는 수요에 대해 생각해볼까요? 수요를 분석하는 이유는 결국 매출을 추정하고 비즈니스 모델이 갖는 특성을 고려해 이익률을 적용하고 예상 순이익을 산출하기 위해서입니다. 시장 내 대부분 투자자는 올 한 해 순이익 추정에 매달리지만, 더 중요한 것은 당해 연도를 넘어 미래를 바라보는 시대가 만들어주는 수요입니다. 당해 연도의 순이익 추정은 이미 시장에 컨센서스라고 불리는 시장 예상치가 있습니다. 결국 주가의 변화는 사람들의 시각 변화에서 만들어지겠죠? 당해 연도의 사업 현황은 일반적으로 기업 IR에서 시장과 컨퍼런스콜 등을 통해 가이던스를 제시하기에 크게 이견이 발생하기 어렵습니다.

기업의 직선적 성장 여정에서 한 발 미리 들어가고 싶다면 결국 기업의 IR보다, 더 빠르게 실적 추정을 가지고 있어야 합니다. 어디서 알 수 있을까요? 시대적 본능이 이끄는 수요입니다. 본능을 통한 수요는 다소 추상적으로 들리지만 사실 시대마다 본능은 변화하게 됩니다. 지난 10년간 가장 눈에 띄게 확인되는 본능 중 하나는 무엇일까요? 비교 본능, 뒤집기 본능이 맞을 것입니다. SNS를 통해 강제적 연결사회가 조성되었고, 자본이 축적되며 양극화가 커졌기 때문입니다.

선진 사회로 진입하며 아름다움에 대한 본능이 커지는 것도 당연하며, 비혼 인구가 늘어나며 자신에 대한 몰입 시간이 늘어나고 라이프스타일 정당화를 위한 취향 소비가 늘어나는 것도 당연합니다. 이것들은 당해 시장에 알려진 순이익 기대치와 무관하게 시대가 이끄는 수요입니다.

우리가 일반적으로 알고 있는 기업의 목표 주가는 기업의 경쟁력과 경쟁사를 고려하여 타깃 PER라는 주가수익비율을 정한 뒤 순익 기대치를 적용하는 것으로 산출됩니다. 예를 들어 A라는 기업의 타깃 PER를 20으로 잡고 2022년 순이익이 1,000억 원이라 생각하면 목표 시가총액은 2조 원이 돼야 한다는 것입니다. 과연 맞을까요?

핵심은 당해 연도 순이익 1,000억 원이 아니라 항속적으로 순이익이 얼마나 빨리 늘어날 것인지 시대가 이끄는 수요를 판별하는 것입니다. 애널리스트는 IR에게 사업 현황과 관련한 질의를 진행하고 각자의 모델하에 숫자를 추정합니다. 기업 IR은 실제 영업 조직에서 달성하는 매출 수준과 중장기 경영 계획을 함께 고려하여 시장과 눈높이를 조정합니다. 짧게는 금분기와 다음 분기, 길게는 2~3년 뒤까지 바라보는 것이 자본시장 참여자의 시각일 텐데요. 개인투자자인 우리는 한 발 더 멀리 바라봐야 합니다. 지금 당장 현장에서 매출 숫자로 보이지 않더라도, 어차피 다가오는 미래를 가늠해야 합니다. 이것은 사람의 소비가 어디로 향할지, 본능에 대한 이해이고, 인문학적 헤아림을 의미합니다.

2
무형자산이 단단한
비즈니스 모델

시대적으로 견조한 수요를 확인하였다면 다음으로 필요한 것은 대중이 원하는 제품과 서비스를 공급하는 기업입니다. 우리는 모두 전기차 시대가 오는 것을 알고 있습니다. 하지만 전기차 시대를 준비하는 기업 중 과연 몇이나 살아남을 수 있을까요? 지난날 드라마 〈겨울연가〉가 방영되던 당시부터 한류가 대세가 될 것을 알았지만 수혜를 누리면서 지금까지 성장한 기업은 소수에 불과합니다.

결국 기업이 속한 산업의 성장과 별개로 비즈니스 모델이 갖추고 있는 경제적 해자에 대한 판단이 필요합니다. 다음과 같은 질문이 필요합니다. 산업이 10% 성장할 때, 어떤 기업이 오히려 20% 성장을 만들 수 있는지? 다 함께 20% 성장하는 기업 중 더 높은 수익성을 유지하는 기업은 어느 곳인지? 이 기업은 대규모 투자 없이도 지금의 수익성 및 경쟁력 우위를 유지할 수 있는지? 그렇게 단언할 수 있는 기업의 경쟁력 우위는 브랜드 가치에 있는지, 기술력 수준에 있는지? 재무제표는 이미 지나간 사업의 숫자를 드러낼 뿐입니다. 핵심은 왜 이런 숫자가 나올 수 있는지, 기업에서 생산자산으로 활용하고 있는 자산을 들여다보는 것입니다.

애플은 직접 공장 설비를 통해 생산하기에 빅테크 기업이 된 것이 아닙니다. 테슬라는 자동차 생산량이 가장 많기에 가장 비싼 기업이 된 것이 아닙니다. 에르메스도 매출 성장률이 가장 높기에 인정받는 것이 아니죠. 어떤 기업이 시대의 폭발적인 수요에 대응하여, 높은 수익성으로, 최상의 제품과 서비스를 제공하고 있는지 판별해야 합니다. 우리들의 인생에서 모든 것을 건 사업을 시도한다면 몇 번이나 선택할 수 있을까요? 인생의 사업처럼 결국 투자에 임해야 합니다. 일생의 사업을 선별해야 한다면 지금 잠깐 좋은 증감률이 무슨 소용일까요? 앞으로도 좋을 수밖에 없는 질적으로 탁월한 가치를 비즈니스 모델이 가지고 있어야 합니다.

3

탁월한 사업가가 이끄는
매니지먼트

일정 수준 이상 투자 경험이 쌓이다 보면 어느 순간 관점의 갈등이 오는 경우가 있습니다. 이를테면 아래와 같은 질문들이겠죠.

퇴근 후 육아에 정신이 없는데 언제까지 내가 이렇게 감사보고서를 자세히 들여다보고, 분기별로 리밸런싱을 해가며 투자를 이어가야 할까? 무조건 장기 투자를 해야 할 것 같지만, 막상 기업의 실적이 하락할 것으로 예상된다면 매도하지 않는 게 이상한 것 아닌가? 기업의 실적이 매우 좋을 것으로 판단이 들지만 경영진이 횡령과 배임을 저지른 뒤 현재에도 경영을 맡고 있다면?

상단의 질문들은 실제 제가 겪었던 딜레마들이기도 하고, 여러분들도 기업 명만 다를 뿐 누구나 투자 과정에서 부딪히는 질문입니다. 버핏은 주주 서한에서 회사의 매니지먼트가 함께하고 싶지 않은 경우에는 매입하지 않는다고 말한 적이 있습니다. 우리는 현재 상황에서의 주변을 둘러본 뒤 수혜 중심으로 투자하는 것에 익숙합니다. 진실은 어떨까요?

주식의 유일한 본질은 가장 처음에 큰 뜻을 품고 사업을 일으킨 한 사람이 있다는 것입니다. 창업자 겸 대주주에 해당하겠죠. 이후 소유와 경영은 기업이 상장되며 분리되지만 결국 사업을 풀어나가는 것은 자원을 배치하는 매니지먼트라는 것입니다. 버핏의 파트너로 알려져 있는 멍거에게 어느 날 누군가 블리자드 기업 지분 매입에 대해 물었습니다. 멍거는 이렇게 대답했습니다. "나는 지분 매입에 대한 별도 답변은 하지 않을 것입니다. 다만 바비 코틱(Bobby Kotick, 블리자드 현 CEO)를 정말 좋아합니다. 그는 제가 아는 가장 현명한 경영자 중 한 명입니다."

결국 인문학적으로 뒷받침되는 본질적 수요가 존재하며, 수요에 가장 효과적으로 대응하는 긴 시간 검증된 비즈니스 모델이 존재하고, 위협적인 경쟁 환경에서 성장을 만들어가는 매니지먼트가 무엇보다 중요하다는 것을 알 수 있습니다.

2012년에 방영된 SBS의 예능 프로그램 〈힐링캠프〉 박진영 편을 보면 그가 얼마나 극도로 절제된 삶을 살고 있는지 알 수 있습니다. 당시 그는 17년 동안 매일 아침 15분이라는 짧은 식사 시간을 정해두고 똑같은 식단을 고수했습니다. 단 몇 분도 허투루 쓰지 않으면서 시간을 효율적으로 쓰는 데 강박적으로 집중하는 모습을 보여줬죠. 10년이 지난 지금, 박진영의 JYP엔터테인먼트는 10배 넘게 성장했고 박진영은 아직도 뮤지션으로 활동을 이어가고 있습니다. 사업가로서 그의 특징을 하나로 표현한다면 몰입이 아닐까 싶습니다. 모든 사람이 이와 같은 열정을 갖기는 어렵습니다. 다만 독보적으로 뜨거운 열정을 가진 사람을 알아보는 것은 가능하고, 그런 사람이 이끄는 사업에 동행하는 것도 가능합니다. 바로 주식 투자를 통해서 말이죠. 우리가 하나의 사업에 투자한다면 이런 곳에 해야 하지 않을까요? 퇴근 후 쉬고 싶은 나를 대신하여, 천재성을 갖춘 누군가가, 나와 같은 이해관계를 가지고, 몰입하며 이끄는 곳 말입니다.

비단 한국뿐 아니라 우리가 잘 아는 미국의 일론 머스크에게서도 확인되는 모습입니다. 일론 머스크의 스페이스X 사업 이야기를 다룬 넷플릭스 다큐멘터리 〈리턴 투 스페이스〉를 보면 페이팔 매각 자금으로 얻은 모든 자금을 우주선 사업에 쏟아부은 뒤 3회 연속 실패하며 한순간에 알거지가 될 위기에 처한 일론의 기억이 회고됩니다. 당시의 상황을 복기하는 임직원의 기억이 인상적인데, 일론은 3차 실험을 실패한 뒤 4차 실험을 준비하자고 합니다.

이해관계가 완전 일치하는 대주주의 사업을 향한 몰입과 결단을 보고 있으면, 때로는 엄숙함을 느낄 때도 있습니다. 몰입하는 사업가는 국가만 다를 뿐 전 세계에서 부를 독점하는 소수에게 공통

자료: 에르메스

적으로 발견됩니다. 프랑스의 명품 브랜드 에르메스 가문을 생각해 보시죠.

에르메스 일가는 LVMH의 아르노 회장으로부터 적대적 인수 합병 위기를 겪던 당시, 가족 구성원들 간 오히려 결속을 높이며 지난 10년의 화려한 성장을 만들어냈습니다. 창업자의 일가 구성원이 지분을 매각하며 정작 가족 지분은 사라지게 된 구찌와 대조적입니다. 적대적 인수 합병 위기를 겪던 당시 에르메스 일가는 자발적으로 2011년 가족 구성원 전원의 20년간 지분 매도를 금지하였습니다. 실질적인 전 재산이 에르메스 지분이며 1년 뒤 사업 전망도 확신하기 어려운 치열한 경쟁 환경에서 자발적인 20년간 락업

(Lock-up) 결정은 각별한 결심일 수밖에 없습니다.

실제 현재까지도 에르메스의 대표를 맡고 있는 엑셀 뒤마는 2015년 〈파이낸셜 타임스〉와의 인터뷰에서 당시의 비장했던 각오를 말하기도 했습니다. 2022년을 맞아 중국에서 코로나19 방역 활동으로 격리가 지속되고, 장인 제조 방식 특성상 공급이 제한적인 점에 따라 동사의 주가는 연초 대비 다소 하락하였습니다. 실적 성장이 다소 주춤할 것 같으니 시장에서는 기회 비용을 생각하며 매도 후 다른 곳으로 떠나가는 모습을 보였죠.

에르메스 일가의 또 다른 독특한 결정이 〈보그 비즈니스〉를 통해 보도된 바 있습니다. 가족들의 락업 기간을 자발적으로 10년 추가한 것입니다. 도합 30년간 주식의 지분 매도가 금지된다는 것, 과연 우리 같은 투자자는 상상이나 할 수 있는 일일까요? "사업가는 이미 돈이 많으니 할 수 있는 거야" 같은 관점이 아닙니다. 비범한 사업가의 사고와 태도로 우리도 투자해야 합니다. 장기적으로 바라보며 당장의 금전적 손익 이상을 넘어서 기업을 경영하는 탁월한 매니지먼트를 귀하게 여겨야 합니다. 결국 비즈니스 모델의 이면에는 BM을 만들고 사업을 개척하고 있는 매니지먼트가 있습니다.

4
다이아몬드 원석을
품을 수 있는 투자자

인문학으로 뒷받침되는 고객의 수요, 제품과 서비스를 공급하는 비즈니스 모델, 사업을 구상하는 매니지먼트를 살펴봤다면 이제 보석들을 담는 그릇, 즉 현명한 투자자의 자질에 대해 생각해보겠습니다.

버핏은 주주총회에서 '필 카레'라는 장기 투자자를 언급하며 특별히 그에게 여러 차례 주주총회 초청 서한을 보내기도 하였습니다. 모든 주주를 공평하게 대해야 한다는 생각에 IR 부서조차 운영하지 않는 버핏에게 필 카레가 얼마나 각별했는지 알려주는 장면입니다.

필 카레 앞에서는 버핏조차 단타 투자자였다고 느껴질 정도였는데, 필 카레는 75년간 투자를 하며 배운 가장 소중한 교훈에 대해 '인내심'이라고 답합니다.

이것은 한편 필 카레만의 특성일까요? 필립 피셔에게서도 정확하게 그대로 발견되는 면모입니다. 글로벌 성장주 운용사 티 로 프라이스의 창업자인 토마스 로우 프라이스의 가장 큰 특징을 하나로 요약하자면 '주가 변동과 무관, 성장하는 기업을 매우 긴 시간 보유'한다는 것입니다. 여기서의 긴 시간이라는 것은 오늘 날짜에 해당하는 1개 분기 미만은 당연히 아닐 것입니다.

카레는 "단순히 주가가 내려간다는 이유로 주식을 파는 것은 가장 우매한 행동의 하나라며, 주가보다는 그 회사가 가진 장점이 여전히 매력적이라면 보유할 것을 권한다"고 말합니다. 카레의 주식 보유 기간은 50년이 넘기도 했는데요. 현재 40대라면 90대까지 보유했다는 것입니다.

알아두면 좋을 것 같은 정보들은 오늘도 여기저기서 쏟아집니다. 하지만 정말 중요한 것은 사실 오히려 단순합니다. 지금 당장 좋은 곳이 아니라 '오히려 50년 뒤까지 어떤 기업이 살아남을 수 있는가'입니다. 미국의 연간보고서 10k를 읽으면 필수적으로 리스크 섹션을 기재하게 되어 있습니다. 자주 등장하는 문구는 '극심한 경쟁'이라는 것입니다.

균질한 수익성과 현금흐름을 유지하며 성장하는 비즈니스 모델은 매우 희소합니다. 이해관계가 일치하며 장기적 사고로 기업을 경영하는 매니지먼트는 더욱 귀합니다. 따라서 다이아몬드 기업을 찾으셨다면 일생에 걸쳐 귀하게 여기는 투자자의 그릇이 중요합니다. 주변을 돌아볼 때 현시점 수혜 기업 상당수는 열위 기업입니다. 순간적으로 더 좋아 보이는 곳으로 옮겨가기 위해 다이아몬드 원석을 열위의 기업과 바꾸게 되는 경우가 다수입니다. 그때 이탈하는 사람은 언제나 제각각의 이유가 있음을 기억해야 합니다.

주식 투자의 가장 큰 매력은 투자자 개인들이 사업가만큼 대단하지 않아도 된다는 것입니다. 우리는 사업 모델을 새롭게 만들지 않아도 되고, 대단한 재산을 보유해서 생산자산을 보유할 필요도 없습니다. 우리가 기가 막힌 직관력과 사업 능력을 갖추고 인생을 바쳐 사업에 몰입하지 않아도 됩니다. 우리에게 필요한 것은 다이아몬드 원석이 되는 사업 모델과 사업을 개척하는 투명한 대주주, 그리고 대중의 마음을 헤아릴 줄 아는 인문학적 지혜입니다. 이것들은 급할 필요가 없고, 일생에 여러 차례 바꿀 필요도 적습니다.

잘 알려진 일화가 있습니다. 피델리티 자산운용사의 전설로 남은 피터 린치의 마젤란 펀드는 13년간 연평균 29%의 수익률을 기록하며 벤치마크 S&P500를 두 배 이상 상회했습니다. 정말 대단한 성과이죠? 한편 알려진 바에 따르면 금융투자 업계에서 가장 손에 꼽힐 만한 성적임에도 대다수의 투자자들은 중도 해약하는 바람에 성과를 누리지 못했다고 합니다.

우리는 이익 증감률 중심으로 기업을 매 분기마다 새롭게 조망하고, 기업을 교체하며 수익을 높이고 손실을 축소하려 노력합니다. 진실은 무엇인가요? 투자는 우리가 하는 것이 아니라 훌륭한 사업 모델을 경영하고 있는 매니지먼트에 하는 것이라는 사실입니다. 영민함보다 우직함이 결국 시간이 지날수록 빛을 발합니다. 정말 탁월한 기업은 소수이며 분기마다 선별이 바뀌기 어렵습니다. 탁월한 사람도 소수이며 분기마다 능력이 바뀌지 않습니다. 바뀌기 쉬운 것은 우리들의 마음일 뿐입니다. 가장 중요한 것이 결국 다이아몬드 원석을 품는 투자자의 그릇입니다.

Chapter 5

투자자의
성장 단계

이번에는 저의 투자 과정을 뒤돌아보며 투자 입문자 분들도 경험이 쌓이면서 겪게 될 성장 단계를 말해보려고 합니다.

1

첫 번째 단계:

'당장 오르는 수혜주'에서 벗어나기

주식 투자에 입문한 뒤 가장 직관적인 투자 방식은 지금 당장 오를 것 같은 기업에 대한 투자입니다. 경제신문 증권 섹션이나, 유튜브 등의 SNS에서 가장 잘 팔리는 재료이기도 합니다. 당장 오를 것 같은 기분을 주는 '수혜주'라 불리는 키워드가 마음을 현혹하기 때문입니다.

대표적으로 기업의 실적과 아무런 관련이 없는 대선 테마주, 또는 정책 테마주 등이 해당합니다. 대통령이 원자력 발전소를 방문하면 원자력과 관련한 모든 기업이 단번에 오르게 됩니다. 원자력 관련 기업들의 재무 상태도, 기술력도 천차만별이지만 그런 것은 당장 오르는 걸 찾는 사람들에게 문제가 되지 않습니다. 북한이 미

사실로 도발하거나 국제 정세가 험악한 상황에서는 국방 관련 기업이 다 함께 오릅니다. 국방 예산은 분기 단위로 편성되는 것도 아니며, 국방 산업 관련 기업은 기술력 격차도 클 것입니다. 주식은 개별 기업의 직선적 성장 여정에 대한 투자라는 것을 이해한다면 상단의 투자 방식은 숫자와 무관한, 그저 잘 될 것 같은 기분에 대한 투자일 뿐입니다. 테마주라 불리고 수익률 광고로 자주 사용되는 위와 같은 투자 방식을 저는 이미지 장사라고 생각합니다. 당장 잘될 것 같은 이미지를 무작정 수용하기보다는 실제 급이 좋은 기업인지 검증해야 합니다. '한번에 뒤집을 수 있다'라는 이미지를 판매하는 것에 마음을 뺏겨 즉각적으로 투자하는 것을 경계하셔야 합니다.

현명한 투자자라면 정말 탁월한 기업은 매우 소수라는 묵직한 진실을 받아들이는 것에서 출발합니다. 대다수 투자자는 어떻게 행동할까요? '그게 좋은 건 알겠는데 지금 당장 오를 만한 기업이 필요하다', '난 투자 규모가 작으니까 그렇게 장기로 괜찮은 곳에는 알아도 투자할 수 없다'고 말합니다. 곰곰이 생각해보면 허망한 말이라는 것을 누구나 알 수 있습니다. 수익이 난다 해도 어차피 다시 투자해야 하는 돈이라면 처음부터 장기적으로 가장 좋은 곳에 더 큰 규모로 투자하면 그만입니다.

2
두 번째 단계:
'지금부터 좋은 기업' 함정 빠져나오기

당장 오를 것 같은 기업의 함정에서 빠져나오면 이때부터는 재무 숫자를 함께 보기 시작합니다. 첫 번째 단계, 당장 오를 것 같은 주식 투자에서는 차트를 보고, 테마를 보고, 이름만 보고 투자하기도 하지만 두 번째 단계부터는 드디어 주식을 공부하기 시작하는 것이죠.

두 번째가 사실 정말 중요한 단계입니다. 대다수 기관투자자의 투자 방식도 짧은 시각으로 호흡할 수밖에 없는 제도권의 특성상 여기에 머무는 것이 사실입니다. 자신은 장기로 투자하고 싶지만 월간 단위로 성과를 평가받고, 더 매입하고 싶은 구간에서는 자금을 회수당하기 때문이죠. 개인투자자는 자신이 원하는 기업에, 원하는 비중만큼, 원하는 시간만큼 투자할 수 있습니다. 최고의 강점 중 하나입니다. 어떤 측면에서 바라봐도 개인투자자가 기관 대비 훨씬 유리합니다.

지금 여러분 앞에 다이아몬드 원석 기업 A가 있다 해볼까요? 그 옆에는 은으로 만들어진 기업 B가 있습니다. 만약 은으로 만든 기업이 아주 조금 다음 달에 더 빛나고, 다이아몬드 기업 A는 먼지가 조금 묻게 된다면 여러분은 어떻게 하시겠어요? 다이아몬드 원석이 지저분하니 조금 밝아지는 은과 바꿀 사람은 없을 것입니다. 실제 투자에서는 어떨까요?

시장 내 대다수의 투자자는 오늘도 은이 조금만 밝아진다면 가지고 있는 다이아 원석을 모두 내놓는 모습을 보입니다. 가만히 있는 다이아 원석보다 당장 더 밝아지는 은이 눈에 보이는데 어떻게 가만히 있을 수 있냐는 것이죠. 생각해보시죠. 시간이 오랜 기간 흐르면 어떻게 될까요? 원석은 시간이 지나도 다이아로서 가치를 발하지만, 은은 시간이 흘러도 결국 은이라는 것이 드러날 뿐입니다. 급이 다른 기업이 귀한 이유입니다.

실제 투자에서는 어떤 유형에 해당할까요? 본질적으로 기술력과 브랜드의 해자가 높지 않기에 이익률이 상시적으로 낮은 기업에서, 상시적인 실적 부진 및 변동성에도 불구하고 순간적으로 올해부터 이익이 좋아진다고 알려진 기업들입니다. 비즈니스 모델과 무형자산의 해자를 통해 이익을 독립적으로 결정하지 못하고, 외부 환경 변화에서 이익 증감이 결정되는 기업이 대다수입니다.

실제 투자에서 우리는 스스로를 궁지로 몰아넣습니다. 이미 급이 남다른 가장 좋은 다이아몬드 기업들에 투자했음에도, 순간적으로 은과 같은 기업들이 조금 더 밝아진다는 소식에 상대 수익률이 뒤처지면 스트레스를 받습니다. 시장 내 자금이 지금 더 좋아진다는 열위 기업으로 들어갈 때면 내가 보유한 기업은 밋밋하게만 보이기 때문에 갑자기 밉게 느껴집니다. 기다리는 시간이 익숙하지 않은 투자자는 결국 매 분기별로 순간 좋아지는 기업들을 찾아 나서게 됩니다.

이것은 어떤 투자에 해당하나요? 가장 경계해야 한다 말씀드린 '내가 하는 투자'로 넘어가게 됩니다. 계속 강조하듯이 투자는 나의 기민함으로 하는 것이 아닙니다. 내가 선별한 탁월한 비즈니스 모델에서 탁월한 선구안을 가진 매니지먼트, 사람이 풀어내도록 기다려주는 것입니다. 영민한 매 분기별 판단이 아니라 장기적으로 가장 좋은 사업과 사람을 선별하는 것으로 투자는 묵직하게 진행됩니다.

순간적으로 좋아진 뒤 약해지는 급이 낮은 기업이 아니라, 분기별로 눈치 볼 필요 없는 다이아몬드 원석에 투자하는 기업이 당연히 바람직합니다. 좋은 게 좋은 것이 아님을 구별하는 것이 2단계 투자의 트랩(trap)을 극복하는 출발입니다.

3

세 번째 단계:
급 자체가 다른 기업 선별하기

투자에 경험이 쌓이다 보면 일정 시점부터 사업보고서의 주석을 스스로 읽게 됩니다. 한편 조금 더 시간이 지나게 되면 내가 도대체 언제까지, 매 분기마다 비용의 증감을 자세히 살펴본 뒤 분기별로 좋아지는 기업을 재분류하고 리밸런싱을 해야 하는지 의문이 들기 시작합니다. 퇴근 후 휴식이 필요한 직장인 대다수에게 분기별로 쏟아지는 사업보고서 자료는 숙제처럼 버겁게 느껴지고, 비용이 결정되는 매크로 외부 환경은 끊임없이 변하기 때문입니다.

결국 분기별로 유리해지는 기업을 파악한 뒤 수혜 기업의 주가 상승에서 몇 번의 승리를 얻었을지라도 일정 시점이 지나가면 환경과 무관하게 꾸준하게 이익이 늘어나는 기업으로 눈이 돌아갑니다. 내가 한 달 간 잠시 여행으로 투자를 신경 쓰지 않는다고 하더라도, 편하게 마음 놓고 투자 규모도 늘릴 수 있기 때문입니다. 바로 이 단계부터는 가격 인상 시점, 원재료 비용 경감 주기, CAPEX 종료 시점 등을 통해 스프레드로 짧게 짧게 이익을 가져가는 투자 방식을 내려놓게 됩니다.

예를 들어보죠. A기업이 있습니다. 시장은 A기업의 CAPEX 투자가 종료되기에 '잉여현금흐름이 증가한다, 지금부터 좋은 수혜주이고 목표가 상향이다'고 주장합니다. 그런데, CAPEX가 과도했던 기업은 사실 사업의 종류가 자본집약적인 것입니다. 지금 종료된다고 한들 어차피 다시 순이익 이상으로 늘어날 CAPEX이고, 실제 사례에서는 CAPEX가 예상한 대로 종료되며 잉여현금이 늘어나지도 않습니다. 결국 이러한 시행착오를 겪다 보면 힘들이지 않는 투자 방식을 찾게 됩니다. 그때부터는 환경과 무관하게 꾸준히 성장하는 기업들 중심으로 투자하는 방식이 정착됩니다. 시장에서 블루칩 기업이라 부르는 곳에 대한 투자 방식이기도 합니다.

한편 심정적으로는 '우량 성장 기업에 장기 투자하는 것은 당연한 얘기 아닌가? 이게 왜 투자자의 성장 단계 변화라고 할 수 있을까?'라는 생각이 들 수 있습니다. 굳이 왜 투자자의 변화가 만들어지는 구간이라 구분한 걸까요? 이때부터는 바로 더 나은 미래의 성장을 위해 지금의 수혜주를 의도적으로 내려놔야 하는 결단이 필요하기 때문입니다. 시장에서 월간 단위로 자금이 유입되고 있는 수혜주를 가만히 바라보면 열위의 숫자 속성을 가진 기업이 사실 대부분입니다. 균질적 숫자 성장이 지난 10년간 만들어진 기업은 매우 희소합니다. 유무형자산에 대한 재투자(자본적지출) 없이도 무형자산에서 매출 성장이 발생하기에 수익성이 높게 유지되는 비즈니스 모델은 희소합니다. 강한 비즈니스 모델을 기반으로 꾸준하게 성장이 만들어지는 기업이 지금의 수혜에 속하지 않을 때 우리는 어떻게 해야 할지 미리 결정을 내려놔야 합니다. 마음이 불안해질 때면 우리의 최종 목표를 떠올려보시죠.

투자의 목적은 풍요로운 노후입니다. 우리가 가지고 있는 핵심 자산은 무엇인가요? 지금 당장의 재산이 아니라 노후까지의 시간입니다. 당연하지만 보고 있는 시나리오에서 최적의 가치를 제공하는 기업을 찾고, 사업 모델과 숫자의 균질성, 매니지먼트가 탁월한 기업을 선별해서 모아가는 것이 맞습니다. 분기별로 바뀌가는 모든 수혜를 놓친 것이 부끄러운 것이 아닙니다. 어차피 시간이 지나면 흥분이 가라앉는 수혜라는 것을 알고 있다면 처음부터 좋은 곳에만 시선을 고정해야 합니다. 정말 아쉽고 부끄러울 수 있는 상황은 무엇일까요? 퇴직을 앞두고 노후가 시작되는 시점까지 무엇 하나 자본을 장기간 숙성시킨 사업체가 없는 경우가 아닐까요?

4

네 번째 단계:
사업적 관점에서 바라보기

투자자의 성장 단계는 앞서 장기적으로 우량한 성장 기업을 선별하는 것에서 마무리되는 것처럼 느껴질 수 있습니다. 하지만 일정 시간이 지나면 또 다른 갈증이 생기기도 합니다. 우량 성장 기업들에 투자한다는 것은 결국 이미 검증된 비즈니스 모델과 탁월한 매니지먼트라는 사람에 투자하는 것이죠. 균질적 숫자 성장을 보고 그런 편안한 흐름이 이어질 것이라 믿고 투자하는 것입니다.

모든 개별 주식은 하나하나의 사업이며 사업은 직선적으로 파고를 넘습니다. 파고를 넘는다는 의미를 잘 생각해본다면 최종 목표는 결국 비전으로 넘어가게 됩니다. 가장 처음에 사업가가 비전을 품고 비즈니스 모델을 통해 사업을 번창시킨 뒤, 성장에 한계를 맞이하기 전에 신규 성장 동력을 지속적으로 개척해나가야 합니다. 신규 성장 동력을 얻기 위해 기업이 노력하는 행위에는 자본적지출과 연구개발 비용 등이 존재합니다. 매출 성장을 만들기 위해 유무형자산을 취득하거나 당장의 손익에 부정적 영향이 있을지라도 장기 로드맵을 위해 비용을 사용합니다.

그렇다면 네 번째 '사업적 관점으로 바라본다'는 말은 앞서 우량 기업 선별과 어떤 차이가 있을까요? 바로 '단기적으로 매력도가 떨어지는 구간에서도 기업을 품을 수 있는지? 단기를 희생하더라도 장기에 더 부합되는 매니지먼트의 의사결정을 지지할 수 있는지?' 같은 주주에 대한 질문입니다. 많은 분들에게 익숙한 투자는 블루칩이라 불리는 우량 기업 중에서도 수혜 환경에 따라 비중을 옮겨 다니는 것입니다. 그러한 투자는 단기적으로 지적 쾌감을 주며, 나의 기민함에 따라 성과가 보상받는 듯한 기분을 줍니다.

하지만 저는 여러분께서 궁극적으로 아침에 일어나 회사에 출근하고 사업장에 나가실 때 마음속에 핵심 기업 2개 정도는 꼭 가슴에 지니고 있길 바랍니다. 이 핵심 기업은 여러분들과 파고를 넘을 것이며, 매니지먼트의 재산 역시 기업의 장기 성과에 따라 결정될 것입니다. 자본주의에서 부자는 결국 사업가만이 됩니다. 사업가는 자신의 자본과 자신의 미래 노동력을 담보로 타인자본(대출)을 조달한 뒤 노무비를 사용해 우리와 같은 근로자를 고용하고 미래 성장동력을 개척해나갑니다. 결국 자신이 보는 비전을 실제로 구현하기 위해 모든 것을 집어넣고 끝까지 가보는 것입니다. 우리들 대다수에게는 용기도, 모든 시간과 바꿀 만한 각오도, 또 탁월한 선구안과 능력도 부족합니다. 하지만 그렇기에 적어도 투입한 자본으로 리스크를 제한할 수 있는 핵심 사업적 투자에 꼭 권하고 싶습니다.

저는 어릴 적 10억 원을 벌면 부자라 생각했습니다. 사회초년생 당시에는 노량진 수산시장 주차장에서 야경을 바라보며 '저 많은 집들 중 내 집은 어디 있을까? 집 하나만 정말 갖고 싶다'고 생각하기도 했습니다. 통계에 따르면 대한민국 가계의 순자산 1%는 29억 원 수준이라 합니다. 자본주의에서 큰 부를 거둔 사람은 사실 대부분 성취가 주는 기분에 심취한 사람일 것입니다. '잃을 것을 알아도 나는 끝까지 간다'고 외치며 도전을 멈추지 않는 것이 사업가의 본능입니다. 그런 사람이 이끄는 사업과 아침에 일어났을 때도, 잠을 잘 때도 함께해야 합니다.

30개의 기업에 투자한다면 30개의 기업에 대한 이해도가 모두 동일하지 않습니다. 그중 여러분께서 특히 이해도가 높은 산업과 매니지먼트의 비전에 공감하는 기업이 존재할 것입니다. 바로 선별되고 선별된 그 희소한 2~3개의 사업이 결국 여러분의 마음속 진정한 사업입니다. 인생을 함께하는 사업이기에 해당 기업만큼은 이제 숫자적 관점을 넘어서게 됩니다. 그때부터는 주가가 하락하는 시기가 오더라도 차분하게 투자를 이어가고 때로는 추가 매입을 통해 기반을 더욱 다질 수 있습니다. 중요한 것은 '그래서 어떤 기업을 지금 사면 좋을까?' 같은 관점이 아닙니다. 오히려 정말 작정하고 선별하고 선별해서 희소하지만 비범한 기업을 찾겠다는 결단을 품어야 합니다.

Chapter 6.

투자 과정 중
실패를 대하는
자세

2022년은 참 어려운 시기였습니다. '나도 이제 이만하면, 그만 좀 배우고 싶다'란 생각, 아마 저 혼자만 한 것은 아니겠죠?

투자 실패로 위축될 때는 'Know', 'Early', 'Long' 세 가지를 떠올려봅시다. 노후 불안에 대한 걱정은 사실 지금 돈이 없기 때문은 아닙니다. 지금 당장 무엇을 해야 할지 모르기 때문이죠.

투자에 정답은 없습니다. 하지만 분명한 오답은 있습니다. 조금이라도 더 젊은 시기에, 입장 비용을 치르고 나의 기준을 정립해야 합니다. 일상적인 마음을 훈련해보시죠.

1
무형자산 시야는
성장해나가는 것

우리는 이제 주식이 사업임을 이해합니다. 탁월한 비즈니스 모델을 갖추고 메가트렌드에 부합하는 사업을 영위하며 매니지먼트의 이해관계가 일치하고 균질적 숫자 성장을 보여준 기업을 찾는 것이죠. 한편 진정한 투자는 지금부터 시작인데요. 바로 투자에서의 실패를 인정하고 포지션을 변경해야 하는 때에 우리는 어떻게 행동해야 하며, 어떤 마음가짐을 가져야 하는가에 대한 대답입니다.

가장 좋은 투자 방식은 처음부터 매도하지 않아도 되는 기업을 매입하는 것입니다. 하지만 고백하건대, 주식은 사업이며 장기 보유해야 하는 원칙을 알고 있더라도 탁월한 사업이 아닌 경우에는 실수를 인정해야 합니다. 50년 전 세계 시가총액 최상위 기업들의 대다수는 지금 보이지 않고 있으며, 50년 이상 존속하는 기업은 매우 소수에 해당함을 이해한다면 더욱 그렇습니다. 결국 사업으로서 주식을 대해야 한다는 투자 원칙에도 불구하고 우리들의 무형자산은 완성 상태가 아닌 발전 중이라는 것을 인지해야 합니다. 10년 뒤 분출할 기업을 단번에 조망할 수 있을 만큼 내공이 단단하지도 못하고 경쟁 환경은 계속 변화하고 있습니다. 모두가 흠모해 마지 않는 워런 버핏조차도 주주 서한의 상당 분은 잘못된 투자 결정에 대한 복기로 채워질 때가 있습니다.

우리는 기업의 재무를 조망하기 위해 손익계산서 중심으로 열심히 바라본 뒤 당 분기 이익이 높아지는 기업을 열심히 찾습니다. 손익계산서는 결국 이익에 대한 이야기이며, 이익은 재무상태표의 자본으로 축적됩니다. 한편 기업의 영업활동 과정이 결국 재무상태표로 가기 위한 과정임을 이해한다면 우리들 개인들의 재무상태표에 대해서도 생각을 확장해봐야 합니다.

우리는 숫자 표기 자산에만 일반적으로 익숙하기 마련인데요. 투자 기간이 축적될수록 보이지 않지만 단단하게 쌓이고 있는 무형자산 증가분에 대해 떠올려봐야 합니다. 먼저 실전 투자에 대해 생각해보시죠. 투자 고전을 읽고, 회계 도서를 읽을 때 우리는 자신감에 차오르게 됩니다. 신문이나 일상에서 투자 포인트를 발견한 뒤 기업을 발견하고 마침내 투자를 집행하면 인생의 기업을 찾은 듯이 기쁘기도 합니다. 한편 실제 투자는 어떨까요? 아주 많은 경우에 투자 시점에는 발견하지 못했던 기업의 약점을 발견하기도 하며, 때로는 외부 환경이 변하거나, 더 나은 기업을 발견하기도 합니다.

즉 실제로서의 투자로 들어가면 처음부터 미래에 가장 강한 기업을 한 번에 찾을 수 있는 것이 아닙니다. 오히려 투자 이후에도 경험이 쌓여가며 무형자산이 지속 발전하고, 현상을 바라보는 시야가 넓어짐에 따라 기존의 투자 대상에 대해 새로운 관점이 트이게 됩니다. 당시에는 메가트렌드에 부합하는 최상의 기업으로 인지한 뒤 투자하였으나, 실제 숫자적 해자는 부족한 기업일 수 있습니다. 메가트렌드에 부합하고 숫자적으로 균질적 성장을 만들어왔으나 외부 경쟁이 극도로 심해져 성장률과 수익성이 낮아지는 경우도 허다합니다. 돌아보면 우리는 주식이 주가의 상승, 하락과 무관한 사업이기 때문에 직선적으로 간다는 인식을 체화하기까지 상당한 시간이 걸렸습니다. 그럼 그것으로 끝난 걸까요?

2
오직 안 팔기 위한 원칙은
착각에 해당

오히려 정말 중요한 시점은 바로 지금부터인데요. 기업의 DNA가 쇠퇴 중임에도 불구하고 기업과 사랑에 빠져 현실을 보지 못하는 우를 피하는 것입니다. 주가의 하락은 결국 미래를 비관한다는 것이며 비관에는 언제나 그 당시의 합리적 불안이 존재합니다. 우리는 주가 하락은 일부 사람들의 의견에 해당할 뿐이며 자신이 보고 있는 미래 시계열이 가장 소중하다는 것임을 훈련했는데요. 자신의 독립적 사고는 주가 하락 및 변동성 구간에서 자신을 지켜주는 방패이지만 반대로 쇠퇴하고 있는 기업 DNA를 놓치게 만드는 주요 원인이기도 합니다.

주가가 상승했다고 지금부터 변화가 본격화되는 기업을 규모 있게 추가 매입하지 못하는 경우도 많이 봤지만, 반대의 경우도 많이 봤습니다. 기업의 DNA가 빠르게 쇠퇴하고 있음에도 손실 중인 자신의 수익률만을 생각하며 비중을 축소하거나 편출하지 않는 경우입니다. 대부분이 지속 보유를 고집할 때에도 마찬가지로 저마다 이유가 존재합니다. 예를 들어 "이익을 만들어내는 핵심 원천 지표는 감소하고 있지만 금분기 이익은 여전히 성장했다" 등 보고 싶은 곳만 보는 예입니다.

투자에서 가장 중요한 것은 자신이 가지고 있는 원칙을 지키는 것입니다. 수익률은 타인의 시각일 뿐이며 기업가치 판단 시 영향 받을 필요가 없다 강조했는데요. 그것은 손실로 범벅 중인 상황에서도 마찬가지입니다. 오직 본질적으로 바라보는 메가트렌드와 이 기업은 해당 트렌드에서 최적의 사업 역량을 구현할 수 있는지 여부만 조망해야 합니다. 이미 발생한 투자 손실 및 수익률은 미래 방향성과 아무런 관계가 없습니다. 회계학적으로 이미 매몰비용에 해당합니다. 대다수 투자자는 손실을 확정 짓는 것에 대한 두려움과 고통이 크다고 합니다. 이것은 마치 직장인이 정해진 월급 내에서만 사고를 확정시키는 관리회계적 사고방식과도 유사합니다. 연봉을 7,000만 원 받는 직장인이 비용 절감 방식으로만 초점을 맞춘다면 손익의 최댓값은 7,000만 원을 벗어나기 어렵습니다.

3
수익은 언제나
비용과 동반해서 발생

투자 과정 중 오판이 생기고 손실이 발생하는 것을 두려워한다는 것은 조달하여 배치한 뒤 비용과 수익을 상계시키는 기본적인 기업의 재무활동 방식을 개인에게는 적용하지 않겠다는 것입니다. 우리는 워런 버핏의 주주 서한에서 수차례 버크셔 해서웨이가 투자의 핵심 재원으로 사용하고 있는 플로트에 대해서 듣게 됩니다.

플로트가 무엇인가요? 미래의 보험계약에 대한 약속으로 보험계약자로부터 선지급받은 수입보험료에 해당합니다. 플로트는 공짜가 아닙니다. 저축성 상품의 경우 이자를 지급해야 하며, 보장성 상품의 경우 클레임 청구에 따른 대규모 지급보험료가 발생할 수 있습니다. 리스크가 존재하는 부채이지만 위험률 이익을 만들고, 투자 재원으로 활용해서 이자율 이익을 만들면 됩니다. 즉 지출보다 수익을 더 내면 그만이다라는 생각이 플로트의 핵심 아이디어입니다. 수익을 위해서는 비용과 상등시킨다는 기본적 회계 원칙이 출발입니다.

4
위대함은 실수를 자연스럽게
받아들이는 자세에서 만들어진다

우리들 자신이 각자의 투자를 조망하는 방식도 하등 차이가 없습니다. 투자를 한다는 것은 보고 계신 관점으로 자본을 배치한 뒤 회계 기간 동안 한 바퀴 순환시킨다는 뜻입니다. 농부의 투자를 생각해보시죠. 농부는 날씨가 변화무쌍한 사계절을 이겨 나갑니다. 농부의 마음으로 하나하나의 작물에 정성을 다한다는 캐치프레이즈는 이제 우리에게 익숙하죠. 한편 정말 그럴까요?

농부는 여러 개의 씨앗을 정성껏 파종하겠지만 그중 상당수는 씨앗이 소실될 것입니다. 때로는 예상치 못한 소나기와 폭우로 인해 사라지기도 하고, 때로는 과도한 노동 시간으로 파종에 실수가 있었을 수도 있습니다. 중요한 것은 많은 씨앗 중 일부는 사계절을 이겨낸 뒤 결국 열매로 돌아온다는 것입니다. 소실된 것이 중요한가요? 혹은 사계절을 이겨낼 수 있겠다고 나섰던 출발, 씨앗을 심으러 나가는 용기가 중요한가요? 당연히 후자입니다.

투자는 모든 글로벌 변수가 작용하는 복잡한 관점이라 판단하기 쉽지 않습니다. 하지만 가장 중요한 원칙에 매달리는 자세는 분야 무관하며 어느 승부에서도 동일하게 적용됩니다. 이번에는 바둑의 전설로 불리는 조훈현 기사님의 저서《조훈현, 고수의 생각법》을 잠시 들여다보시죠. 그는 세계 최대 승(1938승)과 세계 최다 우승(160회)을 기록했다고 합니다. 지금과는 비교가 되지 않을 만큼 바둑이 인기 있고 경쟁이 치열하던 시기에 거둔 기록이기에 더욱 의미가 큽니다.

조훈현 님은 "이기기 위해서는 수천 번의 지는 경험을 쌓아야 하므로 일상의 경험으로 덤덤하게 바라봐야 한다"[10]라고 언급합니다. 최대 승리와 최다 우승이라는 말 뒤의 숨은 비밀은 이것입니다. 더 큰 승리를 위한 잦은 패배는 들숨, 날숨처럼 자연스러운 것이고 중요한 것은 자신의 목표를 잊지 않고 오히려 일상적으로 받아들이는 자신의 원칙에 대한 인식입니다.

야구에는 슬러거라는 단어가 존재합니다. 멀리 볼을 내보낼 수 있는 강타자를 의미하는 단어이며, 한국에서는 거포라고 쓰이기도 합니다. 한편 슬러거의 사전적 정의에서 곧바로 함께 따라붙는 설명이 존재합니다. 'Little defensive skill'이라는 것인데 방어력은 약하다는 것입니다. 베이비 루스는 미국의 전설적인 슬러거이자 강타자입니다. 그는 통산 714개의 홈런을 쳤고 2212타점을 기록했습니다. 압도적인 숫자입니다. 한편 그의 성과 이면에는 1330번의 삼진이 존재합니다. 홈런 기록의 무려 두 배에 가까운 수치이죠.

　여러분께서 읽고 계신 이 책을 포함해서 오늘도 많은 책이 출간되며 읽히고 있습니다. 그 많은 도서 중 과연 몇 권이나 5년이 지난 뒤에도 사람들이 읽는 고전이 될까요? 10권 중 1권이 채 되지도 않을 것입니다. 시대적으로 이제 맞지 않는 지식이 되었거나, 지나고 나서 보니 울림이 적은 이야기였다는 뜻이겠죠. 시간이 지난 뒤에도 여전히 사람들이 찾고, 이제는 오디오북으로까지 생명력을 이어나가는 도서를 가리켜 우리는 고전이라 부릅니다. 그만큼 다수에 의해 공감되었고 시대를 관통했음을 의미합니다. 어니스트 헤밍웨이가 지은 《노인과 바다》는 1952년에 집필된 어부의 이야기를 다룬 작품입니다. 이 책을 쓰고 있는 2022년을 기점으로 무려 70년이나 된 소설입니다. 소설은 84일 동안이나 물고기 한 마리 잡지 못하지만 결코 자신감을 잃지 않는 노인의 투지에 대해 다룹니다. 주변에서는 노인의 불운에 대해 얘기하며 피해야 한다 말하지만 정작 노인은 "인간은 파멸당할 수는 있어도 패배하지는 않는다"고 다짐할 뿐입니다.

5

실패를 받아들이는
일상적인 마음

 여러분들께 필요한 것은 승리의 경험만이 아닙니다. 오히려 노후가 그다지 남지 않은 시기가 도래하기 전까지 다양한 형태의 실패가 여러분을 성장시킵니다. 정말 위험한 것은 실패 없이 이어지는 승리의 경험입니다. 정말 중요한 것은 관점입니다.

 일부는 그렇지 않아도 돈이 없는 20대에 돈을 잃었다고 할 수 있습니다. 일부는 당장 결혼과 주택을 위해 목돈이 필요한 30대 시기에 돈을 잃었다고 낙담할 수 있습니다. 일부는 자녀 교육비가 빠듯한 40대에 돈을 잃었다고 말할 수 있고, 노후가 남지 않은 50대에 큰돈을 잃었다고 말하는 50대도 있을 수 있습니다. 무엇이 핵심인가요? 은퇴 시기가 도래하기 전까지 우리의 투자 경험, 무형자산이 극대화되어야 한다는 것입니다. 50대 중반, 여러분께서 퇴직하고 난 이후에는 두 가지 핵심 자산이 크게 열위에 놓이기 시작합니다. 직장에서 수령하던 수입 현금흐름과 시행착오로 지불할 수 있는 시간입니다. 제가 드리는 말씀은 위로가 아닙니다. 응당 당연한 내용들에 대한 사실적 기재일 뿐입니다. '하필이면 왜 어려운 시기에 투자를 시작해서 이렇게 실패를 하게 되었을까?'라는 생각은 즉각적으로 드는 본능적 감정 중 하나입니다.

훨씬 더 중요한 두 번째 관점은 무엇일까요? '만약 10년 뒤 퇴직 시점에 투자를 시작했다면, 그렇게 해서 혹시나 승리했다면 나는 좋았을까?'라고 되물어보는 것입니다. 얇은 무형자산으로 운이 따라준 승리를 한 뒤 그런 투자를 반복하면 그 끝은 손실의 규모가 큰 노년기의 실패가 됩니다. 조금만 생각하면 알 수 있는 자연스러운 질문입니다. 사람에게는 본능이 존재합니다. 위대함은 본능을 인지하고, 실수를 저지르는 경로를 이해하고, 복기를 통해 원칙을 수정시켜 발전하는 것에서 비롯됩니다.

앞서 언급 드렸던 조훈현 기사의 인생 커리어를 조금 더 살펴봄이 좋을 듯합니다. 그는 4살 때부터 바둑을 시작했는데 최고의 자리에 오른 뒤, 이후에는 자신의 집에서 숙식을 제공했던 수제자 이창호에게 최종 타이틀을 내줘야 했습니다. 자신의 수제자가 조금씩 자신의 지위를 가져 가는 기분은 어떨까요? 조훈현 기사의 도서에는 타이틀 전에서 이창호 기사에게 패배하고 난 뒤 함께 집으로 들어오고, 아내가 차려준 식사를 함께 먹던 당시의 어색함이 잘 나와 있습니다.

듣기만 해도 마음 잡기가 쉽지 않아 보이는 이색적인 패배 경험을 포함하여 조훈현 기사의 강점은 최대한 이른 시기부터 직접 쌓은 밀도 있는 경험입니다. 노련함이 시간이 흐를수록 무형자산으로 쌓였다는 것입니다.

"하지만 나는 이기든 지든 별로 표현하지 않았다. 평상시처럼 잠자리에 들고 다음 날 아침에도 똑같은 시간에 일어났다. 물론 쉬운 일이 아니다. 뾰족한 수는 없다. 일어나서 마당을 왔다 갔다 걷든지, 책을 읽든지 하면서 마음을 다스려야 한다."[11] 실패에 대해 마음을 다스리는 조훈현 기사의 글입니다. 무엇을 말씀하시는 걸까요? 바로 일상적인 마음입니다.

불교 철학에서 아마 가장 중요한 마음 중 하나는 하심(下心, 낮은 마음)이 아닌가 싶습니다. 설거지, 바닥 쓸기, 이런 것들도 다 하심의 수양이 될 수 있을 텐데죠. 핵심은 감정적 충동을 관찰할 수 있도록 조금 떨어뜨려 놓는 것입니다. 투자 수익을 정말 키우고 싶다면 '한 살 더 오래 살면 된다, 따라서 일상적인 기쁜 마음이 중요하다'고 강조드렸습니다. 장수 투자하는 투자자라면, 워런 버핏처럼 1) 더 일찍 시작하거나 2) 더 오래 살 때 유리할 것입니다.

투자에서 실패를 마주하고 인정해야 할 때는 많이 괴롭습니다. '내가 왜 투자를 시작해서 이렇게 마음이 어려울까' 하는 자신에 대한 원망이 들고 '면이 서지 않는 상황'도 생깁니다. 모두가 느낄 법한 감정입니다. 이 시기에 필요한 것은 어떤 막연한 희망이나, 실수가 아니었다 믿는 값싼 위안이 아닙니다. 어떤 말을 듣는다 해도 투자 실패를 바라볼 때 마음에 스스로 울림이 없고 받아들임이 없다면 그건 위로가 되지 않습니다.

반대로 실패한 투자를 바라볼 때도 급을 바꾸기 위한 자연스러운 과정임을 받아들인다면 마음이 한결 편해질 수 있습니다. 변동성이 존재하는 것을 알고 있지만 당시의 무형자산에 따라 자본을 배치한 것이고 시각이 성장함에 따라 투자가 발전해 나가는 자연스러운 과정인 것이죠. 핵심은 투자 실패가 전혀 없는 것이 아닙니다. 오히려 매 회계 기간이 순환할 때마다 무형자산이 성장해 나가고 투자 포트폴리오가 발전해 나가는 것입니다.

6

오히려 지금의 실패는
다행인지도 모른다

투자 경험이 많지 않은 분들은 투자 실패를 바라보며 위축되곤 합니다. 손실 중인 수익률에 위축되고 손실 금액에 화가 납니다. 그런 때일수록 떠올려야 하는 관점은 지금 실패를 겪어서 다행일지 모른다는 것입니다.

만약 실패 경험 없이 강세장이 지속되었다면 나의 투자에서 보완할 점을 찾지 못한 채 투자 규모를 키웠을 것입니다. 주변에서 더 나은 수익에 자극을 받기에 더 크기를 키웠을 것이고, 그때쯤이면 매번 나오는 질문 유형처럼 "집을 팔고 주식 하는 게 더 낫지 않을까"를 실제로 행동에 옮기는 사람들도 있었을 것입니다. 심지어 전업 투자를 실행으로 옮긴 분도 계셨겠죠.

저는 과거부터 기업 성장에 대한 직선적 동행은 훌륭한 것이지만 자산 클래스 관점에서의 부동산 취득 및 유동성의 시점 분산 등 시스템 구성을 말씀드리고 있습니다. 동시에 시장의 급락이 가파른 시기에서도 "하락이 과하기 때문에 매입해야 한다"는 관점이 아닌, "무방해야 한다"를 강조합니다. 무슨 의미일까요? 특정 기간 내 BM 상회를 목표로 삼는 것이 아니라 복합적 관점에서 투자해야 함을 의미합니다.

항상 자신의 투자 성과에 있어서 핵심을 무형자산의 증감 여부로 인식하며 평가금액이 아닌 원금 기준으로 인식하는 습관이 필요합니다. 어차피 진정한 성과는 목표로 했던 시간이 지난 뒤에 알 수 있는 것입니다.

우리가 매달려야 하는 주제는 넘칩니다. 다음 챕터에서 말씀드릴 포트폴리오의 구성 중 기업 간 속성 분산을 놓은 뒤, 몰입해야 하는 주제들을 하나씩 돌파하고 나면, 시간은 지나 있을 것입니다. 늘 그래왔습니다. 90%의 투자자는 시장이 하락하면 흥미를 잃고, 정독률이 감소하며, 공부도 싫어지기 마련입니다. 그렇게 한동안 시장에서 떠난 뒤 다시 상승하는 시장을 찾아오거나, 상승할 때 돌아옵니다. 그사이 무형자산이 늘어날 리는 만무합니다. 시장이 급락한 시점에 해야 하는 것은 관점의 정립입니다. 급락하기 3개월 전과 시선도 숙제도 동일하게 느껴야 하는데요. 나의 성장을 위해 스스로 알고 있는 성장 계획을 점검해본 뒤 일상을 이어가야 합니다.

7
핵심은 실패 여부가 아니라
더 나은 시스템 만들기

여러분들의 마음속에 언제나 따라가고 싶은 롤모델이 존재하길 바랍니다. 우리들 대다수가 사회생활을 시작하고 나면 자신의 직장이 속해 있는 산업, 직장 내 동료들 사이에서만 관계가 형성되기 마련입니다. 새롭게 롤모델을 마음에 담아두고 싶어도 쉽지 않은 게 현실이죠. 여러분의 무형자산 레버리지를 극대화할 수 있는 가장 효과적인 방법은 바로 책을 통해 생생하게 체화하고 싶은 사람을 가까이하는 것입니다.

금융투자 분야에서는 누가 있을까요? 바로 워런 버핏, 스티븐 슈워츠먼, 레이 달리오와 같은 대가입니다. 버핏을 통해서 사업적 관점의 투자와 안전마진, 경제적 해자를 깊이 있게 배울 수 있습니다. 슈워츠먼과 레이 달리오를 통해서는 투자 시스템과 실패를 바라보는 관점을 얻을 수 있습니다.

　스티브 슈워츠먼은 전 세계 최대 사모펀드 블록스톤그룹의 공동 창업자이자 회장입니다. 그의 저서,《투자의 모험》을 보면 그의 투자 실패에 대한 뼈저린 복기가 나옵니다. 자신을 믿어줬던 푸르덴셜 등 투자자에게 불려가 민망하게 질책당한 자신의 모습을 회상하며 당시의 실수가 충분히 방지될 수 있던 것이라 이야기합니다. 블록스톤그룹 내부적으로 해당 투자 건에 대해 보수적인 의견이 있었음에도 불구 자신의 독자적 시각만으로 대규모 결정을 관철시켰던 것이 문제라는 복기입니다. 이후 슈워츠먼은 '먼데이 미팅'이라 불리는 그룹 주간 미팅을 제도화하고 이 시간에는 투자 검토 건에 대해 누구나 비판적 의견을 내도록 합니다. 이후 블랙스톤은 2022년 역대 최대 운용자산 규모 및 최고 주가를 갱신했습니다. 당시에는 뼈아팠지만 조금 더 이른 시기의 실패와 복기가 없었다면 지금의 자산 규모도, 성공적인 투자 성과도 없었을 것입니다.

　금융투자 업계에서 가장 높은 보수를 받는 두 가지 업계가 있다면 사모펀드와 헤지펀드일 것입니다. 그만큼 가장 뛰어난 인력이 모이는 곳이죠. 앞서 슈워츠먼을 통해 글로벌 최대 사모펀드 창립자의 실수와 복기를 통한 성장에 대해 이해했다면 이번에는 글로벌 최대 헤지펀드 창립자 이야기를 들어보시죠. 바로 레이 달리오에 대한 이야기입니다. 레이 달리오는 자신의 실패와 성장을 복기하는

《원칙》이라는 명저를 집필하기도 했습니다. 현재 제가 영위하고 있는 리서치 사업의 상호를 '부자원칙연구소'로 정하게 된 배경이기도 합니다.

레이 달리오의 도서 《원칙》 표지를 보면 뫼비우스의 띠가 나오는데 책 전반을 관통하는 그의 핵심 철학, 우리들의 성장을 영웅의 여정을 통해 설명하는 내용입니다. 바로 원대한 목표를 설정하고, 필연적으로 실패하며, 실패에서 원칙을 배운 뒤 변화한다는 원리입니다. 이후 더 원대한 목표를 다시 설정하고 여정을 반복한다는 것입니다. 그는 도서 출간을 알리는 영상에서 "원칙을 설정한 뒤 지켜 나간 것이 자신의 유일한 성공 배경"임을 말하며 자신처럼 원칙을 적어 보길 권유합니다. 스티브 슈워츠먼과 레이 달리오의 도서를 읽고, 또 저의 경험을 떠올리며 여러분께 묻고 싶은 질문은 하나입니다.

원칙을 적는 것으로 끝나지 않고, 경험을 통해 어떻게 개선되었으며 가장 큰 성장을 만들어준 실패 사례는 어떤 것이었는지 복기할 수 있냐는 것입니다. 원칙은 직관적 통찰로 특정 시점에 완성본으로 가장 훌륭하게 만들어지는 것이 아니라는 것입니다. 오히려 시행착오를 통해 성장하는 뫼비우스의 띠 개념으로 레이 달리오는 언급합니다. 가장 명망 있는 금융 기업을 일궈낸 분들의 실패 경험을 듣는다고 해도 우리는 자신의 실패에 너그럽기 어렵습니다. '어서 빨리 돈을 모아서 급을 바꿔야 하는데 어쩌자고 그렇지 않아도 없던 돈을 이렇게 잃게 된 것인지'를 되뇌며 한심함과 부아가 차오를 뿐이죠. 규모만 다를 뿐 레이 달리오, 슈와츠먼도 클라이언트에게 면박당하며 동일하게 느꼈던 감정일 것입니다. 그럴 때마다 나의 여정을 떠올리시기 바랍니다. 여정을 떠나야만 영웅이 될 수 있습니다. 여정에는 필연적으로 실패가 존재합니다. 실패가 있다는 것은 출발했다는 것입니다. 여정을 시작했다는 것을 안다면 더 이상 실패는 잘못이 아닙니다. 레이 달리오는 말합니다. "실패에서 원칙을 배우고, 더 큰 목표를 세운 뒤 반복한다."

Chapter 7.

심플한 투자를 위한
포트폴리오
구성하기

이번 챕터에서는 실제 급이 변하기 위해 투자 포트폴리
오를 구성하는 방식에 대해 다뤄볼까요? 우리들의 삶은
주식 따로, 부동산 따로 분절되어 있는 것이 아닙니다.
사실 각각의 자산 클래스가 합쳐져서 한 사람의 재산을
구성하는 복합적 개념이죠. 챕터 6까지는 주식 투자의
원칙과 오해, 실패에 대한 올바른 시각을 말씀드렸다면
이번 챕터에서는 조금 유연하게 복합계 시각의 투자를
생각해보길 권해드립니다.

1

워런 버핏의 사례로 보는

투자 대가의 포트폴리오

전 세계에서 투자로 가장 닮고 싶은 사람 1순위는 단연코 워런 버핏일 것입니다. 현재 글로벌 부자 순위에서는 1위 자리를 내줬지만 실제 버핏의 막대한 기부 금액을 고려 시, 해당 재원을 모두 투자에 사용하였다면 여전히 부자 1위를 차지하겠죠. 글로벌 기업 시가총액 순위에서 단일 사업체가 아닌 다수의 사업을 보유한 투자지주회사로는 버크셔 해서웨이의 존재감이 유일무이할 것입니다. 그렇다면 버크셔 해서웨이의 포트폴리오는 어떤 특성을 가지고 있을까요?

버크셔 해서웨이의 투자 내역(2021년 12월 31일 기준)

기업	주식 수	투자 회사 지분율(%)	매입 비용 (백만 달러)	시장 가격 (백만 달러)
아메리칸 익스프레스 (American Express Company)	151,610,700	19.9	1,287	24,804
애플(Apple Inc.)	907,559,761	5.6	31,089	161,155
뱅크오브아메리카 (Bank of America Corp.)	1,032,852,006	12.8	14,631	45,952
뱅크오브뉴욕멜론 (Bank of New York Mellon Corp.)	66,835,615	8.3	2,918	3,882
비야디(BYD Co. Ltd.)	225,000,000	7.7	232	7,693
차터 커뮤니케이션 (Charter Communications, Inc.)	3,828,941	2.2	643	2,496
쉐브론 (Chevron Corporation)	38,245,036	2.0	3,420	4,488
코카콜라 (The Coca-Cola Company)	400,000,000	9.2	1,299	23,684
제너럴 모터스 (General Motors Company)	52,975,000	3.6	1,616	3,106
이토츠(ITOCHU Corporation)	89,241,000	5.6	2,099	2,728
미쓰비시(Mitsubishi Corporation)	81,714,800	5.5	2,102	2,593
미쓰이(Mitsui & Co., Ltd)	93,776,200	5.7	1,621	2,219
무디스 (Moody's Corporation)	24,669,778	13.3	248	9,636
U.S. 뱅코프(U.S. Bancorp)	143,456,055	9.7	5,384	8,058
버라이즌 (Verizon Communications Inc.)	158,824,575	3.8	9,387	8,253
기타	–	–	26,629	39,972
총 지분 투자			**104,605**	**350,719**

자료: 버크셔 해서웨이

속성분산집중

먼저 해서웨이가 2021년 연말 기준으로 보유하고 있는 기업의 주식 포트폴리오 내역을 볼까요? 애플처럼 익숙한 기업들도 눈에 들어오지만 우리에게 익숙하지 않은 이토츠(ITOCHU), 미쓰비시(MITSUBISHI), 미쓰이(MITSUI)와 같은 일본의 무역상사도 보입니다. 분명 버핏은 저렴한 가격이 중요하다고 믿는 가치투자자인데 비야디(BYD)라는 기업도 보이네요. 비야디는 중국의 전기차 기업으로 전통적 밸류에이션 관점에서 보자면 끝도 없이 비싼 고평가 기업이기도 합니다. 그렇다면 버크셔 해서웨이 포트폴리오가 지니고 있는 특성은 무엇일까요? 바로 속성이 분산되어 있는 것입니다.

파괴적혁신 기업으로는 비야디가 눈에 띄고, 블루칩 성격의 명품 기술주로는 애플이 있습니다. 여타 기업들처럼 매출 성장을 지속하기 위해 신규 투자가 필요 없는 대표적인 기업으로 무디스(Moody's)가 눈에 보이고, 연례 서한에서 자주 언급하는 플로트를 제공해주는 가이코(GEICO) 등 보험사가 있습니다. 그 외 경기 판단 및 금리 방향성에 민감한 미국의 상업은행 뱅크오브아메리카(Bank of America)도 보이죠? 손해보험, 재보험사는 물론, 상업은행과 투자은행 기능까지 있는 기업을 보유한 것입니다.

한편 최근 가장 뜨거운 이슈는 러시아와 우크라이나의 지정학적 갈등입니다. 자연스럽게 인플레이션 압력을 피해가거나 심지어 수혜를 얻을 수 있는 기업에 대해 자주 생각하게 됩니다. 버크셔 해서웨이는 연례 주주 서한에서도 언급하듯이 미국에서 가장 큰 유틸리티 인프라 기업이기도 합니다.

많은 사람들은 버크셔를 거대하고 독특한 금융 자산 모음으로 인식합니다. 사실, 버크셔는 미국 기반 '인프라' 자산(대차대조표에 자산, 공장, 장비로 분류된)을 다른 어떤 미국 기업보다 더 많이 소유하고 운영하고 있습니다. 그것은 결코 우리의 목표가 아니었으나 현실화되었습니다(Many people perceive Berkshire as a large and somewhat strange collection of financial assets. In truth, Berkshire owns and operates more U.S-based "infrastructure" assets - classified on our balance sheet as property, plant, and equipment - than are owned and operated by any other American corporation. That supremacy has never been our goal. It has, however, become a fact.)

– 버크셔 해서웨이 연간보고서 중

버크셔 해서웨이는 철도회사 BNSF를 비롯하여 폭발적으로 주가가 상승한 에너지 기업의 주요 지분도 가지고 있습니다. 기존 상당 분 가지고 있던 쉐브론의 지분은 늘렸고, 옥시덴탈 페트롤리움의 지분을 취득했습니다. 유틸리티 기업은 규제 강도가 높고 산업 필수재 성격이기에 경기 동향에 덜 민감하죠. 버크셔 해서웨이는 인플레이션의 주요 원인으로 꼽히는 에너지 이슈 관련, 정유 기업의 상당 지분을 보유하고 있으며, 원자재 전쟁에 대비해서는 일본 상사 기업을 보유 중입니다.

그뿐만이 아닙니다. 인플레이션의 배경이 되는 원재료, 에너지 및 원자재 기업뿐 아니라 비용 증가 분을 판매가격 인상을 통해 전이할 수 있는 대표적인 식음료 기업인 코카콜라 지분도 상당히 가지고 있습니다. 2022년에는 글로벌 게임 기업 블리자드 및 PC 기업, HP의 지분 취득도 새롭게 알려졌습니다. 개별 기업별로 볼 때는 하나하나 친숙하고 흥미로운 스토리인데요. 투자 포트폴리오 구성 측면에서는 우리에게 어떤 시사점을 줄까요?

단 하나의 문장으로 요약될 것입니다. 흔들려도 쉽게 뒤집히지 않는다는 것입니다.

글을 쓰는 현재 시장에서는 인플레이션 환경이 지속될 것인지 논쟁이 한창입니다. 이를테면 아크 인베스트먼트를 이끄는 캐시 우드와 같은 인물은 매일 나오는 인플레이션 뉴스와 다르게 디플레이션 압력을 거듭 주장하고 있습니다. 캐시 우드는 최근 있었던 수익률 급락에도 불구, 일찍이 20대에 운용사 내 수석 경제학자로 중용될 만큼 출중한 경제적 식견을 갖추고 있으며 풍부한 경험을 갖추고 있습니다. 무엇보다 1970~1980년대 당시 인플레이션의 피크 시점을 적중했던 경력이 있습니다.

일부에서는 러시아, 인도, 중국 등을 필두로 지정학적 힘의 구도가 개편되며 에너지 및 곡물 등을 중심으로 인플레이션 환경이 지속된다고 주장하기도 합니다. 그렇다면 앞서 살펴본 버크셔 해서웨이의 포트폴리오는 첨예한 금리 방향성 시나리오에 어떻게 대처하고 있을까요? 포트폴리오가 말해주는 대답은 명료합니다. 상관없다는 것입니다. 시장의 파고와 무관하도록 우리는 각각의 기업이 목표로 하는 가치의 끝단 일등 기업에 자본이 배치되어 있다는 것입니다.

우리는 어떠한지 떠올려 보시죠. 우리는 매일 아침 시황을 확인하고 지금부터의 수혜주를 찾아 다닙니다. 시장에서 금리가 상승한다고 하면 금리 상승 수혜주를 잔뜩 편입합니다. 원자력 에너지가 반사 수혜라면, 항공 우주가 뜨고 있다면, 그 외 끊임없이 지금 이 순간 새롭게 마음에 흥분을 넣어주는 곳으로 투자처를 옮겨 다닙니다.

버크셔 해서웨이를 이끌고 있는 버핏의 투자라면 어떤 질문을 하게 될까요? 비록 그것이 수혜임을 알더라도, 그 기업의 급이 좋지 않다면 얼마나 지속될 수 있을까요? 비록 그것이 악재일지라도 매크로 환경은 오고 가는 것이며, 오히려 정말 좋은 기업을 주변의 관심이 없는 환경에서 매입하는 게 저렴하지 않을까요? 특정 시나리오에 베팅하는 것이 아니라 각 영역에서 최정상 기업 지분을 매입한 이후 장기 보유하는 것입니다. 사실 버크셔 해서웨이의 기업 지분은 2021년 연간보고서에서 확인되듯이 4개 기업에 73%가 집중되어 있습니다. 아메리칸 익스프레스, 애플, 뱅크오브아메리카,

코카콜라가 그것입니다. 한편 4개 기업의 속성을 잠잠이 살펴보신 다면 사뭇 분산되어 있는 것을 쉽게 알 수 있습니다.

먼저 아메리칸 익스프레스는 신용카드 결제 기업으로서 소비가 살아나는 구간에서 수혜를 얻게 되며 프리미엄 이미지를 갖추고 있습니다.

애플은 어떨까요? 나스닥 지수의 대표 주자로서 모토로라, 노키 아 등이 존재하던 모바일 분야에서 파괴적혁신을 통해 선두 주자 로 자리매김한 후 제조업 베이스에서 이제는 소프트웨어 기업으로 전환에 성공합니다. 감성의 영역을 극단으로 끌어올리며 명품 수 준의 이익률과 충성 고객을 확보하고 있는데요. 명품 기업의 가장 큰 특징은 경기 하락 국면에서도 상대적으로 가장 강하다는 것입 니다.

뱅크오브아메리카는 어떨까요? 먼저 IB 부문은 기업 공개 및 경 기 활황 국면에서 힘을 받기 쉽지만 금리 급등에 따른 증시 하강 국면에서는 불리한 입장에 놓입니다. 이때 핵심 사업 비중 리테일 은행은 오히려 금리 인상에 따른 수혜를 얻게 되죠. 한 방향에 몰 려 있지 않은 금리 상승기에 적합한 기업입니다.

코카콜라는 대표적인 식음료 기업으로서 사실 배당 성장 기업 으로 유명합니다. 대단한 연구개발비가 매년 투입되어 매출 성장을 이끄는 것이 아니라 전 세계 소비자에게 각인된 코카콜라의 이미 지가 사실상 매출의 원동력인 셈이죠. 신규 투자 필요성이 높지 않기 때문에 2021년 기준 동사의 순이익 대비 CAPEX 비중은 14% 수준에 불과하며(모닝스타 데이터 참조) 자연스럽게 80%가 넘는 배당성향(2021년) 및 직전 10년 연속 배당금 증액, 자기자본이익률(ROE) 40% 이상을 달성합니다.

경기 활황 국면에서도 수혜를 입고, 경기 침체 국면에서도 프리미엄 이미지를 통해 소비가 발생하는 기업이라는 뜻입니다. 막대한 신규 투자에서 매출 성장 원동력을 확보하는 것이 아니라 기업 브랜드가 갖추고 있는 경제적 해자가 존재하며 신규 진입자가 허물기에는 그 벽이 견고합니다.

규모의 확대, 플로트의 활용

앞서 확인한 버크셔 해서웨이의 포트폴리오를 통해 두 가지를 알 수 있습니다. 소수 기업에 집중투자되어 있으나 4개 기업의 속성은 크게 다릅니다. 앞서의 주식 포트폴리오 차원에서도 기업 간 속성이 분산되어 있습니다.

어떤 방향으로 매크로 시나리오가 흘러가더라도 수혜를 입는 기업과 피해를 입더라도 가장 좋은 사업적 퀄리티를 갖추고 있는 기업들로 구성된 포트폴리오입니다. 시간이 흐르면 어떻게 될까요? 특정 시나리오에서만 이길 수 있는 투자 기업이 아니기 때문에 시황에 따라 마음 졸이지 않아도 되고 동일 가치를 제공하는 기업들

중에서 가장 탁월한 사업체이기에 프리미엄이 더해질 것입니다. 열위의 기업은 환경이 악화되는 구간에서 수익성 저하를 견디지 못하고 퇴출될 것이며 산업 재편 과정에서 일등 기업으로 수혜가 집중되기 쉽습니다.

버크셔 해서웨이의 투자 전략을 관통하는 세 가지 핵심 키워드는 결국 속성 분산, 플로트, 상시 유동성 수준일 것입니다. 플로트는 보험 사업에서 책임준비금에 해당하는 부채입니다. 보험업은 특정 상황에서 특정 혜택을 제공하기로 고객과 계약하는 약속을 판매하는 사업입니다. 가장 중요한 것은 고지 의무를 의도적으로 숨기는 등 역선택 리스크가 있는 고객의 방지와 보장 범위의 리스크에 대해 판단하는 언더라이팅(underwriting)입니다. 이것을 위험률 이익이라고 표현하며 사차익이라고 부릅니다.

다음으로 보험사와의 약속을 믿고 보험료를 납입하는 고객의 보험료를 운용하여 만기까지 이자율 이익을 만드는 것입니다. 이것을 가리켜 이자율 이익, 이차익이라고 부릅니다. 바로 버핏이 담당했던 투자 역할로 벌어들이는 이익에 해당하죠.

버핏은 플로트라 부르는 수입보험료를 운용자산에 배치하는 역할을 맡았는데 종종 자신을 종목 선정가(stock picker)가 아닌 사업 선별가(business collector)로 부르곤 했습니다. 자본을 배분하는 것이 자신의 역할이라는 것이죠. 우리들 대다수는 버핏이 어느 기업에 투자했는지에 관심을 갖기 마련이지만 숨겨진 진실은 그 이면에 있습니다.

끊임없이 투자 재원으로 활용할 수 있는 수입보험료가 유입되고 있다는 것입니다. 기존에 체결된 계약에서는 끊임없이 보험료가 유입되고 있고, 보험 사업이 성장을 지속하며 새롭게 판매된 계약에서는 신규 보험료가 들어오는 것입니다. 나의 투자가 어려움을 겪고 있을 때에도 수입이 커지면서 더 큰 투자 가능 현금이 계속 유입된다면 기분이 어떨까요? 시장 환경이 어려울 때, 때로는 순간의 투자 실수를 뒤집을 수 있는 투자 재원이 계속 마련된다는 것은 매력적인 환경임이 분명합니다. 물론 버크셔 해서웨이는 미국 내 최대 수준의 보험 사업을 가지고 있기에 가능한 투자 방식입니다.

한편 우리들 각자의 삶은 어떨까요? 일부에서는 직장인은 월급으로 투자할 수 있는 것이 최대의 장점이라 말합니다. 그 말은 맞지만 월급으로는 투자의 규모를 달성하지 못합니다. 더 무서운 진실은 내 사업체가 없는 직장인은 근로 기간이 정해져 있고 결국에 퇴사의 시점이 다가온다는 것이죠. 시간이 지난 뒤 보험 사업이 훨씬 더 크게 성장해 있어서 더 큰 수입보험료가 반영구적으로 유입되는 버크셔 해서웨이와 상황이 전적으로 다릅니다. 훨씬 더 불리한 것이죠.

아이러니한 것은 약간의 투자 실패에도, 시장 급락에서도, 수익률을 희석시킬 수 있는 보험료가 지속 유입되는 버크셔 해서웨이는 막상 우리들 대다수보다 투자를 보수적으로 합니다. 포트폴리오 내에서 기업 간 완전한 속성 분산을 이룬 뒤 투자를 집행합니다. 우리들 개인의 투자는 어떨까요? 특정 시나리오에 베팅한 이후 지금부터 오를 것 같은 곳을 옮겨 다니느라 바쁩니다. 안정적으로 투자 성과가 날 수 있는 방식일까요? 당연히 높은 변동성이 발생하며 분기 단위로 짧게 투자하는 눈치 싸움이 되기 쉽습니다. "지금부터 좋아진다", 셀 사이드(sell side)라 불리는 증권사에서 칭송받던 기업은 매우 짧은 시간 후에 그다음 순환매 기업들로 넘어가기에 개인투자자는 뒤늦게 물리기 쉽습니다. 언제 순환매가 시작될지 장기 방향성에 확신을 갖지 못하니 개인투자자는 투자 규모를 늘리지도 못합니다. 정확하게 버핏의 투자 방식과 반대로 하게 되죠.

버크셔 해서웨이의 포트폴리오 기업들의 특징은 하나하나 기업이 탑 티어(top tier)로서 경제적 해자를 갖추고 있습니다. 시장 침체기에 일등 기업이 점유율을 확대하기에 장기 방향성에 확신을 가질 수 있겠죠? 기업 간에는 속성이 분산되어 있기에 특정 매크로 환경에서 특별히 더 유리하거나, 또는 뒤집히지 않는 포트폴리오입니다. 뒤집히지 않음을 알고 있기에 투자 규모를 크게 투자할 수 있는 것이 버핏의 투자 방식입니다. 투자 규모를 키운다는 것, 바로 버핏의 투자 방식은 플로트를 활용함에 최적으로 만들어져 있다는 것입니다.

글을 쓰는 2022년 6월 23일 현재 한국 주식 시장은 그야말로 시장 폭락이 연일 계속되며 개인투자자들의 청산이 이뤄지고 있습니다. 한편 기어코 주식을 통해 인생의 급을 바꿔보겠다고 다짐한 투자자들이 주로 언급하는 인물이 바로 버핏입니다. 그렇다면 버핏의 실제 투자 방식은 어떠했을까요? 먼저 버핏은 공개석상은 물론, 연간 주주 서한에서 부채를 사용한 투자를 경계한다고 말해왔습니다. 실제 금번 2021년 버크셔 해서웨이의 연간 서한을 보면 "우리를 신뢰한 주주들 중 상당수는 과도할(excessive) 정도의 저축을 우리에게 투자하고 있습니다"라고 버핏은 말합니다. 절대 잃으면 안 되는 주주들의 돈이기 때문에 버크셔 해서웨이는 상시적으로 높은 유동성을 보유한다고 말합니다. 앞서 설명한 것처럼 투자 기업 및 사업에 있어서는 철저한 속성 분산이 이뤄짐은 물론입니다.

대부분 개인투자자는 바로 이 지점에서 자의적으로 해석을 해나가기 시작합니다. 버핏은 정말 위대한 기업은 소수이기에 쉽게 지분을 매도하지 않는다고 밝힌 것을 두고, 유리한 환경이 변화했음에도 유동성 없이, 또는 상대적으로 빈약한 현금만 남겨둔 채, 재산 상당 분을 주식에 전량 투자합니다. 버핏이 버크셔 해서웨이에서 주식 집중 투자를 이어갈 수 있는 배경이 무엇인지 떠올려야 합니다. 보험 사업이 매우 빠르게 커 나감에 따라 매달 유입되는 수입 보험료 규모가 커지고 있으며, 물론 신규 보험료도 커져갑니다. 투자 가능한 재원이 커지는 것입니다. 다음으로 상시 유동성 보유금액이 높고 기업들의 속성이 분산되어 있습니다. 다음으로 유입된 보험료는 가만히만 있다 하더라도 아지트 자인이 관할하는 보험사업부의 언더라이팅을 통해 보험 이익을 만들어냅니다. 바로 위험률 차익과 사업비차익에 대한 영역입니다. 버핏이 담당하는 이자율 이익이 심지어 0원을 만든다 하더라도 자체적으로 이익이 만들어지는 것입니다.

가만히 있어도 보험 자체적으로 이익이 만들어지며, 신규 투자 재원은 유입되며, 신규 재원은 더 커지고 보험 사업의 위상이 커짐에 따라 기대현금흐름 유입은 영구적입니다. 여러분은 어떠신가요? 과연 회사원으로서 받는 월급이 현재 투자자산을 희석시킬 수 있을 만큼 상당하며, 무엇보다 월급 현금흐름이 평생 동안 보험 사업처럼 지속될 수 있을까요? 현실은 완전 다릅니다. 버핏은 현금 유입을 만들어주는 보험 사업이 존재하며 그것은 버크셔의 자체 사업입니다.

버핏은 잘못하면 그대로 깔리며 독이 될 수 있는 플로트를 안심하게 사용할 수 있게 해주는 핵심적인 인물, 아지트 자인의 언더라이팅 역량을 수없이 칭찬합니다. 부채에 해당하는 수입보험료, 플로트를 투자에 활용하여 5% 수익을 거뒀음에도 불구 보험이익에서 -90%의 손실이 나게 되면 해당 플로트는 독사과가 되는 셈이죠. 결국 버핏이 간헐적으로 발생하는 대규모 재해 발생에도 불구하고 플로트에 매달리는 이유는 단 하나입니다. 투자 규모를 키우기 위해서입니다.

버핏의 플로트 투자 방식을 정리하면 목적성은 규모의 확장으로 요약됩니다. 보험 사업이 주는 매력의 핵심은 규모의 확장인 것이죠. 그렇다면 개인투자자는 규모의 확장에만 집중하는 것이 버핏의 투자 방식을 따르는 것일까요? 정반대입니다. 오히려 규모 있는 투자 이면에 숨겨진 세 가지 투자 원칙에 집중해야 합니다. 1) 기업의 속성 분산 2) 이자 발생 금융부채에 대한 경계 및 높은 현금 비중 3) 추가 매입을 가능하게 하는 끊임없이 성장하는 본업 사업 현금흐름입니다.

버핏의 투자 시스템에 대한 고찰 없이 1) 이미 소수 기업에 대한 집중 투자 방식에 매료되었다면? 포트 기업의 속성 분산 여부를 확인하세요. 2) 버크셔 해서웨이의 높은 현금 비중에 주목해 장부가치 이하 자산주에 집중했다면? 버크셔의 포트폴리오 상당 분은 2022년 PBR 47배 수준의 애플에 집중되어 있음을 생각해보세요. 3) 버핏의 'No market timing'이라는 철학을 받아들인다며 은퇴 자금의 상당 분을 한꺼번에 투자했다면? 버크셔 해서웨이는 보험업을 비롯한 핵심 사업, 영업이익의 체력이 대폭 성장했기에 가능했다는 것을 고려해야 합니다. 직장인과 은퇴자는 수입현금흐름이 멈추게 되지만, 버크셔 해서웨이는 매년 신규 투자 재원으로 사용 가능한 현금 유입 규모가 훨씬 커지고 있습니다.

누구나 한번에 빨리 부자가 되고 싶습니다. 가장 직관적인 방법이 투자 규모 증대 같지만, 그렇지 않습니다. 가장 좋은 방법은 우리 각자의 상황에 가장 잘 맞춰진 투자 방법입니다. 우리 모두의 환경은 제각각 다릅니다. 각자의 자산 배치 현황(무주택, 1주택, 다주택자 등)도, 현금흐름 상황도, 투자 기간도, 본인 투자 성향도, 회계 이해 수준도 모두 다를 것입니다. 호흡을 가다듬으며 내게 맞는 전략을 준비하기에 시간은 충분합니다.

2
워런 버핏의 '플로트 투자'를
실전 개인 투자에 적용하기

그렇다면 결국 투자 수익이 많아야 부자가 되는 것이며 심지어 버핏조차 운용 규모 확대를 위해 플로트라 부르는 부채를 적극 활용한다면 개인은 어떻게 해야 할까요? 여기서도 한국에서 개인투자자는 두 가지 옵션을 선택합니다.

일부는 담보 없이는 부채를 늘릴 수 없기에 고금리에 반대매매 위험이 존재하는 주식담보대출을 사용합니다. 또 다른 일부는 대출은 없지만 투자 규모를 키우기 위해 생활비까지 모든 현금을 주식에 투자합니다. 이후 마음이 쪼들리다가 주가가 내리면 주식을 매도하게 되죠. 좋은 부채와 나쁜 부채가 있습니다. 가장 나쁜 부채는 바로 만기가 극도로 짧고 어려운 순간에 나를 위협으로 몰고 갈

수 있는 부채입니다. 주식담보대출이겠죠. 버크셔 해서웨이가 사용하는 플로트는 기본적으로 손해율 관리를 통해 이익이 발생할 수 있는 부채입니다. 우리들이 접근 가능한 금융이자 부채와는 결 자체가 다릅니다.

투자의 핵심은 결국 특정 시점에 대단한 정보 습득이 아닌 오직 현상 및 개념에 대한 재해석에서 출발합니다. 회계적으로 부채는 원금을 갚아야 하는 것으로 인식되지만, 주관적으로 재해석한다면 내게 고정적으로 비용을 발생시키는 모든 것은 부채로 재인식될 수 있습니다. 고급 승용차가 있다면 이것은 자산일 수도 있지만 보험료, 재산세, 수리비 등 비용이 수반되기에 부채일 수도 있습니다. 골프와 같은 돈이 많이 발생하는 취미를 유지하고 있다면 다른 의미에서는 부채라 인식할 수 있습니다.

투자 재원을 갉아먹는 부채를 피하고 금융이자가 발생하지 않는 부채는 무엇이 있을까 조망한다면 한국 특유의 제도인 바로 전세 보증금이 존재합니다. 버핏이 플로트를 통해 투자하는 것은 괜찮은데 갑자기 부동산 보증금을 통한 투자를 언급하니 너무 황당하고, 위험한 소리를 한다고 느끼실지 모르겠습니다. 한편 이것은 특이한 것이 아니라 한국 내 유주택자 다수가 지난 수십 년간 가계 자산을 형성해온 방식이기도 합니다. 아지트 자인의 보험 사업부로 보험 청약이 들어오면 아지트 자인은 손해율 리스크를 판단한 뒤 인수 여부를 결정합니다. 버핏과 아지트 자인이 9·11테러 당시에 순간적으로 얼어붙은 재보험 시장에서 과감하게 계약 인수를 결정했다는 내용은 주주 서한에도 나오는 내용입니다. 무슨 맥락과 유사할까요? 제 관점에서는 부동산 역전세 상황과 유사합니다.

결국 시장에서 인식하는 리스크 대비 발생 가능 확률이 낮다는 것을 판단할 때 보험사는 리스크를 인수합니다. 마찬가지입니다. 역전세 상황에서 부동산을 매입하는 투자자 역시 시장이 우려하는 것보다 입주물량 과다는 시간이 지나가면 해결되며 전세가격이 회복되면 매매가격이 상승한다는 것을 믿는 사람들입니다. 아지트 자인의 손해율 계산이 정확하지 않다면 버핏은 운용자산에서 이자율 차익을 만든다고 한들 보험계약에서 손해가 발생합니다.

마찬가지입니다. 부동산을 매입한 이후 보증금 증액분으로, 또는 월세 매물을 전세로 돌려서 보증금으로 주식을 투자했을 때 투자 수익은 발생하지만 부동산 매매가격이 하락하는 경우가 발생할 수도 있습니다. 아지트 자인의 리스크 분석 실패와 동일한 맥락이겠죠. 당연하지만 자본이 충분하지 않은 상황에서 보증금을 활용하는 투자에 나설 경우 역전세 상황에서 세입자에게 큰 피해를 주며 물건이 경매로 직행되고, 재산상 큰 피해를 입을 수 있습니다.

한국의 독특한 보증금 활용 투자 방식까지 말씀드리게 되었는데요. 공통점은 명료합니다. 언더라이팅 리스크 분석을 통해, 또는 인허가 및 입주물량의 철저한 분석을 통해 조달비용이 사실상 없게 활용할 수 있는 부채라는 것입니다. 이 경우 금융이자 미발생 부채로 인식될 수 있겠죠.

투자는 결국 재해석이 핵심입니다. 버핏은 부채를 활용한 투자를 경계하였지만 엄밀히 말한다면 만기가 짧고 금융이자 부담이 지속적으로 발생하는 투자를 경계한 것이죠. 버핏이 운용자산으로 활용 가능하도록 부채를 조달해주는 아지트 자인을 아끼는 것을 생각해보시죠. 아지트 자인의 역할은 입주물량 및 인허가 분석을 위해 통계를 보며 애쓰는 우리들의 모습과 하등의 차이가 없습니다. 이론적으로 말하자면 부채는 나쁜 것이고, 시장 평균 수익률로 장기간 투자하면 누구나 부자가 될 수 있다고 말하겠습니다. 하지만 실전형 투자의 출발은 직장인으로서 우리의 한계를 명확히 인식하는 것에서 출발합니다.

부자는 누적 수익금이 많아서 결국 재산이 증가하는 것을 말합니다. 결국 수익금의 규모를 높이기 위해서는 큰 규모의 투자가 필요하며, 큰 규모의 투자는 방향성에 대한 확신 없이는 어렵습니다. 버핏은 규모를 달성하기 위한 수단으로 보험 사업의 플로트를 활용하였으며, 좋은 부채 판별을 위하여 아지트 자인을 발굴하였습니다. 내 사람으로 만든 것이죠. 부채를 활용하여 투자 규모를 키웠기 때문에 반드시 맞아야 합니다. 앞으로 어떤 매크로 환경이 발생하더라도 반드시 살아남기 위해 버핏의 포트폴리오는 속성이 분산되어 있습니다. 기업 간 속성은 분산되어 있지만 기업 수는 집중적으로 압축되어 있으며 시점에 따라 비중이 변화합니다. 실전에서 제가 적용했던 방식이고, 우리 모두 그대로 적용 가능한 투자 방식입니다.

수익률을 더 높이기 위해, 적중을 높이기 위해 고민하는 것은 현명하지 않습니다. 적중을 할 때 얼마나 크게 수익을 가져가고, 손실을 입을 때 실제 비중 대비 피해가 어느 정도인지 가늠해야 합니다. 네이비씰(Navy Seal) 지휘관 출신의 도서 《거츠(Guts)》를 읽다 보면 실전과 최대한 유사하게 훈련을 구사하는 과정에서 목숨을 잃기도 하는 폭파 훈련이 나옵니다. 그는 담담하게 말합니다. "생명을 잃는 것은 안타까운 일이지만 네이비씰의 훈련 목적이 안전을 위해 고안된 것은 아니다." 투자에서 수익률을 확인하며 적중, 손실을 확인하는 것은 결국 재산 증가를 위한 것입니다. 그렇다면 질문의 출발은 '어떤 부채가 투자 활용 가능한 좋은 부채인가?'이며, 규모가 커질 때는 어떤 곳에 투자해야 하는가를 고민하는 것이 합리적인 투자 방식입니다.

3

캐시 우드의 파괴적혁신 기업

포트폴리오 구성

시장에는 다양한 참여자가 있습니다. 실전형 투자자, 분석가, 그리고 스토리를 만들기 좋아하는 매체가 있겠죠. 제 개인적으로는 깊은 존경심을 가지고 있는 인물 중 한 분은 캐시 우드입니다. 시장에서는 캐시 우드가 이끌고 있는 아크 인베스트먼트의 수익률이 곤두박질치자 '버크셔 해서웨이는 선(善)이며, 캐시 우드의 아크 인베스트먼트는 심판을 받는 것'으로 평가하기도 합니다. 전형적인 흑백논리에 해당하겠죠. 미국에 캐시 우드가 있다면 스코틀랜드에는 테슬라와 모더나의 초기 투자자로 알려진 베일리 기포드가 존재합니다. 그들의 공통점은 2022년 수익률이 매우 크게 하락하였지만 장기 수익률은 여전히 견조하며 '파괴적혁신'을 실행하는 기업 중심으로 투자한다는 것입니다.

 실전형 투자자라면 현시점의 수익률만을 본 뒤 캐시 우드를 비판하기보다 철저하게 맥락을 이해하고 실용적으로 접근해야 합니다. 캐시 우드는 젊어 보이는 외모와 달리 1955년생으로, 잘 알려진 투자자 중에서도 시장의 경험이 풍부한 베테랑입니다. 이코노미스트로 출발했던 만큼 탁월한 식견도 가지고 있습니다. 그녀는 젊은 나이에 수석 이코노미스트로 운용사에 발탁되기도 하였는데 지금과 같은 고물가 시대로 고생하던 폴 볼커 시대에 인플레이션의 피크 아웃(정점 이후 감소)을 주장하며 과감한 포지션을 관철하여 적중하기도 하였습니다.

 그녀는 월간 단위로 아크 인베스트먼트 유튜브 채널을 통해 시장 현황에 대한 자신의 뷰를 밝히고 있는데 제가 인상 깊게 느낀 것은 빅테크 기업들에 대한 회고였습니다. 이를테면, 공고화된 프리미엄 지위로 알려진 애플이 현재의 지위를 구축하기 전 어떤 모습이었는지 기억한다는 것입니다. 노키아와 모토로라가 꽉 잡고 있는 시장에서 아이폰을 출시한다는 것은 당시 관점으로는 어처구니없어 보이기 쉬웠다는 것입니다. 마찬가지로 빅테크 기업으로 손꼽히는 아마존은 당시 관점에서 바라본다면 끝없는 적자 행렬에 불과했다는 것입니다. 결국 그녀의 주장은 영업이익 적자도 재해석 가능하다는 의견입니다. 사실 파격적인 매출 성장에도 순이익으로 내려 보내지 않고, 더 큰 미래를 위한 연구개발로 비용이 집행되기에 계획된 적자가 발생할 수 있다는 것이죠. 장기 시계열을 갖춘 투자자라면 순간순간의 분위기에 흔들리지 않고 파괴적혁신 기업과 장기 여정을 함께해야 한다고 주장합니다.

파괴적혁신 기업과 함께 장기 투자하라

그녀의 파괴적혁신 기업에 대한 일관된 장기 투자 관점은 빅테크가 된 기업들의 현금흐름 변천을 본다면 충분히 일리가 있습니다. 스타트업은 시드 투자 단계에서 영업현금흐름을 창출하며 시리즈 A, B, C로 재무현금흐름이 유입됩니다. 자금을 조달하면 매출 성장 및 영업현금흐름을 높여 나갑니다. 투자자들은 당장의 순이익 창출이 아닌 창업자가 비전으로 가지고 있는 기업의 성장 방향성을 바라본 뒤 해당 기업에 투자한 것입니다. 자금을 지원한 투자자로부터 재무현금을 조달(유입)하여 스타트업은 초기에 CAPEX 투자를 적극적으로 집행해 나갑니다. 자연스럽게 영업현금흐름 성장에도 불구 초기에는 CAPEX 비중이 상대적으로 과도하기에 잉여현금흐름도 유출로 잡히게 됩니다. 이것들은 당시의 시점에서 바라본다면 비우량한 재무 구조로 보일 수 있겠죠.

하지만 진실은 무엇일까요? 투자자들은 어느 곳에서 성장이 만들어질 것인지 알고 있는 창업자의 비전과 역량에 투자한 것입니다. CAPEX 확대는 감가상각 비용으로 즉시 연동되고 잉여현금흐름이 압박받지만 큰 로드맵이 맞는다면 어차피 영업현금흐름이 폭발하게 되고 잉여현금흐름이 성장하게 되는 것입니다.

캐시 우드가 투자하는 대다수 기업의 특징은 재무적으로 유사합니다. 매출 성장이 매우 가파르게 발생하지만 CAPEX 금액 대비 영업현금흐름은 충분하지 않고 (따라서 잉여현금흐름은 유출되며) 연구개발비용 증대에 따라 적자를 면하지 못합니다. 이것들은 나쁘다고 판단하기보다 애플과 아마존이 그러했던 것처럼 기업의 성장 스테이지 관점에서 앞단계에 해당한다고 인식하는 것이 맞습니다. 그렇다면 버크셔 해서웨이의 포트폴리오와 차이점은 무엇일까요?

아크 인베스트먼트가 편입한 기업은 개별 기업별로는 얼리 스테이지(early stage)에 해당하기에 창업자가 비전을 달성한다면 재무 구조의 선순환이 이뤄질 때마다 훨씬 높은 성장 여력이 존재할 것입니다. 이를테면 매출 성장 중심에서 영업현금 성장이 이뤄질 때 한 차례, 영업현금 규모의 성장에 따라 잉여현금 성장이 이뤄질 때 또 한 차례, 잉여현금흐름 규모의 성장에 따라 자본을 조달만 하던 재무현금흐름 유입에서 자본을 주주에게 환원하기 시작하는 재무현금 유출로 변할 때 한 차례 등에 해당하겠죠.

한편 또 다른 측면에서는 업종별로는 다원화되어 있지만 개별 기업의 공통적 특징으로는 이익을 지속적으로 만들지 못하고 있고, 파괴적혁신 수준의 미래 비전 달성을 위해서는 끊임없이 재무현금이 유입돼야 하며(조달), 이자비용 증가분을 상쇄할 만큼 금융

조달 환경이 우호적이어야 합니다. 글을 쓰는 2022년 6월 말 시점, 미국 및 글로벌 시장금리는 급등하고 있으며 조달 환경 악화는 '롱 듀레이션 에셋(long duration asset)'이라 불리는 블루칩 이전 단계에 해당하는 성장 초기 기업들에게 상당히 불리하게 작용합니다. 밸류에이션에서 타깃 PER 범위가 금리 상승에 따라 큰 폭으로 낮아지기 때문입니다(금리는 할인율로 일반적으로 적용됩니다).

이쯤 되면 실전형으로써 베일리 기포드와 캐시 우드의 포트폴리오를 대할 때 어떤 방식으로 바라보는 게 적합할까요? 단순하게 최근 금리가 급등하며 해당 운용사의 포트폴리오 기업들이 급락했으니 애초에 틀려먹은 기업들이라 단정하는 것이 과연 합리적 판단일까요? 이익이 나오지 않는 기업이기에 '나쁘다' 말하는 것이 적합할까요? 테슬라는 5년 전 순이익을 만들지 못하며 현금흐름과 재무구조도 더 나쁜 기업이었습니다. 지금 테슬라는 잉여현금흐름을 창출하며 높은 수익성으로 순이익까지 만들고 있습니다. 이익 체력이 증가했으니 PER 배수는 더 낮아진 것으로 보입니다. 한편 그것이 사실인가요? 단순하게 PER 멀티플 기준 조망은 기업의 시가총액을 바라보지 못하게 만드는 오류가 있습니다. 직전 3년 테슬라의 순이익 성장에 따라 PER 배수는 낮아졌지만 시가총액은 최근 급락에도 불구 훨씬 높아진 상황입니다. 왜 그럴까요? 앞선 챕터에서 언급했던 창업자의 비전에 따라 위대한 기업은 직선적 여정을 이어가며 성장 스테이지를 변화시켜 나가기 때문입니다.

아크와 베일리 기포드가 투자하는 기업 상당수는 당장의 이익이 아니라 더 큰 비전을 통해 새롭게 판을 뒤집는 것에 초점을 맞추는 창업자가 이끌고 있습니다. 달리 말하면 이 기업들의 특징은 파괴적혁신 성향의 성장 포커스를 갖추고 있다는 것입니다. 파괴적 혁신 기업은 처음부터 그러한 여정을 걷습니다. 순이익은 생태계가 만들어지면 어차피 급증할 것이고, 자금 조달에 참여한 벤처 캐피탈은 당장의 이익을 기대하지 않습니다. 사업 초기의 적자 기록은 사실 계획된 적자라는 것이죠. 얼리(Early) 성장 기업 주주와 매니지먼트의 관점은 순이익이 아닙니다. 기업마다 각기 다른 스테이지와 초점을 투자자는 이해해야 합니다.

비중 조절을 통해 불확실성을 관리한다

아크 인베스트먼트의 캐시 우드는 자신들을 가리켜 '공개 시장에서 접할 수 있는 가장 접근성이 좋은, 여러분을 위한 벤처 캐피탈'이라고 언급합니다. 벤처 캐피탈의 투자가 갖는 특성은 어떤 게 있을까요? 공개 시장에서 거래되지 않기 때문에 호가가 실시간으로 조성되지 않고, 마켓메이커가 존재하지 않기에 거래 빈도가 낮아 변동성이 낮게 느껴집니다. 주가에 연연하지 않게 되니 기업의 비전에 따라 장기 시계열 관점으로 자본을 기업에 태운 뒤 비전대로 끝까지 들어가보게 됩니다. 그러한 벤처 캐피탈의 투자 10곳 중

8곳은 창업자의 원대한 비전과 달리, 축적된 자본도 적고 인력을 유지시키거나 경쟁을 이겨낼 만한 기업의 해자가 부족하기에 실패로 끝나게 됩니다. 하지만 10곳 중 2곳은 업계 슈퍼스타가 되고 한두 개의 홈런이 잔여 투자 기업의 손실금액 전부를 네팅(Netting)으로 압도하는 방식입니다.

홈런을 가장 많이 치는 강타자, 슬러거는 삼진이 가장 많은 것이 특징입니다. 특별히 나쁜 것이 아니라 홈런을 위해서 자연스럽게 동반되는 특성일 뿐입니다. 우리의 투자는 우리 개인뿐 아니라 본인을 바라보는 가족 구성원 전체의 행복이 달려 있는 중대한 주제입니다. 아직 기업의 해자가 충분히 구축되지 않았지만 미래 성장성이 높게 기대되는 기업들이 아크 인베스트먼트가 추구하는 얼리 스테이지 기업들일 텐데요. 투자를 할 것인가, 말 것인가 관점보다는 비중 조절을 통해 불확실성 수준을 조절하는 것이 합리적입니다. 직접 그런 주식에 투자하든, 그런 기업에 투자하는 펀드와 ETF에 투자하든, 투자 기업 내 다수는 쇠락을 밟겠지만 그중 슈퍼스타가 탄생할 것입니다. 더 중요한 것은 적정 비중이 사전에 조절된 경우, 슈퍼스타가 탄생하면 좋고 그렇지 않다 하더라도 우리 삶이 함께 쇠퇴하지는 않는다는 것입니다.

버크셔 해서웨이에 투자하는 다수는 본인의 연금 재산 전부를 버크셔 해서웨이에 투자하는 분들입니다. 규모를 키운 투자자이기에 장기 방향성은 반드시 안정성을 확보해야 하는 것입니다. 따라서 버크셔 해서웨이는 자체 포트폴리오 내에서 속성을 스스로 분산해두었죠. 반면 아크 인베스트먼트 등 파괴적혁신 기업만을 편입하고 있는 ETF는 투자자들이 자체적으로 앞단에서 투자자금의 속성을 분산해두었기를 기대합니다. 이를테면 보수적으로 운용하는 보험사조차, 대체투자 및 파괴적혁신 기업에 투자하기도 하지만 실제로 보면 포트폴리오는 이미 분산되어 있는 셈이죠.

따라서 우리는 버크셔 해서웨이 방식이냐, 아크 인베스트먼트 방식이냐, 둘 중 하나의 방식을 택하는 이분법적으로 생각하는 것은 바람직하지 않습니다. 오히려 기업의 성장 스테이지 관점에 따라 얼리 스테이지 기업은 높은 변동성 및 불확실성을 인지하여 일정 자금을 투자하고, 그 외의 속성 기업으로 변동성을 낮추는 것이 유용할 것입니다.

가장 지양해야 하는 투자 방식은 무엇일까요? 적중할 경우 가장 높은 수혜가 예상되는 곳 중심으로만 투자를 집중하는 것입니다. 이를테면 암호화폐, 테슬라, 나스닥 레버리지 같은 매입입니다. 암호화폐는 달러화 강세 국면에서 약세를 띄는 경향이 있고, 테슬라는 고 PER 기업 특성상 금리 상승 상황에서 취약합니다. 나스닥 레버리지는 암호화폐와 테슬라의 레버리지 포지션과 유사한 방향성을 보이고 있는데, 훨씬 더 중요한 사실은 회계 기간이 순환할 때마다 투자를 통해 배우는 점이 있어야 한다는 것입니다. 인문학을 통해 시나리오를 조망하고, 시나리오에서 가장 수혜를 얻는 기업을 물색하고, 수혜 기업 내에서 숫자를 통해 균질적 성장 기업을 찾아내고, 이어서 무형자산을 통해 경제적 해자를 찾아야 합니다.

끝으로 상단의 투자 과정이 실패로 돌아가거나, 예상과 다르게 실적이 발표될 때마다 우리는 경험을 새롭게 덧붙여 가며 기업을 선별하는 우리의 안목인 무형자산을 강화해나가야 합니다. 상단에 예로 든 단순 인덱스 레버리지 투자 방식, 또는 암호화폐 매입 등은 동일 속성에서 오는 리스크는 물론, 회계 기간이 순환할 때마다 회계 이해도 및 선별 안목 향상에 어떠한 도움도 주지 않습니다. 젊은 시기일수록 지금 당장 틀리더라도 치열한 선별 이후 복기를 통해 안목이 높아질 수 있는 방식으로 투자해야 합니다.

가장 이상적인 방식은 캐시 우드의 강점과 버크셔 해서웨이의 안정성을 동시에 가져가는 것입니다. 일등 기업의 업종 및 성장 스테이지 속성 분산을 통해 우리는 포트폴리오의 안정성을 가져갈 수 있고, 시간이 순환할수록 서로 다른 기업 간 회계 특성을 이해하며 무형자산이 축적될 수 있습니다. 한편 시나리오에 부합하는 일등 기업 중 일부는 특히 파괴적혁신을 위해 자원을 사용하는 얼리 스테이지 기업에 투자함으로써 캐시 우드가 테슬라를 발굴했던 강점을 흡수할 수도 있습니다. 아크 인베스트먼트의 수익률이 2022년에 특히 좋지 않았던 이유는 속성이 단방향으로 집중되어 있기 때문이지, 기업의 얼리 스테이지에 투자하면 안 된다는 결론이 될 수 없습니다.

4
개인투자자들이
실제로 적용할 수 있는 분산 방식

2022년 7월, 폭락장 한복판에서 다수의 개인투자자를 보고 있으면 분산 투자에 대해서 또는 집중 투자 방식에 대해서 많은 오해를 하고 있다는 것을 느낍니다. 이를테면 투자 고전에서 대가들이 말하는 투자 방식에 대해 상당히 자의적으로 해석한 뒤 적용하는 것입니다.

집중 투자와 분산 투자에 대한 오해

'집중 투자'만 하더라도 버크셔 해서웨이의 투자 포트폴리오는 4개 기업에 집중 투자되어 있지만 사실 해당 기업들은 모두 얼리

스테이지 성장 기업이 아니기에 재무안정성 측면에서 특별히 잘못될 가능성이 낮고, 자연스럽게 주가 변동성이 낮습니다. 무엇보다 서로 속성이 분산되어 있습니다. 유가증권 포트폴리오에서는 4개 기업에 집중 투자되어 있지만 보유 주식과 무관하게 버크셔 해서웨이는 지주기업으로서 속성이 서로 다른 자회사 사업체를 보유하고 있습니다. 집중 투자이지만 사실상 분산되어 있는 것입니다.

한편 리스크를 낮추기 위해 분산 투자를 했다는 투자자의 포트폴리오를 보면 마찬가지입니다. 대다수는 기업의 종목 수를 늘리는 것으로 분산의 역할을 다했다고 믿고 있습니다. 종목 수를 늘리는 방식으로는 지금과 같은 무차별 급락장에서 변동성을 낮추지 못하기에 분산 전략도 소용없다 자조하거나, 당장 매달 사람답게 살 수 있는 최소한의 현금 수준까지 물타기 추가 매수에 사용하며 생활에 균열이 생기기도 합니다.

효과적인 분산 투자 전략을 사용하기 위해서는 분산의 목적을 이해해야 합니다. 단순히 변동성을 낮추기 위함이 아니라 장기 방향성에 모두 부합하는 투자처 중에서 유연하게 포지션을 변화시켜 갈 수 있도록 선택지를 넓혀 놓는 것입니다. 이를테면 10년 시계열을 판단하고, 기업이 가진 경제적 해자 및 무형자산, 메가트렌드를 올바르게 조망했음에도 불구 경영진의 리스크가 발생하는 경우 등 사업 환경은 예상하지 못한 방향으로 흘러가는 경우가 빈번합니다. 기업에 대한 공부를 한다는 것은 상대적으로 시간이 흘러갈 때 정확도를 높이는 노력일 뿐 모든 곳에 적중할 수는 없습니다.

그것만이 아닙니다. 사업체에 대한 선별을 바르게 했음에도 불가피하게 주가 조정이 다 함께 발생하는 구간도 있습니다. 급락장이 발생했던 2022년처럼 금융시장 내 금리가 가파르게 올라가면 기업의 재무조달 비용이 증가하고 경기 참여자의 수요가 감소합니다. 비용이 증가하고 수요가 감소하면 기업의 수익성은 악화되고 주당순이익(EPS)은 자연스럽게 악화 요인이 됩니다. 주가는 PER*EPS라는 관계를 이해한다면 금리 상승에 따라 PER가 디스카운트 되고, EPS가 약화될 때 적정 주가는 함께 낮아지는 것이 합리적 해석이 됩니다. 이 상황에서 우리는 분산 투자 전략을 통해 상황을 유리하게 할 수 있습니다. 바로 매입 시점을 분산하는 것이죠.

대다수 투자자에게 익숙한 투자 방식은 종목 분산, 업종 분산, 기업의 성장단계 분산(성장주 및 가치주), 통화 분산, 국가 분산 등에 해당합니다. 한편 상단의 분산 전략을 모두 적용하며 투자했다고 하더라도 투입 자금의 시점을 분산하지 않는다면, 특정 시점에 베팅한 것이나 다름없습니다. 즉 투자 가능 유동성에 대하여 처음부터 본인의 현금흐름 및 자산 클래스(예정된 보증금 상향 등) 등을 고려한 시점 분산이 이뤄져야 한다는 것이죠.

시점 분산 없이 단순하게 넓게 펼쳐 놓는 분산 방식에만 익숙한 이유는 무엇일까요? 분산 투자 전략을 다루는 도서가 제도권 기관투자자 시각에서 쓰여졌기 때문입니다. 기관투자자에 해당하는 주식 운용사의 고객을 생각해보시죠. 그들은 자금을 자체적으로 채권, 대체투자 등으로 분산한 뒤 일정 금액을 해당 주식운용사에 배분합니다. 당연히 이미 클라이언트는 분산을 마친 뒤 주식에 투자하도록 위탁한 것이기 때문에 운용사는 위탁받은 자금을 즉시 주식에 모두 투자해야 합니다. 주식운용사 매니저는 높은 유동성을 가지고 간 상황에서 BM이 급등하게 되면 압박을 받을 것이며, 주식에 투자하도록 맡긴 자금으로 부동산을 매입할 수도 없습니다. 매 기간이 경과할 때마다 추가로 위탁 자금이 늘어나는 구조도 아닙니다. 개인은 다르죠. 연차가 쌓이면서 투자 가능 재원인 현금흐름은 점차 커지고, 주식이 과도하게 높아지고 부동산이 크게 싸졌다면 얼마든지 투자 클래스를 전환할 수 있어야 합니다. 개인투자자는 어떤 관점에서 보더라도 기관투자자 대비 유리할 수밖에 없는데 크게 세 가지의 분산 전략을 추가할 수 있기 때문입니다. 바로 자산 클래스 분산, 상시 현금 보유, 시점 분산 매입 시스템입니다.

피터 린치는 금융투자 업계에서 펀드매니저로서는 가장 탁월한 성과를 기록한 매니저입니다. 아이러니하게 그가 실전형 개인투자자에게 추천한 투자는 주식 투자에 앞서 주택을 구입하라는 것이었습니다. 대다수 개인투자자는 보고 싶고 듣고 싶은 것 중심으로 자료를 찾아보며 자신의 신념을 확신하고 위로를 얻는 것을 선호합니다. 피터 린치는 주택을 구입한 후 긴 시간 뒤에 망했다는 소리를 들은 적이 적을 것이라는 말과 함께 주택 보유의 장점에 대해 언급합니다. 단순히 벤치마크와의 수익률 비교에만 한정되는 일반적인 투자 방식과 달리 실전형 개인 투자로 넘어오게 되면 부동산과 주식이라는 자산 클래스 간에도 유연한 복합계 분산 투자가 가능해집니다.

주식이 갖는 장점은 환금성이 높다는 것입니다. 쉽게 거래가 가능하기에 언제든 기업에 대한 판단이 바뀌었을 때 현금을 확보할 수 있습니다. 한편 주식이 갖는 최대 단점도 어떤 측면에서는 환금성인데요. 본인의 기준이 없고 해자 판별 능력이 부족한 다수는 불필요하게 높은 매매 회전율을 기록합니다.

부동산이 갖는 장점은 거래가 쉽지 않기에 장기 투자가 가능하다는 것인데요. 반대로 시장 가격이 급변하는 구간에는 거래가 되지 않아 유동성에 어려움을 겪습니다. 한국에만 존재하는 전세 제도를 통한 레버리지 투자도 장단점이 있습니다.

단순히 어떤 자산 클래스가 더 좋고 나쁘냐는 실제 투자에 큰 의미가 없습니다. 핵심은 어떤 포지션의 조합이 결국 유리할 것인가의 관점입니다. 1주택은 피터 린치가 언급한 것처럼 장기 투자에 따른 화폐 가치 하락 혜택을 가져갑니다. 장기 보유 특별공제를 위한 기간이 쌓이고 있고 비과세 혜택도 상당 금액 내 주어지죠. 개인투자자의 효과적인 포트폴리오를 위해서는 주식과 부동산 모두 익숙해지는 것이 유리합니다.

역방향을 대비한 투자를 잊지 말아야

주식과 부동산, 모든 분야에 능숙해지는 것으로 목표를 정했다면 다음으로 우리에게 필요한 것은 리스크 관리입니다. 역방향에 대한 인식인데요. 바로 상시적인 현금 비중 보유의 중요성입니다. 상식에 대해 자주 의심해봐야 합니다. 이를테면 회사원의 경우 결국 퇴직이 기다리고 있기에 퇴직 기간까지 더 큰 수익을 올리기 위해서는 더 높은 수익률이 필요하다는 결론이 나옵니다. 동일한 결론에서 크게 세 가지 선택지가 있습니다. 수익률, 투자 규모, 지속성에 대한 관점입니다.

먼저 대다수는 당장 수익률이 높게 나올 만한 곳을 중심으로 투자를 합니다. 한편 수익률 변동이 가파르다는 것은 해당 기업에 대하여 시장 내 이견이 크게 존재한다는 것이며, 자연스럽게 급등주 중심으로 투자처를 찾다보면 우량 성장 기업의 지속적 성장에 대한 동행과 거리가 생기게 됩니다.

다음으로 일부 투자자는 이성적으로 수익률 변동이 가파른 곳은 펀더멘탈이 받쳐주지 않는 급등주 일부에 한정되기에 합리적 이성 및 분석을 통해 국가별, 업종별, 성격별로 분산된 곳에 투자합니다. 한편 가파른 수익률 변동을 선택한 것도, 매우 소수의 기업 미래에만 투자를 베팅한 것도 아니기에 뒤집기를 위해 그들이 선택하는 것은 규모입니다. 바로 재산의 상당 분을 모두 주식에 투자하는 것입니다. 그들 중 일부는 부동산을 보유한 뒤 주식에 투자하기도 하겠지만 맥락은 마찬가지입니다. 당장 사용 가능한 충분한 여유 현금 없이 모든 자산을 주식에 투자해놓는 것입니다. 모든 자산을 위험자산에 투자해놓으면 상승장에서는 기대 수익이 가장 높습니다. 분산 전략을 적극적으로 시행할 만큼 투자에 진지하고 개별 기업을 선별하였기에 벤치마크 지수를 상회하는 투자 수익을 거둘 확률도 높습니다. 잘 아시는 것처럼 2022년에 가장 큰 피해를 입은 투자자는 2020년과 2021년에 가장 열심히 공부해서 자신감이 차오른, 30대 초반의 성공 경험이 가득한 젊은 집단입니다. 그들은 지식을 공유하고 경제방송을 챙겨보며 주식을 통한 급이 다른 변화를 꿈꾸었지만 대다수는 주택 시장 진입조차 못한 상태에서 대규모의 투자 손실을 기록하며 우울증을 겪기까지 합니다.

투자는 시간이 갈수록 대단히 예리한 적중이 중요한 것이 아니라 어떤 시나리오에서도 살아남을 수 있는 역방향을 대비한 투자가 중요합니다. 결국 투자의 압도적 성과는 복리 투자에서만 발생하며 복리 투자의 본질은 장기 투자라는 것을 충분히 이해해야 합니다. 장기 투자에서 기간을 버틸 수 있게 해주는 유일한 힘은 생활에 부족함 없는 충분한 현금이라는 것을 받아들여야 합니다. 따라서 앞서 소개했던 버크셔 해서웨이의 연간 주주 서한에서 버핏은 그들의 주주 상당수가 과히 큰 규모의 재산을 그들에게 투자하고 있음을 언급하며, 버크셔 해서웨이 자체적으로 속성 분산을 고수했고, 매우 충분한 규모의 현금을 상시적으로 보유한다고 밝혔습니다.

투자 철학이라는 것은 하나의 연결체 개념으로 이해하는 것이 합리적일 것입니다. 일부는 이곳에서, 일부는 저곳에서, 내 마음에 드는 격언 중심으로 수용한 뒤 대규모로 투자를 집행하면 그것은 도박과 다를 바 없습니다. 가장 좋은 투자 수익을 거두는 방식 중 하나는 장수 투자입니다. 다소 낮은 수익률을 거두었을지라도 손실 없이 한 번의 회계 기간을 더 투자하면 그만이라는 것입니다. 모두 상시적 현금 비중을 통한 지속 가능한 복리 투자의 중요성을 일깨워주는 방식입니다. 가장 중요한 것은 결국 지속 가능한 투자 방식을 갖추고, 시간이 흘러도 이길 수밖에 없는 투자 방식을 이어가는 것입니다. 분산하되 유연하게 자본을 집중하며, 위험자산에 노

2022년 급락장 한복판에서 만난 이순신의 바다

출도를 가져가되 손실 중이어도 훗날 뒤집을 수밖에 없는 투자 시스템으로 투자하셔야 합니다. 속성 분산, 자산 클래스 분산, 현금 비중은 모두 이와 같은 기본적 투자 전략에서 기인합니다.

이순신 장군의 역사적 해전을 담은 영화 〈명량〉에 이어 후속작 〈한산〉이 최근 인기리에 상영되었습니다. 연일 폭락장이 계속되는 가운데 이순신 장군의 흔적을 느끼고 싶어서 지난해 남도 여행을 다녀와봤습니다. 이순신 장군이 적진을 유인하여 몰살시킨 명량해전의 배경인 울돌목도 보고 왔습니다. 실제로 울돌목의 물살을 보니 회오리처럼 물살이 몹시 가팔라 아찔했습니다. 유능한 장수는 미리 이기고 싸운다고 합니다. 여러분의 투자도 환경에 기인하는 것이 아니라 이길 수밖에 없는 분산 투자 전략으로 시작하시길 바랍니다.

5
'네팅형'
복합계 사고방식

투자의 목적은 결국 생활에 여유를 느끼고 풍요로운 수준만큼 재산을 만들기 위함입니다. 한편 주변을 잘 둘러보시면 때로는 투자의 목적이 수익이 아니라, 어려운 환경에서 상대적으로 더 잘했다고 인정받고 싶어 하는 투자자가 많음을 알 수 있습니다. 말이 조금 엉뚱하죠? 무슨 의미일까요?

더 쉽게 이길 수 있는 방식이 있을 때에도 굳이 A라는 방식이 정석이기 때문에 A의 룰에서만 경쟁하며 '그것이 옳은 것이다'고 주장하는 것입니다. 이를테면 주식 투자자의 경우 벤치마크를 상회하고 매년 BM을 상회하였다면 대단히 잘한 것이라고 평가받습니다. 한편 곰곰이 생각해본다면 그렇게 정당성을 인정받는 BM 중심의 수익률 비교조차 사실은 실제적 현실 개선과 괴리가 클 수 있습니다.

먼저 주식 투자에서 BM 지수와 비교할 때도 한국 코스피 지수와 비교할 것인지, 코스닥지수와 비교할 것인지, 혹은 미국의 S&P500를 비교로 삼을지, 나스닥으로 삼을지, 혹은 MSCI World와 통합하여 비교할지에 따라 평가가 달라집니다. 주식 투자자들이 강박적으로 빠져 있는 스스로를 평가하는 기준인 벤치마크 대비 수익률은 실전형 투자에서 왜곡이 아주 심한 평가 기준입니다. 합리적으로 특정 지수를 대비해서 더 높은 수익률을 장기적으로 기록하여 우수한 성과를 기록했을지라도 훨씬 더 중요한 질문은 이면에 숨어 있습니다. 과연 얼마의 금액을 투자했으며, 어떤 시점에 특히 가장 많은 투자 규모가 유지되었는가에 대한 질문입니다.

벤치마크 대비 3년 연속 BM을 크게 상회했을지라도 가장 크게 BM 대비 수익률을 상회한 시점은 사실 투자 금액이 미미하던 때 만든 기록일 수도 있습니다. 이 경우 분명 BM 대비 성과가 대단하다고 말할 수 있지만 실상을 열어보면 수익 금액은 별것 없는 경우가 있습니다. 같은 맥락이 지금도 펼쳐지고 있습니다. 벤치마크 인덱스가 30% 가깝게 급락한 상황에서 나의 투자는 25% 급락으로 마감했으니 투자를 매우 잘 한 것이라고 위안을 느낄 수도 있습니다. 그것은 분명 주식 커뮤니티 등에서는 서로 간 인정을 받고 위로를 받을 수 있는 평가 방식이지만 실제의 삶에서 우리는 길을 걸을 때 등 뒤에 '나는 BM을 5%p 상회했습니다'라고 붙이고 다니지 않습니다. 실제로는 단순히 재산이 삭제된 상황일 뿐이죠.

네팅형 사고방식이란?

앞서 여러 차례 언급한 것처럼 지금의 수익률은 물론 현시점 일부 사람들의 교환 가격이기에 정답은 아닙니다. 그럼에도 실전형 투자자라면 스스로 다양한 가능성을 폭넓게 바라보지 않고 아주 좁은 특정 필드에서만 나의 투자 범위를 제한한 채 같은 패턴의 투자방식만 고집하는 것은 아닌지 돌아봐야 합니다. 이를테면 매크로 금리 시나리오가 완전히 예상과 벗어나며 주식 시장 전체가 폭락하고 있는 상황에서 '끝까지 나는 BM을 기필코 이기고 말겠어'라고 다짐하며 모든 여유 현금을 대폭적으로 투자해 BM 수익률을 크게 상회한 손실을 기록한다면, 이것은 그냥 규모가 더 커진 손실일 뿐입니다. 투자자에게 정말 필요한 자세는 바로 정약용 선생님의 '실사구시', 즉 실제가 이론적 허상을 모두 압도한다는 자세입니다. 이것을 가리켜 저는 '네팅(Netting)형 사고방식'이라고 자주 언급합니다.

누구도 이견을 제기할 수 없고, 굳이 책망받을 이야기를 듣지 않아도 되는, 가장 명확한 투자 조언 중 하나는 무엇일까요? 버는 것보다 소비 금액이 적어야 한다는 것이며 빚을 갚아 나가며 아끼라는 것입니다. 한편 듣기에 충분히 합리적인 조언과 실제로서의 적용은 완전 다른 것입니다. 개인투자자일수록 위대한 성장 기업은 과연 어떤 경로를 통해 만들어진 건지, 현금흐름 변천 과정을 통해 생각해봐야 합니다. 개인투자자의 목적은 결국 재산 증가이며, 영리 법인의 목적 역시 이익 증가를 통한 순자산 증대입니다. 큰 성공을 이룬 개인투자자의 내밀한 이면은 굳이 공개 의무가 없기 때문에 우리로서 파악하기 어렵습니다. 한편 상장 법인은 핵심적인 재무 정보가 모두 투명하게 공시되기에 어떤 과정을 통해 위대한 기업으로 변화했는지 알 수 있습니다.

이제 기업의 위대한 여정을 출발한 성장 초기 기업은 일반적으로 재무현금흐름이 유입을 보입니다. 달리 말해 대출 또는 자기 자본을 통해 자본을 조달한 뒤 파격적으로 성장할 만한 영역에 투자를 집행하고 영업활동 현금흐름을 키워가는 것입니다. 분명 재무학적 관점에서는 대출원금을 갚아 나가고 자사주 매입을 하는 등의 주주환원 정책이 현명할 텐데 성장 초기 기업은 CAPEX를 오히려 확대하고, 재무현금흐름이 더 크게 확대되는 경향을 보입니다. 비우량하다고 느껴지는 기업재무 활동에도 벤처 캐피탈 등 금융투자 업계에서는 왜 그런 기업에 자금을 투자할까요? 어느 곳에서 성장이 만들어지고 어느 길목에서 어떤 기술력으로 대비하면 해자를 확보할 수 있다고 인지하는 것이 실질적인 기업 자산이라는 것입니다. CAPEX라는 유무형자산 투자를 확대하면 투자현금흐름은 유출이 심화되지만 성장을 위한 자원에 투자한 만큼 영업활동 성장 기울기가 높아질 수 있습니다. 대출 원금을 갚기는커녕 부채 비율이 오히려 늘어났지만 성장만 확실하게 해낸다면 자연스럽게 영업현금흐름이 빠르게 개선되며 재무비율이 개선될 수 있습니다.

스타트업의 핵심은 비용을 줄이는 것이 아니라 일단 빠르게 성장 가도에 안착하는 것이라는 뜻입니다. 성장이 가팔라지면 영업현금흐름이 분출하며 투자 유출을 제외한 뒤에도 남게 되는 잉여현금흐름이 자연스럽게 개선됩니다. 이때는 없는 살림에 간신히 짜내어 대출을 갚는 것이 아니라 풍요로운 영업현금으로 대출을 상환하고, 주주에게 남는 이익을 돌려줄 수 있습니다. 잉여현금흐름의 풍요로운 분출이 이어지면 스타트업은 블루칩 성장 기업으로 자리매김하며 높아진 주주수익률에 걸맞게(ROE 증대) 타깃 PBR 밴드가 높아지고 시가총액, 기업의 가치도 커집니다.

개인투자자의 네팅형 투자 사고방식을 강조하며 기업의 성장에 따른 현금흐름을 말씀드리는 까닭은, 응당 당연한 이론을 무작정 수용할 것이 아니라 자신이 보는 로드맵이 있어야 한다는 것입니다. 개인투자자일수록 당장 필요한 것은 대출 상환 및 자금 확보가 아니라 무엇을 해야 할지 아주 명확하게 알고 자금을 유치하는 창업자와 같은 인사이트입니다. 어떤 영역에 투자해야 현시점 가장 유리할지 충분히 확신해야만 투자 규모를 키울 수 있습니다. 선명

도만 확실하다면 투자 규모는 자금 조달을 통해서도 얼마든지 마련할 수 있습니다. 굳이 내 돈만으로 투자할 필요도 없습니다. 주식 담보대출의 경우 조달한 자금의 만기가 길지 않고, 금리 수준이 높기 때문에 절대적으로 불리한 자금 원천이지만, 부동산 담보대출의 경우 오랫동안 다른 국가에서도 가장 안정적으로 활용되어온 자금 조달의 원천입니다.

버크셔 해서웨이의 포트폴리오 및 투자 방식을 통해 명확히 확인한 특징이 뭐였죠? 그들은 끊임없이 더 큰 규모로 유입되는 현금(플로트, 부채)을 활용하여 투자에 활용한다는 것입니다. 회사원으로 일하는 개인투자자는 수입현금흐름이 퇴직 시점에 맞춰 만기가 명확하게 정해져 있으며, 회사원으로 퇴직 시점까지 벌어들일 수 있는 수입 금액의 총 크기도 정해져 있습니다. 그들에게 필요한 것은 선택과 집중, 이후 자산 클래스별로 유리한 시기를 인식하고 유연하게 투자 방식을 전환해가는 능력입니다. 회사원은 단 하나의 직무에서만 퇴직 시점까지 일하더라도 전문가로 인정받을 수 있습니다. 본인의 커리어를 살려서 이직을 계속할 수도 있겠죠. 한편 실제로 큰 돈을 버는 사람은 오직 창업자와 매니지먼트뿐인데 그들의 특징은 모든 것을 다 할 줄 안다는 것입니다.

상투적인 재테크 조언에서 위안을 얻기보다, 내게 부족한 것은 사실 투자 분야별로 충분하지 못한 무형자산임을 깨달아야 합니다. 문제에 대한 인식이 나의 무형자산으로 바뀌면, 투자 방식은 분야별 무형자산을 활용하여 유리하게 바꿔 나가는 심플한 투자가 됩니다. 이게 바로 환경과 무관하게 계속 버는 네팅형 사고방식이고, 실사구시 정신입니다.

네팅형 투자 방식을 위해 무엇보다 필요한 것은 매우 미시적인 특정한 분야에서의 전문성은 아닙니다. 하던 것만 계속할 때 일부는 장인 정신이라 말하고 전문가라 말하지만, 제 눈에는 돌고 도는 영역의 쳇바퀴일 뿐입니다. 전쟁에 나가는 장수라면 단거리, 중거리, 장거리에서 제각각 유리한 모든 무기를 갖추고 나가야 합니다. 분야별로 80% 수준의 전문성을 넓게 펼쳐 가지고 있는 것이 환경에 맞춰 판을 만들어 나가기 적합합니다.

보다 넓게 이해하며 조망하기

영화평론가 이동진 작가의 독서 방식을 담은 도서 《닥치는 대로 끌리는 대로 오직 재미있게 이동진 독서법》을 보면 그는 학창 시절에 '넓게' 읽지 않고 '깊이'에 치중했던 자신의 독서 습관을 후회했다고 합니다. 문과 출신으로서 매번 읽던 소설만 읽을 것이 아니라 물리학 등 분야가 다른 영역으로도 확대했어야 한다는 것입니다. 개인투자자의 네팅형 투자 방식도 같습니다. 전문성을 키운다며 한 분야만 몰입할 것이 아니라 완전하게 서로 다를 수 있는 투자 주제 간의 이해도가 높아야 합니다.

재산은 스스로 정정당당하게 최선을 다했다고 자연히 만들어지는 것이 아니라, 객관적으로 사람들의 수요가 분출될 곳에 자본이 배치되어 있을 때 만들어집니다. "80% 수준의 준전문가로 모든 분야에서, 가장 유리한 환경으로 계속 판을 바꿔 나간다"는 실전용 생각을 품어야 합니다. 한 분야를 고집하면 끝까지 언젠가는 나의 바람이 실현될 것이라고 버티기보다는, 요즘은 어느 곳에 바람이 불고 있는지도 찾아봐야 합니다. "그들은 정답이 아니야", "주식 투자자가 다른 곳을 보면 반칙이야"라고 말할 것이 아니라 투자의 각 카테고리별로 투자의 본질 방식을 깊이 있게 공부한 뒤, 자신에게 가장 잘 맞는 방식을 정착시키고, 이후에는 곧바로 규모를 확대하며, 유연하게 자산 클래스 간 전환이 필요합니다.

가장 중요한 목표에 대한 기본 인식이 달라지면 수단은 얼마든지 변화시켜 나갈 수 있습니다. 가장 중요한 목표는? BM을 하회했더라도 유연한 자산 전환을 통해 재산을 증대하는 것입니다. 그러려면 각 영역별로 준전문가 수준에 해당하는 깊이를 만들어야 합니다.

6

본인의 현황에 대한
이해

이제 네팅형 투자 방식을 실제 전략으로 구사하기 위해서는 가장 필요한 첫 번째 순서가 있습니다. 바로 자신의 투자 현황에 대한 이해입니다. 자신의 투자 경험으로 획득한 무형자산에 대한 철저한 메타인지입니다. 내가 열심히 회사생활을 통해 모으고 투자한 자산들은 지금 어느 곳에 들어가 있고, 학습을 위한 나의 노력은 어느 주제를 향하는지, 학습 시간과 별개로 실제적인 재산의 비중은 어느 곳에 있는지, 이 경우 어느 곳에서 결국 승부가 발생하며, 취약한 곳은 어느 곳이기에 어떤 투자처를 공부하고 확대해야 할지 이해하는 것입니다.

2022년 8월 6일 새벽 시간에 원고를 집필하는 현재 시점, 전일 미국 증시를 바라보는 사람들의 태도가 다소 허망하게 느껴집니다. 이를테면 전일 밤 미국의 고용지표가 예상치를 크게 상회하며 호실적을 기록하자 경기 침체에 대한 우려가 약해지고, 미국의 긴축 정책이 여전히 지속될 수 있겠구나 하고 빠르게 호흡이 바뀌며 최근 반등했던 성장주가 재차 급락한 것입니다. 새벽에는 이러한 전일 미국 증시의 모습을 대대적으로 여러 곳에서 보도했는데 실전형 투자자일수록 정말 중요한 것을 가늠하는 지혜가 필요합니다. 이런 흐름을 매일 파악하는 게 정말 도움이 될까요?

경기가 침체로 들어가든, 예상보다는 호조세를 맞이하든 정말 탁월한 기업은 매우 소수이며, 업종별로 경제적 해자 기업은 정해져 있습니다. 한 국가에서 특정 시점부터 다음 분기, 그다음 분기까지 이익이 많이 늘어나는 기업은 매년별로 달라지겠지만 가장 탁월하고 급이 다른 기업은 어차피 소수입니다. 정말 탁월한 기업을 성장의 스테이지, 기업의 유형별로(성장, 저렴한 가격, 방어 속성) 분산하여 규모 있게 투자한 뒤 장기로 보유하는 것으로 투자자의 숙제는 모두 완료됩니다. 정말 필요한 것은 전일 뉴욕 증시가 어떠했는지 호들갑 떨며 확인할 것이 아니라 현금흐름을 재무적으로 해석할 수 있는지, 과거 스타트업에 불과했던 성장 기업이 어떤 재무적 손익 변천과 현금흐름 변화를 겪은 뒤 블루칩 기업으로 성장했는지 이해하는 무형자산입니다.

기업에 대한 선별을 재무적으로 이해한 뒤에 필요한 것은 각각의 투자 방식에도 불구, 내가 가장 좋아하는 투자 방식을 철저하게 인지하는 것입니다. 이를테면 일부에서는 PBR, PER 밴드 관점에서 시가총액이 저렴한 기업 중 지금부터 좋아지는 기업을 투자하는 사람들이 있습니다. 저렴한 기업이 지금부터 좋아진다면 분명 그 기업의 주가는 상승할 확률이 매우 높습니다. 실적이 발표될 때마다 신문과 주변에서 보도를 시작할 것이고 때마침 기업의 재무제표를 보게 되면 저렴한 가격이 눈에 들어오겠죠. 한편 이러한 투자 방식의 가장 큰 강점은 하단이 방어된 채 업사이드(upside) 포텐셜이 크다는 점이지만, 다르게 말하지만 매년별로 그런 기업을 새롭게 찾아야 하고, 발굴 및 편출을 위한 기업 솎아내기 과정이 계속 필요하다는 것입니다.

저는 규모 있는 투자도 좋아하지만 가장 선호하는 것은 자주 언급하는 '흘러가면 이기는 투자'입니다. 흘러가도록 둘 수 있는 투자를 좋아하는 이유는 장기 복리 수익 관점에서도 유리하지만 무엇보다 투자 외의 분야에도 시간을 사용하고 싶기 때문입니다. 요즘은 개인 취향을 확대하고 체력을 높이는 차원에서 유도와 달리기에 빠져 있습니다. 새벽에 운동을 나가고 저녁에도 기계적으로 운동을 수행합니다. 분기에 한 번씩은 클래식 공연을 보려고 노력하며 투자 외 산업, 인문학, 역사 분야로 독서 범위를 넓히고 있습니다. 기업의 매출은 결국 필요한 니즈에 대한 대응이며, 니즈는 사람의 본능과 직결됩니다. 투자 성과를 위해서는 투자 도서, 투자 뉴스만 봐야 한다는 강박에서 벗어나야 합니다.

　주변을 보면 증시를 실시간 중계하는 분들이 참 많습니다. 아침 장에는 기관이 얼마를 샀고, 오후에는 외국인이 팔았다, 이런 내용의 글에서 과연 무엇을 얻을 수 있을까요? 그런 식이라면 아침에는 파란색 차가 지나갔고, 오후에는 하얀색 차가 지나갔는데 파랑색 차와 하얀색 차가 동시에 지나갈 때 지수가 상승했다고 말할 수도 있습니다. 사실 중요하지 않는 내용에 마음을 자꾸 뺏기는 건 숙제를 하기 싫은 마음은 어릴 때나 지금이나 마찬가지이기 때문입니다. 투자자에게 필요한 숙제는 어차피 정해져 있습니다. 사람의 본능에 대한 통찰을 높이고, 숫자 해석 능력을 키워야 하며, 복합계 투자를 위하여 각 자산 클래스별로 준전문가 수준의 80% 지식 및 실전 경험을 보유하고 있어야 합니다. 또, 새로운 경험 획득을 위해 전폭적으로 재원을 사용하여 가장 양질의 전문가들이 내 주변을 휘감고 있어야 합니다.

　지난 2022년 초여름 폭락장이 펼쳐지는 동안 개인적으로 집중했던 도서 주제는 자녀 양육부터 《페스트》, 《동물농장》과 같은 고전 소설, 역사 및 인문학 등이었습니다. 여름 휴가 기간에는 정약용의 유배지로 알려진 다산초당에도 다녀왔습니다. 경사가 매우 가파른 남도 끝자락에 위치해 있는데 그곳에서 내려다보이는 풍경은 그야말로 철저하게 고립되어 더없이 고요했습니다. 정약용 선생의 '실사구시'의 정신을 떠올리며 이론으로 가득 찬 껍데기보다 효용

에 집중해야 한다는 것을 다시 되새겼습니다.

익숙한 방식에 빠져 새로운 성장은 없는지 의심해봐야

주식 투자에 입문하며 우리가 가장 자주 접하는 도서들은 피터 린치, 워런 버핏, 찰리 멍거 등의 고전입니다. 그들 모두의 특징을 명확하게 이해해야 합니다. 피터 린치는 주식 투자에 앞서서 집부터 사기를 권하였고, 워런 버핏이 큰 부를 이루게 된 핵심 배경은 버크셔 해서웨이를 통한 끊임없는 현금흐름의 유입이었으며, 찰리 멍거를 처음 백만장자로 만들어준 핵심 투자는 부동산 시행업의 성공이었습니다. 주식 커뮤니티에서는 잡힐 듯 잡히지 않는 꿈,

그 자체에만 사로잡힌 젊은 친구들이 많습니다. "나도 나만의 영웅들처럼 다른 곳에 한눈 팔지 않고 오직 주식으로만 승부내고, BM을 장기 상회하면 큰 부자가 될 거야" 같은 믿음일 텐데요. 저는 다르게 제안하고 싶습니다. 주식도 물론 주식대로 승부를 내고, 다른 영역에서도 동일하게 잘하는, 네팅형 투자 방식을 더 빨리 젊은 시기일수록 익히라는 것입니다.

하나의 시야로만 한정한 채 성공적인 투자였다고 자축하지 말고, 끊임없이 새로운 관점에서 재조명해봐야 합니다. 숙제를 스스로 찾아 나서며 완성형으로 가는 것인데요. 성공적인 투자 레코드를 보유한 주식 투자자라면 과연 나의 부동산 분야 지식과 경험은 어느 정도 수준인지 객관화해야 합니다. 주식과 부동산 투자를 모두 잘하는 투자자라면 사실 나의 주식 투자는 성장주 또는 가치주 등 한 분야만 경험한 채 집중되어 있는 것은 아닌지, 부동산 투자는 서울 중심 시세 차익 경험만 존재하지 않은지, 지방 투자의 실제적인 경험은 전혀 없는 건 아닌지, 자신에게 부족한 경험 영역에 대해 자주 확인하며 인지해야 합니다.

시기별로 유리한 자산군은 달라지며, 자산군 내에서도 특정 시점에 따라 힘을 받는 속성은 매번 달라집니다. 주식이 상승할 때가 있고, 부동산이 오를 때가 있고, 성장주가 상승할 때도, 가치주 중심 기업들이 상승장을 펼칠 때가 있습니다. 서울만 오를 때가 있고, 지방만 오를 때가 있고, 개발 속성 중심의 재개발 재건축이 오를 때가 있고, 전셋값 하락으로 갭 투자가 감소하며 월세 가격 상승만 나올 때가 있습니다. 출발은 하나의 분야만 선정하고 냅다 파는 것이 아니라 각 영역별로 모두 경험해보고 내게 가장 잘 맞는 투자 방식을 정착시키는 것입니다.

규모로 투자해야 재산이 증가합니다. 그렇다면 규모는 어느 곳에 투자해야 할까요? 두 가지의 복합적 요인 결합으로 이뤄집니다. 지금 유리한 분야와 내가 잘 아는 분야입니다. 지금 환경적으로 유리한 분야는 매번 변하죠. 우리가 통제할 수 있는 변수도 아닙니다. 외부 환경이기 때문이죠. 그렇다면 우리에게 필요한 것은 '더 빨리 시작한 뒤, 강도 높게 몰입하고, 이후에는 복합계 시야로 정착하는 것'입니다. 다음 챕터에서는 끊임없이 변화하는 유연한 자세가 왜 필요한지 살펴보겠습니다.

7

끊임없이 배우고
변화하는 투자자

누구나 각자 자신의 시각으로 세상을 바라보기 마련입니다. 모두 경험이 있으실 것입니다. 당시에는 확실한 정답이라 믿었는데 지나고 보니 또 다르게 보이는 경우인데요. 투자에서 나의 영역(zone) 정립에 있어서도 마찬가지 경험이 반복됩니다.

비단 저의 사례뿐 아니라 여러분도, 심지어 버핏과 같은 투자 거장도 비슷한 경험을 겪었습니다. "투자에 정답은 없다. 하지만 오답은 있다"는 의견이 바로 여기서 나옵니다. 일단 경험 자산이 풍부해야 서로 다른 투자 성격에 대한 이해가 넓어지고 자신에게 맞는 투자 방식이 정립됩니다.

도서 후반에 다루게 될 병법서 《미야모토 무사시의 오륜서》의 핵심도 결국 메시지가 심플합니다. 하나의 무기에만 집착할 것이 아니라 다양한 무기의 쓰임새를 유연하게 흡수할 것을 강조한 것인데요. 지금 더 젊은 시기일수록 다양한 주제에 대한 이해도를 높여야 합니다. 예를 들어, 아래 세 가지 투자자 코멘트를 생각해볼까요.

(A) "나는 매크로는 보지 않아. 오직 기업만 집중하는 바텀업 (Bottom up) 투자자이기 때문이지."

→ 매크로를 이해한 뒤 기업에 집중하는 것과 유통금리·수익률 곡선 등 채권 시장에 대한 이해도가 없는 것은 완전히 다른 주제입니다.

(B) "나는 고수익성 중심의 블루칩 성장 기업에 투자하는 것을 선호해."

→ 성장 기업을 선호하는 것과 자산가치 중심의 가치주 및 장부가 이하로 거래되는 시클리컬 기업의 특성을 모르는 것은 별개입니다.

(C) "나는 개별 주식에 집중하기 때문에 골드, 구리, 달러, 석유, 회사채 등 그 외 분야는 전혀 몰라도 돼."

→ 금은 달러와 역방향 특성을 갖고, 구리는 경기 활력을 단적으로 보여줍니다. 원자재의 각 특성에 대한 이해 없이 현상을 보지 않는 것과, 본질을 이해한 뒤 내 영역에 집중하는 것은 완전히 다른 말입니다.

당연하지만 세상은 분절되어 돌아가지 않습니다. 주식은 기업 가치 산정 시 할인율에 해당하는 금리 영향을 받습니다. 부동산도 향후 물량 수준을 결정하는 인허가와 금리 영향을 받습니다. 구리 가격과 수익률곡선을 통해 경기 전망을 판단하고 경기 민감 기업에 대한 노출도를 결정할 수도 있습니다. 처음에는 내가 모르는 것을 인정한 뒤 저인망식으로 지식을 흡수하고 점차 나의 영역을 확립해가는 것이 유리합니다.

가치주 및 기업회계 무형자산

제 첫 커리어 직무는 IR(Investor Relations)이었습니다. IR의 기본적인 업무는 애널리스트 및 펀드매니저를 대상으로 기업의 재무 실적 및 비전을 커뮤니케이션하는 것입니다. 업무의 대부분이 주식과 관련된 것인데요. 주식이라는 업무에 한정 짓지 않고 포트폴리오 변화를 위해 시작했던 회사채 투자가 시각의 확장을 만들어줬습니다. 처음에는 회사채 투자를 하면서 법정 관리 및 출자 전환을 경험하기도 했는데요. 당시에는 사회초년생으로서 종잣돈을 잃었으니 투자 손실이 비극처럼 보였었죠. 시간이 흐른 뒤 알게 됐습니다. 채권 공부를 지속하며 이어갔던 회사채 투자는 수익으로 전환됐고, 채권 시장의 이해를 바탕으로 집행했던 부동산 투자는 큰 수익이 되었기 때문입니다. 새옹지마의 지혜가 떠오릅니다. 입장 비용이 없는 단단한 무형자산은 없습니다. 더 이른 시기에 시작해 입장 비용을 지불하는 것이 더 오래, 복리로 생산에 기여하는 무형자산이 됩니다. 나의 컴포트존(comfort zone)을 벗어난 다른 투자 방법, 변화에 유연한 자세가 생산성에 기여합니다.

생각해보시면 증권사에 근무하지 않더라도, 여타 기업의 재정팀에 근무하든, 누구나 주식 시장에 노출될 기회가 생깁니다. 정말 중요한 것은 그 순간을 놓치지 않고 확장하는 것입니다. 전쟁터에 나가는 장수라면 하나의 무기를 잘 이해하는 것도 중요하지만 본인이 사용하지 않더라도, 다른 각각의 무기는 어떤 특성을 가지고 있는지 알고 있어야 방어할 수 있습니다.

회사에 입사했던 2012년경에는 한국에 가치투자 열풍이 불고 있었습니다. 가치투자 운용사로 잘 알려진 곳에서 높은 누적 수익률을 기록하며 "이게 정답이구나"라고 생각하던 때였는데요. 자산 가치 대비 저렴한 기업에 투자한 뒤 기다리는 미학을 강조하는 가치투자가 그땐 유일한 답처럼 보였습니다. 한편 이제 와서 돌아보면 기업의 실질 체력이라는 것은 다양한 관점에서 평가가 달라질 수 있습니다. 이를테면 장부가치 대비뿐 아니라 사업 모델에 프리미엄을 줄 수도 있고, 장부에 계상되지 않는 브랜드 가치 무형자산에 가격을 부여할 수도 있습니다. 이익 증감 및 규모에 대한 해석도 사실 현금흐름의 질적 평가 및 수익성 레벨에 따라 평가가 달라질 수 있습니다.

가치주가 상승하는 국면에서는 해당 가치에 사람들이 열광하며 주가가 올라갑니다. 한편 어느새 또 다른 관점에서 바라보면 밸류 에이션이 낮은 기업 상당수는 매출 성장이 정체되어 있고, 기업의 핵심 성장 배경인 영업이익의 성장 지속성이 현저하게 떨어집니다. 매출과 영업이익 성장이 불안하다는 것은 기업의 경제적 해자가 견고하지 못함을 보여주는 단적인 예입니다. 본업 성장이 어렵고 해자가 부족한 기업은 영업이익률이 압박받고 배당을 통한 주주환원은 요원합니다. 자기자본이익률(ROE)은 자연스럽게 훼손되겠죠.

그렇다면 동일한 기업을 놓고도 "가격이 싸서 좋다"는 첫 번째 해석이, 본업 경쟁력이 후퇴한 질적 측면을 고려 시 사실은 싼 것이 아니라는 두 번째 해석도 가능해집니다. 금리 수준 및 전반적인 주식 시장의 가격 수준에 따라 투자자들이 좋아하는 기업 유형은 지속적으로 변화합니다. 현명한 투자자라면 아무런 맥락 없이 끊임없이 변화하는 외부 환경을 예측하려 하기보다 자신이 정말 선호하는 투자 기업 유형을 인지하는 것이 중요합니다. 버핏과 멍거는 넘치는 현금 활용을 위해 양질의 기업 인수 의지를 드러내며, "어떤 기업이든 혹시 매각을 희망하신다면 우리에게 연락주시기 바랍니다. 우리는 그 누구보다 빠르게 즉시 인수 여부를 결정해 알려드릴 수 있습니다"고 말하곤 했는데요. 그만큼 자신들이 선호하는 투자 기준이 아주 명확하다는 것입니다.

계단형으로 성장하는 투자자

더 이른 시기에 더 견고한 무형자산을 구축해야만 누적 소득이 쌓이며 더 커진 자본 총량을 더 확실한 영점으로 조준하여 투자할 수 있습니다. 워런 버핏이 압도적으로 탁월한 투자자가 된 이유는 무엇일까요? 일부에서는 그의 뚜렷한 투자 원칙, 탁월한 숫자 감각, 근면함을 말하기도 하지만 사실 가장 중요한 배경은 그는 기존 성공 방정식에 머물지 않고 새로운 무형자산 취득에 적극적이었던 것입니다.

이를테면 처음 그가 배운 투자 방식은 벤저민 그레이엄에게 배운 자산가치 대비 저렴한 기업을 헐값에 매입한다는 꽁초 투자였습니다. 기업의 탁월한 경제적 해자는 볼품없으나 가격이 싼 유형이죠. 이런 할인 기업들의 특성은 시간이 흐르면 결국 경쟁에 치여 할인 폭이 더 커지며 청산될 가능성이 있다는 것입니다. 버핏은 분명 그레이엄에게 배우고 월터 슈로스 등과 한 사무실에서 함께 일하며 저렴한 기업 중심 투자로 큰 성공을 맛보았지만 그가 위대해진 것은 그다음 선택을 통해서입니다.

바로 지인의 소개로 찰리 멍거를 만나게 되었고, 찰리 멍거는 저렴함 그 자체보다는 기업의 탁월함에 프리미엄을 기꺼이 지불하는 투자 성향을 가지고 있었죠. 주주 서한에서 가장 자주 언급되는 버크셔 해서웨이의 투자 성공 사례는 '시즈캔디'입니다. 대규모 CAPEX 투자 없이도 안정적인 수익성과 현금흐름이 창출된다는 것을 보여준 사례입니다. 버핏은 '저렴함에만 집중하던 과거의 시야였다면 시즈캔디 투자를 집행할 수 없었을 것'이라 말하며 멍거로부터 배운 혜안과 변화 덕분에 얻게 된 투자 수익을 숱하게 언급합니다.

멍거는 주주총회 인터뷰에서 버핏의 가장 큰 강점으로 "그는 끊임없이 배운다"는 것을 언급했습니다. 그레이엄으로부터 자산가치 중심 안전마진 투자를 배우고, 멍거로부터는 경제적 해자를 갖춘 기업에 프리미엄을 기꺼이 지불하는 투자 방식을 배웁니다. 이후에는 스스로 한 번 더 진화합니다. 기술주를 투자하지 않는다는 자신의 원칙을 시대에 맞춰 수정한 것입니다. 버크셔 해서웨이의 가장 큰 주식 규모는 애플 지분이며, 파괴적혁신 유형에 해당하는 전기차 기업 비야디에 초창기에 대규모 투자를 집행하기도 했습니다.

안전마진이 충분한 자산가치 중심의 성숙 기업부터, 안정적 성장이 예상되는 블루칩 기업, 나아가 얼리 사이클에 해당하는 파괴적혁신 기업 유형까지. 버핏의 포트폴리오 내 기업을 살펴보면 계단형으로 유연하게 투자 방식을 흡수해온 그의 여정이 눈에 들어옵니다. 버핏의 투자에서 우리가 배워야 할 것은 결과론적인 그의 투자수익률도 아니고, 추상적 담론에 그치지 않는 '안전마진을 확보하라'는 것도 아닙니다. 오히려 버핏은 주식이라는 하나의 자산 클래스 내에서도 깊이 있게 다양한 기업 사이클별 투자를 모두 경험했다는 것이고 선입견 없이 최대한 빠른 시기에 무형자산 흡수를 시작했다는 것입니다.

Chapter 8.

탁월한 기업을
선별하는
일곱 가지 기준

기업의 밸류에이션과 해자를 판단하는 다양한 지표가 존재합니다. 전통적인 PER·PBR·PEG부터, DCF(현금흐름할인법)까지 각자 선호하는 방식이 있을 텐데요. 중요한 것은 자신의 기준을 명확히 하는 것입니다. 확장성보다 균질성이 중요합니다. 앞으로 전망보다 과거에 어땠는지가 더 중요합니다. 순간적인 증감률보다 이익의 질이 중요합니다. 밸류에이션 배수보다 보이지 않는 무형자산이 중요합니다. 지금 더 높은 수익성보다 앞으로의 방향성이 중요합니다. 무엇보다 매니지먼트와 사업 모델이 중요합니다. 그 판단 기준에 대해 함께 살펴보시죠.

1
노후 준비를 실현하는
탁월한 기업을 찾아 떠나는 여정

투자 정보를 찾기 위해 경제신문을 보거나 증권사의 투자 전략 리포트를 찾아보면 대체로 구성이 유사합니다. 지금부터 실적이 좋아지는 기업을 소개하거나, 지금 호재가 있는 기업들을 소개하고 있죠. 글을 쓰는 현재 시점에는 실적 개선 테마 기업이 언급되고 있고, 2022년 초까지는 농산물 및 에너지, 원자재 등의 영역에서 사업을 영위하며 인플레이션 환경에서 수혜를 얻는다고 알려진 기업들이 대표적으로 소개됐습니다. 대체적인 구성은 이 기업들의 영업 환경이 현재 왜 좋은지, 또는 앞으로 어떻게 좋을 것인지에 대한 전망입니다.

저는 여러분들께 자주 강조드립니다. 탁월한 성과는 여러분의 영민한 촉으로 만드는 것이 아닙니다. 오히려 아주 탁월한 기업에 자본을 배치한 뒤에는 기업이 실적을 만드는 동안 우리는 기다리는 게 역할의 전부라는 것이죠. 그렇다면 우리는 지금의 수혜주를 찾기보다 본인의 투자 원칙에 대해 결단해야 합니다. 두 가지 기업 유형 중에서 정해야 합니다. 지금뿐 아니라 꾸준히 좋았던 기업과 지금 가장 수혜라고 알려졌지만 사실은 열위 기업, 이렇게 두 가지 유형에서 선택이 필요하죠. 일부에서는 '둘 다 투자하면 되는 것 아니야?'라고 말하기도 합니다. 그러면서 장기 투자 기업과 단기 매매를 위한 스윙 계좌를 함께 운용한다고 하는데요, 잘 생각해봐야 합니다. 과연 수익을 낸다 한들 그것이 정말 급을 달리하는 부자가 되는 지름길인지 말이죠.

직장에 다니면서 가장 필요한 것은 일차적으로는 회사에서의 경쟁력 강화이며, 사실 더 중요한 것은 직장생활과 별개로 퇴직 이후 무엇을 통해 현금흐름을 창출할지 고민하는 제2의 본인 사업 구상일 것입니다. 겨우 몇백만 원, 몇천만 원을 버는 스윙 계좌 운용을 한 뒤 올해 투자 농사를 잘 지었다 복기한다면 단기로 좋고 장기에는 아주 곤란한 지경에 빠지게 됩니다. 몇천만 원이 10년 모인다고 한들 수억 원 수준에 지나지 않는데 이 돈으로는 풍요로운 노후와는 거리가 있습니다. 동시에 어떤 길을 가야 할지 테스트베드로 삼을 수 있던 안정적으로 보호받던 직장인 시기는 이미 끝나버리게 되죠. 그렇다면 직장인을 비롯한 자영업자, 사업으로 바쁜 대표들이 더 중요한 곳에 집중할 수 있도록 도와주는 투자 방식은 무엇일까요? 분기 실적을 기민하게 확인하고 기업의 모든 뉴스를 확인하지 않아도 스스로 성장하는 기업들을 선별하는 것입니다. 버핏은 증권시장을 오랫동안 쳐다보지 않아도 마음 편히 투자할 수 있는 기업들만 처음부터 투자해야 한다고 조언합니다.

사람들은 대부분 지금부터는 어떤 산업이 뜨고 어떤 테마가 어떤 정책적 수혜로 좋다는 멘트를 원하고, 또 그런 멘트가 잘 팔립니다. 그것들은 조금만 시간이 지나면 허무하게 사라져버리며, 수십 년째 테마만 바뀐 채 돌고 도는 내용들입니다. 변하지 않는 것은 기업의 경제적 해자를 가늠할 수 있는 몇 가지 속성 기준입니다. 다음 페이지에서는 핵심 성장 기업을 선별하는 일곱 가지 기준을 소개합니다. 중요한 것은 분기 실적을 놓치더라도, 어떤 이유로 다음 유형의 기업들이 흘러가면 유리한 투자 방식을 가능케 하는지 이해하는 것입니다.

2
첫 번째 기준:
신규 진입의 경쟁 강도가 어느 정도인가

단기적으로 높은 성장을 기록한 뒤 후퇴하는 기업보다, 장기적으로 지속 가능한 성장을 만드는 기업이 훨씬 탁월한 복리수익률을 만드는 것은 당연합니다. 기업의 성장성은 결국 매출 성장에서 발생하는데 때로는 기업 경쟁력이 업계 내 일등일지라도 산업의 성장성이 줄어드는 경우가 있습니다. 이를테면 방직 기업, 종이 영수증 기업, 제지 산업 등은 모두 업종의 성장성이 높게 나오지 않는 경우입니다.

대다수 투자자는 업종의 성장성이 탁월하거나, 지금부터 좋을 것 같은 업종에 환호합니다. 이를테면 확정적으로 다가오는 전기차 시장의 성장이라든지, 지역 간 군비 경쟁이 본격화될 것처럼 느껴지고, 유가 상승에 따라 태양열 등 친환경 에너지로의 전환은 확정적으로 보이죠. 한편 산업이 성장하고, 업종 내 일등 기업이 존재하는 것과 해당 기업이 실제 이익을 만들고 있는지는 완전 다른 주제입니다. 신규 진입이 쉬운 업종에서 일등을 영위하고 있는 기업은 더 큰 자본으로 무장한 기업이 수익성을 포기한 채 점유율을 위해 달려들 때 해자를 유지하기 어렵습니다. 결국 매번 실적을 확인하느라 시간을 녹이고 싶지 않다면 기업의 특정 시점에서 숫자적 우위만 볼 것이 아니라 수익성과 성장성이 지속될 수 있는 기업에만 투자해야 합니다.

그중 패션 산업은 대표적인 소비재 영역으로 경쟁이 치열하지만 상대적으로 신규 진입이 용이한 산업입니다. 일부 패션 상장 기업은 단순하게 판권 사업만 전개함으로써 브랜드 유지 따른 비용 부담을 낮추고 높은 수익성을 달성하기도 합니다. 한편 정말 중요한 것은 높은 ROE 수익성을 바탕으로 한 성장성이 과연 얼마나 유지될 수 있는가겠죠. 패션만큼 유행에 민감한 분야는 없기 때문입니다. 신규 경쟁자의 진입 강도를 고려할 때 패션 내에서도 럭셔리 산업으로 범위를 좁히게 되고 럭셔리 브랜드 중에서도 LVMH그룹과 에르메스 정도를 제외하면 기업의 해자를 장기적으로 유지하는 기업은 찾기 어렵습니다. 영국의 버버리, 이탈리아의 프라다는 모두 상장되어 있는 명품 브랜드이지만 시세 확장을 도모하는 과정에서 브랜드의 훼손을 입기도 하였습니다. 매출 성장을 도모하지 않으면 수익성이 훼손되고, 매출 성장성을 확보하려고 하면 명품 브랜드의 가치가 훼손되는 딜레마가 발생하는 것입니다. 결국 가장 마음 편한 기업은 경기 침체 구간에서조차 성장성이 유지되면서 브랜드 가치는 오히려 더 강화되는 경우입니다.

폐기물 산업도 신규 진입 장벽이 높은 대표적인 유형입니다. 미국의 폐기물처리 부문 1위 기업 웨이스트 매니지먼트(Waste Management)는 쓰레기 수거부터 운반, 매립, 재생에너지 생산까지 폐기물과 관련한 수직계열화 서비스를 제공합니다. CNBC에 따르면 1988년에는 7,900개의 매립 지역을 지자체가 소유였으나 2009년에는 1,900개로 감소했고, 현재는 대다수의 매립 지역을 사설 기업이 소유하고 있습니다. 시대적으로 환경에 대한 관심이 커지고 있어 폐기물 처리 기업은 매립 이후 30년간 매립 폐기물이 적절하게 관리되고 있는지 모니터링해야 하는 의무가 있다고 합니다.

웨이스트 매니지먼트의 배당금 현황

자료: 웨이스트 매니지먼트

쓰레기 수거 이후 매립으로 해당 회계 기간, 매출을 인식하고 의무가 종결되는 것이 아니라 높은 의무사항이 동반되는 만큼 폐기물 산업은 신규 진입이 어렵고 독점적 사업자로 자리 잡은 이후에는 안정적 사업 현금흐름이 창출됩니다. 실제 동사는 장기 배당금 상향 기업으로 잘 알려져 있으며, 경기 침체 국면에서 대표적인 방어적 속성을 보입니다.

제약 산업도 신규 경쟁자의 진입이 어렵고 일부 소수 기업의 경제적 해자가 강력하게 구축되어 있는 섹터 중 하나입니다. 당뇨병과 비만은 식습관이 서양화되면서 생기는 대표적인 선진국 병이라 불립니다. 중국과 인도의 비만 및 당뇨 인구는 폭발적으로 성장하고 있고 비만은 2형 당뇨를 일으키는 대표적인 원인으로도 알려져 있는 만큼 두 질병의 치료제는 유사합니다. 글로벌 제약 기업은 천문학적인 비용을 연구개발 비용으로 사용하는데 글로벌 비만 및 당뇨 시장은 미국의 일라이 릴리(Eli Lilly)와 덴마크의 노보 노디스크(Novo Nordisk)가 양분하고 있는 구조입니다. 확정적으로 가장 빠르게 성장하고 앞으로도 성장성이 보장되어 있는 시장이 있다면 어느 기업이라도 뛰어들고 싶은 것이 당연합니다. 시장 성장성이 명확한데도 신규 진입이 여의치 않은 것은 지금의 소수 독점 플레이어가 이미 쏟아부은 연구개발비를 감당하기 어렵기 때문입니다. 노보 노디스크는 2021년 기준 42%의 영업이익률과 71%의 ROE를 기록했는데 신규 경쟁자가 들어오기 어려운 시장 특성을 고려한다

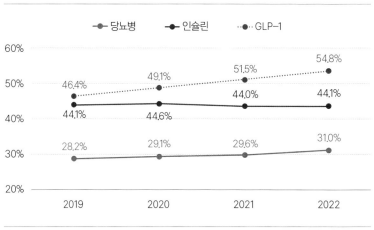

자료: 노보 노디스크

면 자연스럽게 이해되는 수치입니다.

반드시 영업이익률이 높게 유지되는 기업만이 신규 경쟁자의 진입으로부터 해자가 보호되는 것은 아닙니다. 채권 추심 산업은 대표적인 인력 중심 산업으로 반도체나 제약 산업처럼 고도의 기술력이 필요하지 않고 자연스럽게 영업이익률도 높지 않습니다. 그럼에도 불구하고 국내 채권 추심 1위 지위를 유지하고 있는 고려신용정보는 국내에서 가장 탁월한 장기 배당 성장주로 자리매김하며 꾸준한 성장세를 이어가고 있습니다. 동사의 시장점유율은 지속적으로 높아지고 있는데 채권 추심 업무를 의뢰하는 금융사 실무자 입장에서는 굳이 선두 기업에게 맡기지 않을 이유가 없습니다.

신규 진입을 해야 하는 사업체 입장에서는 10% 이하의 영업이

고려신용정보의 채권 추심 시장점유율

(단위: 억 원)

구분	2019년	2020년	2021년
업계 실적	6,865	7,356	7,604
고려신용정보 실적	1,038	1,189	1,308
점유율	15.1%	16.2%	17.2%

자료: 고려신용정보
주: 업계 실적은 신용정보협회가 제공한 채권 추심 회사 영업 실적임.

익률을 기록하는 산업에서 이미 17% 이상의 점유율로 선두 기업이 존재하는데 진출할 필요를 느끼지 못할 것입니다. 가파른 성장성이 예상되기에 대규모 자본적지출로 기업 간 경쟁이 치열한 곳역시 주주 수익성에는 부담스러울 수 있습니다. 제약, 채권 추심, 폐기물 산업 모두 특별할 것 없이 역사에서 가장 오래된 전통적 산업군이죠. 지금 당장 멋져 보이는 업종보다 이익 성장의 지속성, 신규경쟁 강도에 대해 생각해봐야 합니다.

3

두 번째 기준:
이익 성장의 지속성이 있는가

신규 경쟁자의 진입 강도와 함께 자주 생각해야 하는 것은 호재가 정말 호재인지 자주 되묻는 습관입니다. 여러분이 뉴스를 통해 어떤 특정 기업을 접하게 되었다면 분명 지금부터 실적이 좋은 이유에 대해서는 명확히 알려져 있을 것입니다. 바이든 정부의 친환경 정책 수혜로 태양광 기업이 좋다고 언급되거나, 높아지는 에너지 가격 영향으로 원전 관련 기업이 수주 모멘텀이 있다는 등의 내용이겠죠. 세부적인 내용만 달라질 뿐 대체로 이런 형태이고, 실제 많은 경우 지금부터 좋은 이유에 대해서는 분명한 근거 자료가 있습니다. 아이러니하게 투자를 집행하기에 앞서 훨씬 더 중요한 질문은 수혜가 존재하는지 여부가 아닙니다. 오히려 해당 수혜 모멘텀이 끝난 이후에도 동사는 지속적인 실적 성장을 지속할 수 있는가 여부입니다.

최근 시장의 뜨거운 관심을 받고 있는 조선과 태양광 산업은 모두 대표적인 시클리컬(cyclical, 경기 순환) 산업에 해당하며 상대적으로 장기 실적 성장을 보이고 있는 반도체 산업도 업황에 따라 성장이 좌우됩니다. 시클리컬 산업에 대한 투자는 업황 부진으로 이익이 높지 않은 고 PER 구간에서 진입하여 이익이 본격적으로 분출되는 저 PER 구간에서 매도하고 나와야 한다라는 말이 있습니다. 이 문장은 시클리컬 업종에 대한 투자로 분명하게 합리적이지만 저의 질문은 조금 다릅니다. 시점에 맞춰 제때 팔지 않으면 일등 기업이라도 침몰한다는 건데요, 그렇다면 과연 내가 평범한 일상을 누리면서 기업에 맡겨두는 방식의 투자가 가능할까라는 질문입니다. 큰 금액을 투자하지 않는다면 이익의 크기가 커지지 않기 때문에 의미가 없고, 다운 사이클 진입 시 구조적으로 하락하는 기업에 투자하는 방식을 택한다면 하루 종일 업황만 관찰하게 될 것입니다.

업황이 좋아지면 기업은 매출 성장에 기여하는 유무형자산 투자, CAPEX를 확대하고 미래 이익 창출 능력을 최대로 늘리려고 합니다. 호황기에서 시장은 CAPEX 확대 소식에 열광합니다. 이미 이익 레벨이 높아진 상황에서 추가적인 CAPEX를 집행한다는 것은 기업의 전망에 대한 자신감을 보여준다고 생각하는 것이죠. CAPEX 투자 소식의 핵심은 구조적 성장세가 장기화된다면 늘어난 생산량은 매출 성장에 크게 기여하며 수익성이 개선되겠지만 업황이 조금이라도 부진하다면 재고 부담으로 연결돼 손상차손으로 이어지고, 크게 증가한 감가상각비용은 이익에 악영향을 미친다는 것입니다. 이러한 마음 졸이는 경기 변동 리스크와 수익 및 비용이 점증적으로 상응하는 정직한 제조업 유형 특성상 시클리컬 기업 상당수는 일반적으로 서비스 플랫폼 기업 대비 더 저렴한 멀티플 배수로 평가받고 있습니다.

마음이 편할 수 있는 투자 방식은 결국 내가 신경 쓰지 않아도 지속적으로 성장할 수 있는 기업 유형이며, 편안하기에 투자 금액을 키우고, 하락장에서도 추가 매입할 수 있는 방식입니다. 핵심적인 질문은 서비스업이냐, 제조업이냐 같은 업종에 대한 것이 아닙니다. 오히려 가장 중요한 것은 '이익 결정권이 외부 환경에 있는가, 혹은 기업 내부의 무형자산에서 기인하는가'입니다.

코카콜라는 분명 제조업이지만 글로벌 전 인류에게 각인된 코카콜라에 대한 인지도 및 청량한 이미지는 재무상태표에 계상되어 있지 않습니다. 매입 당시 재무적 수치로만 본다면 가격이 비쌌지만 워런 버핏이 코카콜라를 매입한 이유는 결국 이익 성장의 지속성을 가능케 하는 무형자산의 숨겨진 밸류가 미반영되어 있다고 판단했기 때문입니다. 코카콜라는 제조 공장 설비를 통해 매출이 발생하는 업종이지만 조선·태양광 산업 등 경기 업황에 따라 이익이 결정되는 여타 기업들과 결이 다릅니다. 역사를 돌아보면 일상 속에서 늘 귀한 대접을 받아온 필수 제품들이 이익 성장의 지속을 담보했습니다. 이를테면 서양과 동양의 가장 오래된 거래 품목 중 하나는 비단과 향신료였습니다. 장거리 무역 항해 시 썩지 않는 향신료를 통해 고기를 장기간 보관할 수 있어 수요가 높았죠. 글로벌 1위 향신료 기업 맥코믹(McCormick)은 식품 기업답게 이익률은 높지 않지만 일반 가정은 물론, 외식 산업군에서도 고르게 소비됨에 따라 경기 부침과 무관하게 성장하는 해자를 갖추고 있습니다. 매일 반드시 발생하는 폐기물 관련 산업, 누구나 피할 수 없는 죽음과 관련된 상조 서비스의 성장도 필연적 수요의 영역입니다.

그렇다면 어떤 기업의 이익이 주기적으로 시클리컬 환경에서 기인하는지 알아보는 가장 효과적인 방법은 무엇일까요? 바로 10년 숫자 시계열을 놓고 숫자 흐름이 매끄러운지 확인하는 것입니다.

맥코믹의 주가 성장 흐름 (단위: 달러)

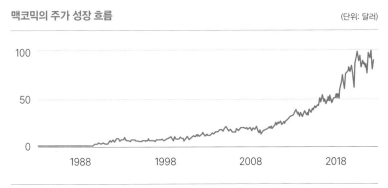

자료: 구글

현재 실적이 폭발하며 ROE 수익성이 30% 이상을 기록하는 기업이 있다고 예를 들어볼까요? 가장 먼저 잉여현금흐름이 성장하며 풍요로운 곳간에서 자본 환원이 나온 것인지 살펴봐야 합니다. 업황 부진 또는 경쟁력 악화로 잉여현금은 감소하는 상황에서 인위적인 자사주 매입 또는 과도한 부채비율에서 발생하는 높은 수익성이라면 지속 가능성을 의심해봐야 합니다. 두 번째로는 직전 10년 시계열에서 매출 성장이 지속적으로 발생하고 있는지 살펴봐야 합니다. 마지막 세 번째로는 매출 성장은 당연한 것이고 원재료 가격에 따라 이익률이 좌우되는 기업을 구별하기 위해 제조 원가가 크게 변화하는지 살펴봐야 합니다.

물론 이것들은 불편한 기업을 구별하는 아주 기본 영역에만 해당하기 때문에 묵직한 규모의 투자를 위해서는 훨씬 중요한 조건들이 충족돼야 합니다. 훼손되기 어려운 무형자산의 존재 여부, 기업의 매출 성장이 오직 CAPEX 확대로만 만들어지는 것이 아니라, 본능 강도의 증가 및 브랜드 가치의 증가로 만들어지는지, 마지막으로 단순하게 이익만 늘어나는 것이 아니라 이익의 질에 해당하는 수익성 밴드가 개선되고, 현금흐름 성장도 동반되는지 등의 조건입니다.

예를 들어 시간이 갈수록 ROE 밴드가 5%에서 10%, 15%, 20% 등으로 업황과 무관하게 개선되는 움직임이 보여야 합니다. 당연하지만 피해야 할 모든 속성을 피하고, 갖춰야 하는 모든 조건을 만족하는 기업은 찾기 어렵습니다. 위대한 기업은 나라별로도 매우 소수라는 엄격한 사실을 인지한 뒤, 선별은 까다롭게, 투자 기간은 장기로 가져가는 것이 현명합니다.

4

세 번째 기준:
질이 좋은 이익인가

어떤 기업이 이익 성장의 지속성을 유지할 수 있을까요? 코카콜라 사례에서 볼 수 있듯이 대체될 수 없는 무형자산을 브랜드와 역사로 보유한 기업입니다. 밸류에이션은 단기적으로 높아 보일지라도, 소비자 마음속에 들어 있는 이미지가 자산이라는 것이죠.

이를테면 도미노피자는 이익률이 낮은 요식업임에도 불구하고 부담 없이 두루 사랑받는 외식 브랜드로 자리매김하며 성장을 지속하고 있습니다. 대형 마트인 코스트코는 대다수 유통 기업이 적자 경쟁을 펼치는 상황에서도 성장을 거듭하고 있습니다. 퀄리티와 가격 경쟁력이라는 고객의 니즈를 극단적으로 충족시키는 한편 성장 지속성을 위해 멤버십 이용료를 수취하며 이익을 다변화시킨 것

도미노피자 주가 흐름

(단위: 달러)

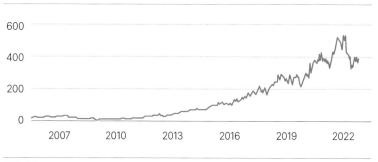

자료: 구글

코스트코 주가 흐름

(단위: 달러)

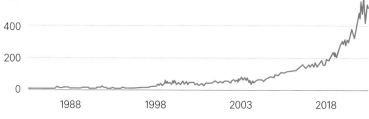

자료: 구글

이죠.

애플은 사실 서비스 매출이 가파르게 성장하며 제조업 중심 기업들과 전혀 다른 결의 경쟁 우위를 가져가고 있습니다. 애플 제품이 가격을 높여도, 하드웨어 스펙이 타 기업 대비 부족해도, 판매 전부터 대기 고객이 확보되는 이유는 브랜드의 무형자산 때문입니다. 질이 좋은 이익은 재무적 지표 등으로 확인이 가능합니다. 예를 들어 동일한 이익성장률을 30% 기록한 기업이 있다 하더라도 어느 기업이 높은 수익성과 이익 성장의 일관성을 보이는지, 현금흐름과 순이익이 일치하는지, 이익 대비 낮은 CAPEX 집행으로도 성장성을 만들고 있는지를 따져봐야 합니다. 재무적 비율은 잘 아시는 것처럼 이미 회계 기간이 순환한 뒤 드러난 영업 결과에 대한 요약에 불과합니다. 그렇다면, 꾸준하게 질이 좋은 이익을 만드는 기업은 무엇이 다를까요? 바로 비용과 수익이 그대로 점증되지 않는 매출이 존재하는가 여부입니다.

대부분 추천하는 경기순환 대기업을 담기 망설여지는 까닭

가장 권하기 쉽고, 추천해도 원망 듣지 않을 만한 기업을 말한다면 누구나 아는 기업 A를 말할 수 있겠죠. 주가가 하락했을 때에는 우량 기업이니 기다리면 괜찮다고 말하면 되고, 주가가 상승했을 때는 반도체 사이클부터 모든 합리적 이유를 가져다 붙일 수 있습니다.

저는 아래 세 가지 이유로 개인투자자일수록 초우량기업 A 투자는 오히려 신중하게 생각해야 한다고 자주 말씀드린 적이 있는데요. 회계 기초 이해가 없고 투자 경력이 부족한 주식 초보일수록 대기업이면 안전한 투자로 생각하니 아이러니합니다. 첫 번째로 반도체 사업 분야는 일반인이 이해하기 어렵고 업계 애널리스트조차 사이클 예측에 실패하기로 유명합니다. 두 번째로 사업 영역이 다변화되어 있어서 공부 범위가 넓습니다. 마지막 세 번째로 CAPEX 규모가 순이익을 넘어서는 만큼 업황 사이클 예측이 아주 중요하다는 특성이 있고, 경쟁 과다인 시장이라는 것입니다. 향후에도 경쟁력 확보를 위해서는 반드시 벌어들인 것 이상의 대규모 신규 투자가 집행되어야 합니다. 비용과 수익이 상등되어 발생하는 제조업 기반이며 자본집약적 산업이기 때문입니다.

이뿐만이 아닙니다. 앞서 두 번째 핵심 기준으로 말씀드렸던 이익 성장의 지속성 측면에서도 완전히 마음 놓고 투자하기에는 불편한 측면이 있습니다. 순이익은 결국 매출 성장에서부터 비용을 제한 뒤 발생하죠. 반도체 및 가전 부문의 매출은 경기 상황에 민감할 수밖에 없고, 과거 시계열을 복기해보면 반도체 업황과 시클리컬 환경에 따라 매출이 크게 변동되었습니다.

환경과 무관하게 계속 성장하는 기업을 찾으려 노력해야 합니다. 매일 증권사 리서치센터와 수많은 뉴스 채널과 SNS는 우리에게 시장 환경을 기민하게 전달하며, 현시점에 반드시 해야 유리할 것 같은 복잡한 내용들을 전달합니다. 대부분 개인투자자는 시황을 수집한 뒤 오를 것 같은 곳에 집행했던 투자가 성공하면 잘했다 평가하고, 실패하면 분석이 좋지 않았다고 반성합니다. 이것은 결과 중심의 복기일 뿐입니다. 차라리 묵직한 투자로 규모를 키운 뒤 업황과 무관하게 꾸준하게 성장하고, 이익의 질이 좋은 기업을 마

A기업 주요 재무 정보

구분	연간				
	2017/12	2018/12	2019/12	2020/12	2021/12
매출액	2,395,754	2,437,714	2,304,009	2,368,070	2,796,048
영업이익	536,450	588,867	277,685	359,939	516,339
영업이익(발표 기준)	536,450	588,867	277,685	359,939	516,339
세전계속사업이익	561,960	611,600	304,322	363,451	533,518
당기순이익	421,867	443,449	217,389	264,078	399,074
당기순이익(지배)	413,446	438,909	215,051	260,908	392,438
당기순이익(비지배)	8,422	4,540	2,338	3,170	6,637
영업활동현금흐름	621,620	670,319	453,829	652,870	651,054
투자활동현금흐름	−493,852	−522,405	−399,482	−536,286	−330,478
재무활동현금흐름	−125,609	−150,902	−94,845	−83,278	−239,910
CAPEX	427,922	295,564	253,678	375,920	471,221
FCF	193,698	374,755	200,152	276,950	179,833
이자발생부채	188,140	146,671	184,120	202,174	183,921
영업이익률	22.39	24.16	12.05	15.20	18.47
순이익률	17.61	18.19	9.44	11.15	14.27
ROE(%)	21.01	19.63	8.69	9.98	13.92

자료: 네이버 재무 정보

음 편히 투자하는 게 낫습니다.

상단의 손익 테이블에서 확인 가능한 것처럼 기업 A는 2021년 영업이익 약 52조 원을 기록하며 2019년의 28조 원, 2020년의 36조 원 대비 큰 폭으로 성장한 모습을 보여줍니다. 주가는 2021년

1분기에 최고치를 기록한 뒤 피크아웃 우려가 만들어지며 하락하였는데요. 자세히 살펴보면 2021년의 높은 영업이익은 2017년 수준에 미치지 못함을 알 수 있고, ROE 수익성 밴드 역시 2017년 21%에서 2021년 14%를 기록하며 오히려 낮아졌습니다. 관점에 따라 일부에서는 전년 대비 매출 성장 20%, 이익 성장 30%를 말하거나, 잉여현금흐름이 증가하는 기업이라고도 말할 수 있겠죠. 기업명만 달라질 뿐 이익 증감률 등을 강조하는 문구들을 신문이나 방송에서 볼 때 저는 호흡을 가다듬으라 말하고 싶습니다. 전년 대비 두 자릿수 매출과 이익 성장은 사실일 수 있겠지만 핵심은 두 가지입니다.

1) 매출과 영업이익이 역대 최고치 수준을 갱신한 성장인지 봐야 합니다. 혹은 신문이나 리포트에서는 알 수 없지만 기간을 늘려서 살펴보면 과거의 전 고점에 미치지 못하는 숫자인지 확인해보는 것입니다. 시간이 갈수록 기업의 체력도 우상향하고 있어야 흘러가도록 내버려 둘 때 기업은 스스로를 돌볼 수 있습니다. 만약 과거 10년 전 역대 최고 매출 숫자를 이제 와서 소폭 상회하며 전년 대비 영업이익 성장률이 50%를 달성한다면 이것은 어떨까요? 전 오히려 후퇴한 것이라 판단합니다. 10년 동안 화폐 가치는 큰 폭으로 할인되었지만 숫자로 표기되는 매출은 전 고점을 소폭 상승한 것에 불과하기 때문입니다.

2) 다음으로 확인이 필요한 것은 단순한 매출과 영업이익 규모

에 집중할 것이 아니라 수익성의 질적 개선이 함께 이뤄지고 있는 지 여부입니다. 기업 가치의 급등은 결국 잉여현금흐름의 밴드 상향에서 발생한다고 합니다. 잉여현금흐름이 증가할 때 기업의 시가총액은 왜 일반적으로 상승하기 쉽다고 말하는 걸까요? 영업활동을 위한 현금 사용과 미래 성장 동력을 위한 투자 현금 유출 이후에도 돈이 남는 것이 잉여현금흐름이며, 해당 현금 수준은 주주의 수익성 제고를 위한 자사주 매입 및 배당금 환원 수준을 가늠할 수 있기 때문입니다.

결국 매출 및 영업이익이 반복적인 업황 환경에 좌우되지 않고 지속적으로 성장하며, 기간이 지날 때마다 잉여현금흐름이 성장하며, ROE 수익성 밴드가 함께 성장하는 그림이 가장 자연스러운 장기 성장 기업의 모습입니다. 물론 이런 기업은 국가별로도 찾기 어렵고, 매 시점 실적이 분출한다고 알려진 수많은 기업들은 대다수 스크리닝(screening)을 통과하지 못합니다. 한국 기업의 상당수는 시클리컬 성향을 띄는 제조업 기반 기업이 많고, 해외 기업 중에서도 매니지먼트 차원에서 잉여현금흐름을 관리하며 무형자산이 견고하지 못한 기업은 숫자가 중간에 깨지게 됩니다. 성장이 어려운 환경에서는 매출 성장을 높이기 위해 이익률을 훼손하며 판매에 집중하였기에, 매출 성장 불구 수익성 밴드가 무너지기 쉽습니다. 매출 성장률을 다소 희생하더라도 브랜드 가치를 위해 수익성 관리에 집중하거나 압도적인 무형자산이 없는 경우 매출이 역성장하며 수익성 밴드는 하향됩니다.

재무 손익 테이블에서 기업 A의 2021년 CAPEX(유무형 자산 취득) 규모는 47조 원으로 지배손익 39조 원을 가뿐히 뛰어넘습니다. 2020년도에는 CAPEX로 38조 원을 집행하며 해당 연도의 지배손익 26조 원을 또다시 뛰어넘습니다. 달리 말하면 분명 "올해 무진장 많이 벌었어요"라고 말을 하는데 "얘야 네가 자랑스럽구나, 그럼 부모 용돈 좀 주지 그러니?"라고 말하는 순간 "모두 사업 확장을 위해 투자해야 하는데요?"라고 말하는 격입니다. 그렇다면 자녀가 불효자인 걸까요? 자녀가 영위하는 사업, 반도체 업황의 속성을 이해하고 과거 일본 경쟁자들의 몰락을 공부한다면 지금의 투자는 분명 생존을 위한 최선이 맞을 것입니다. 핵심은 어떤 제조업이든 CAPEX는 두 가지 갈래로 해석이 가능한 것입니다. 시장의 투자 심리가 좋은 국면에서는 CAPEX 확대를 견고한 수요 기반으로 해석하며 주가는 호조로 반응합니다.

한편 투자 심리가 갑자기 안 좋은 상황에서는 CAPEX 확대 결정을 놓고 재고자산 평가손실 가능성 및 늘어나는 감가상각 비용에 따른 손익 기반 우려로 해석합니다. 투자를 하면서 모든 제조업 기반 기업을 피해갈 수는 없고, 모든 경기 기반 시클리컬 환경과 무관하게 살아가기란 불가능합니다. 그렇다면 최선은 무엇일까요? 시클리컬 환경의 수혜에서는 매출 및 이익 성장을 가져가고, 업황이 가라앉는 국면에서도 특유의 브랜드 충성도 및 독보적 무형자산으로 역성장을 방어하는 것입니다. 무엇보다 회계 기간이 순환될수록 기업의 브랜드 가치는 높아지기에 수익성 밴드가 성장하고 있어야 합니다.

순이익 규모에만 집중하기보다는 수익성 밴드를 확인해야 하며, 매출 성장 규모에만 집중하지 않고 현금흐름의 균질적 성장을 확인해야 합니다. 어떤 기업이 20% 전년 대비 매출 성장을 했다 하더라도, 실제는 비교 대상인 지난해 매출이 저조했던 것이고 여전히 10년래 최대 매출 규모에는 미치지 못한다면 검토조차 필요하지 않다는 게 저의 생각입니다. 그렇다면 매출 성장을 그렇게 강조하면서, 기업이 매출 성장을 위해 집행하는 CAPEX 투자는 경계한다는 것이 도대체 무슨 말일까요? CAPEX 투자의 정의는 유형, 무형 자산 취득이며 자산은 매출 성장에 기여할 것으로 판단되는 자원입니다. 결국 수요 증가가 예상될 때 생산량 증대 및 공장 설비 개선 및 기술력 제고 등 생산성 제고를 위하여 현금을 유출하며 자산을 취득하고 감가상각 비용을 이후 연한에 따라 자산에 반영하게 됩니다.

그렇다면 초우량기업 A도 순이익 규모를 뛰어넘는 대규모 CAPEX를 매년 집행하면서 경쟁력 제고를 위해 노력하는데 도대체 어떤 기업이 매출 성장과 낮은 CAPEX 비중을 동시에 유지할 수 있을까요? 바로 매출 성장이 설비 투자 또는 신규 특허 취득이 아닌 브랜드와 역사 등 비용이 발생하지 않는 무형자산에서 기인하는 기업들입니다. 대표적으로 에르메스처럼 프랑스 역사 속에서 출발한 뒤 모나코 왕비의 이름을 딴 '켈리백'과 같이 브랜드 및 상품 자체가 시간이 갈수록 빛을 발하는 경우입니다.

유형자산은 시간이 갈수록 낡고, 신규 투자를 통해 생산성 제고가 필요합니다. 반면 역사에서 기인하는 무형자산은 시간이 갈수록 가치를 더하게 됩니다. 글로벌 기업들의 타인자본 자금 조달 니즈가 있을 때, 오랜 기간 독점적 채점관 역할을 수행한 S&P 글로벌과 같은 글로벌 신용평가사도 마찬가지입니다. 이들의 매출은 기업들이 채권 발행을 할 때 필수적으로 획득해야 하는 신용평가등급 평가 수수료 및 S&P 지수 ETF 등에서 발생하는데요. 첫 번째로 산업 내 경쟁자가 무디스, 피치(Fitch) 등으로 극도로 제한된 독점적 매출이며, 자본주의 사회에서 채무자의 신용에 대한 검증 니즈는 항구적 수요입니다.

항구적 수요가 있고, 경쟁 환경이 제한적이며, 주요 생산자산이 감가상각 없는 역사 브랜드 가치라면 순이익 대비 CAPEX 비중은 극단적으로 낮을 수밖에 없습니다. 플랫폼 기업과 같은 기술주 중 상당수는 비용과 수익이 점증되지 않아 이익의 질이 좋습니다. 반면 플랫폼 간 경쟁 강도가 치열하며 시대의 변화에 조금만 뒤처지면 신규 기업의 파괴적혁신으로 금세 플랫폼 헤게모니를 빼앗기게 됩니다. 자연스럽게 집중해야 하는 핵심 기준 중 하나는 경쟁 강도 자체가 심하지 않고 수요가 항구적이어서 쉽게 돈을 벌 수 있고,

앞으로도 벌 기업을 찾는 것입니다. "우리는 막대하게 투입해서 기어코 경쟁에서 이겼다", 이것은 이겼으니 멋진 말이지만 그다지 매력적이지 않다는 생각입니다.

5

네 번째 기준:
매니지먼트와 이사진의 이해관계가 일치하는가

산업의 성장성과 기업의 경쟁 강도, 질이 좋은 숫자도 중요하지만 가장 중요한 것은 무엇일까요? 바로 주식의 본질이 무엇인지 떠올리는 것입니다. 주식은 기업의 소유권이며 기업의 출발은 한 개인의 사업입니다.

한 개인의 사업이 성장하게 되면서 창업자의 눈에 성장을 가속화할 수 있는 비전이 보이게 되면 많은 경우 신규 개척을 위해 자본을 추가로 조달하며 속도를 높입니다. 바로 기업 공개(IPO)에 해당하며 흔히 알고 있는 공모주 투자가 그것입니다. 기업이 공개된 이후 많은 경우 주주들의 대표, 이사진은 경영을 전담하는 대표이사를 선정합니다. 핵심은 두 가지입니다. '가장 많은 지분을 가지고 있어 경영권을 행사할 수 있는 창업자의 이해관계는 일반 개인 주주와 일치하는가?' 다음으로 '대표이사를 선임하고 회사의 주요 안건에 대해 찬반을 결정하는 이사진은 일반 주주와 이해관계가 일치할 만큼 주식을 보유하고 있는가?'입니다.

해당 관점에서 뛰어난 강점을 보여주는 기업은 미국의 유통 기업 코스트코가 있습니다. 저는 그 어떤 경영 메시지나 모든 IR 코멘트보다 매니지먼트의 주식 소유 여부가 회사의 성장을 짐작할 수 있는 중요한 지표라고 봅니다. 회사의 성장과 매니지먼트의 이해관계가 강하게 얽혀 있어야 합니다. 만약 회사의 주가가 연일 폭락한다 해도 매니지먼트 자신에게 아무런 손해가 없다면 과연 정상적이라고 할 수 있을까요?

유통 기업의 특징은 가장 극심한 경쟁 환경에 놓여 있다는 것입니다. 직접 제조하는 제품 베이스가 아니라 고객사로부터 매입해 유통하는 상품을 기반으로 매출을 만들기 때문에 이익률이 박한 것이 특징입니다. 쿠팡과 같은 일부 기업의 경우는 큰 그림하에 성장 속도를 높이기 위해 대규모 적자를 갱신하는 출혈 경쟁을 주저하지 않습니다. 어려운 외부 환경일수록 주주가 대표이사를 비롯한 중책을 맡긴 임원진에게 기대하는 것은 단순합니다. 나보다 더 큰 이해관계를 가지고, 나를 대신하여 회사의 성장을 위해 시간과 몸을 투자할 임직원을 적정 수준의 노무비를 사용하여 확보해달라는 것입니다. 이 사업을 성장시키지 못하면 우리 가족의 영달도 없다는 마음으로 일해달라는 것입니다. "저는 좋은 학교를 다녔고, 좋은 직장들을 이곳저곳 옮겨 다녔습니다. 커리어와 능력이 좋기 때문에 타 직원 대비 높은 연봉을 받는 것은 당연한 일이죠. 사실 이 회사에서 재직 기간은 짧고, 주가는 최악으로 치닫고 있지만, 그건 저희 가족 재산 또는 번영과 무관한 일입니다." 이렇게 외부에 말하는 기업의 대표이사 및 임원진은 없을 것입니다. 그렇지만 임원진이 바라보는 해당 사업의 전망은 결국 그들이 보유한 해당 기업의 주식 규모로 드러난다고 보며, 저는 그것을 가장 솔직한 판단 기준으로 삼습니다.

재무 숫자가 건강하지 않은 기업에서 비전과 로드맵으로 무장한 청사진을 발표했다고 가정해보시죠. 이때 대부분의 투자자는 비전과 로드맵에 집중하고, 그것이 일리가 있는지 여부에만 집중합니다. 저는 이때 매니지먼트의 이해관계가 일치하는지 여부를 봅니다. 만약 이사진 전원이 주식을 미보유 중이고 이해관계가 일치하지 않는데 그저 비전만 근사하다면? "그렇군요. 수고하세요." 좌고우면하지 않고 빠르게 건너뛸 것입니다.

저에게 필요한 기업은 경영진의 재산 이해관계가 재직 중인 회사와 극단적으로 연결된 곳입니다. 경영진이 휴가를 보내는 와중에도 회사의 수익을 위해 골몰할 정도로 이해관계가 강하게 얽혀 있어야 합니다. 피터 린치가 휴가지에서도 펀드 성과에 대해 고민한 것은 이해관계가 철저히 일치하기 때문입니다. '실제 내 돈이 좌우되는 환경일 때' 경영진은 잠자리에 들면서도 사업 성장을 꿈꾸게 됩니다. 기업의 이사진은 회사의 주요 경영 판단을 결정하는 과정에서 기업의 내부 속사정과 성과를 누구보다 잘 알 수 있습니다. 이 사실을 명징하게 상기한다면, 이사진이 조금의 주식도 보유하고 있지 않은 기업은 투자자 입장에서는 당연히 경계해야 되겠죠?

높은 인지도, 비장한 비전 선포에도 불구하고 이해관계가 전혀 일치하지 않는 매니지먼트로 구성된 기업이 있을 것입니다. 한편 비범한 매니지먼트 역량을 기반으로 압도적으로 탁월한 성과를 보이는 기업도 있습니다. 그 예로, 코스트코를 들 수 있습니다. 코스트코의 핵심 개인 주주 3인은 2012년부터 CEO를 맡고 있는 크레이그 옐리네크, 사내이사를 맡고 있는 찰리 멍거(워런 버핏이 가장 신뢰하는 투자 파트너), 마지막으로 코스트코에 29년차 재직 중인 고위급 임원 패트릭 칼란스 등입니다. 그들은 코스트코의 주요 정책 결정에 참여하고 있으며, 그 누구보다 코스트코의 경영 성과 및 장기 주식 성과와 이해관계가 일치합니다. 이를 증명하듯 과거 수년간 동사의 주가는 고평가 우려를 딛고 지속 상승했습니다.

아주 많은 경우에 개인투자자는 각 기업이 내세우는 메시지에만 끌리기 마련입니다. 그 메시지의 사실 여부가 맞는지 검증하고, 메시지가 전달하는 스토리와 비전에 끌려서 투자를 결정합니다. 기업에서 제시하는 IR 메시지는 이미 숫자적으로 검증된 내용들의 조합으로 구성될 것입니다. 팩트를 검증할 것이 아니라 프레임

Patrick Callans

Executive Vice President, Administration at Costco Wholesale

Issaquah, Washington, United States · Contact info

473 connections

🔒 Message   + Follow   More

Activity

561 followers

Patrick hasn't posted lately

Patrick's recent posts and comments will be displayed here.

Show all activity →

Experience

Costco Wholesale

28 yrs 7 mos

Executive Vice President, Administration

Jan 2019 - Present · 3 yrs 9 mos

Senior Vice President

Sep 2013 - Dec 2018 · 5 yrs 4 mos

Issaquah, WA

Senior Vice President, Human Resources and Risk Management

Vice President

Sep 2000 - Sep 2013 · 13 yrs 1 mo

Issaquah, WA

자료: 링크드인

을 나의 기준으로 새롭게 판단해봐야 합니다. 분기별 IR 자료에 미
시적으로 적혀 있는 상세 요인은 사실 그다지 중요하지 않습니다.
증감률도, 일회성 비용도 모두 지나갑니다. 다만 매니지먼트, 사업
모델, 과거 10년 숫자, 매출 성장을 만드는 원동력, 이런 것들은 쉽

게 바꾸기 어렵습니다. 일반적으로 기업의 실적이 발표되면 주가는 빠르게 오르내림을 시작하죠. 그러나 단기 실적 증감률보다 주도적으로 재검증하는 나의 투자 기준이 더 중요합니다. 매니지먼트의 이해관계 일치 여부가 판단 기준의 최상단에 들어와야 합니다.

코스트코의 매출 상당 분은 멤버십 수수료에서 발생합니다. 연간 수수료 인상을 통한 가격 결정권을 고려한다면 앞서 언급했던 이익의 질적 우위를 가늠할 수 있습니다. 앞으로도 분야만 다를 뿐 여러분 앞에는 IR 메시지가 매력적인 기업이 분기별로 등장할 것입니다. 장기 동행할 기업을 선별하는 과정은 직장인이 사업을 준비하는 것처럼 진중하고 중요한 문제입니다. 내 노후가 결정되는 사업을 믿고 맡기는데 정작 사업가는 투자금이 없는 곳, 이곳에 과연 여러분은 마음 편히 맡길 수 있을까요? 단기 실적 증감률, 현금흐름 개선, 영업이익 확장이 문제가 아닙니다. 사업 본질로 접근하셔야 합니다.

투자를 배워 나가는 초입에서는 "나는 가치투자자이기 때문에 안전마진을 위해 저렴한 기업을 택한다"고 말할 수 있습니다. 그렇지만 시간이 흐르면 단방향으로 사고하는 것을 경계해야 합니다. 가격이 저렴하다는 판단 기준으로 작용하는 PER는 시가총액 대비 순이익의 비율입니다. 특정 연도 순이익 대비 시가총액을 비교하는 관점은 성장의 속도를 보여주지 못합니다. 10년 시계열의 변화가 아닌 특정 연도의 '당기순이익'이야말로 왜곡되기 쉬운 지표입니다.

밸류에이션을 평가할 때 가장 중요한 것은 이 기업을 보유할 때 앞으로 기대 가능한 미래의 모든 현금흐름입니다. 어떤 기업은 시간이 갈수록 이익 규모가 약화되기 쉽고 영속적 성장을 보장할 수 없는 곳이 있습니다. 성장 동력을 대규모 CAPEX 집행 시에만 확보할 수 있다면, 잉여현금흐름은 상시 압박받기 쉽습니다. 그럼에도 순이익 대비 CAPEX 규모가 큰 기업은 왜 그럴까요? 자본집약적 사업 속성도 이유이겠지만 브랜드 프리미엄이 약하기 때문에 이익률이 낮은 것입니다. 선순환은 선순환을 만들고, 안 풀리는 곳은 모든 숫자가 꼬이는 것입니다.

최대 매출 성장을 달성했다면 어떨까요? 단기적으로는 좋지만, 장기적으로 보면 또 아닐 수도 있습니다. 대규모 광고 비용 집행 및 지속될 수 없는 무리한 프로모션으로 고객 수가 늘어났을 수도 있겠죠. 하나의 지표에 꽂인 것이 아니라 숫자 전반의 균질성과 사업의 경제적 해자가 중요합니다. 매출이 아무리 늘어난다고 한들, 영업이익 성장이 균질하지 않고 수익성이 약화되는 곳은 빛 좋은 개살구입니다. 이익의 질적 가치를 더 중요하게 본다면 지금이 역대 가장 저렴하다고 언급되는 기업을 다시 판단하게 만듭니다.

기업 가격 대비 순 장부 가격의 비율이 PBR 배수입니다. 코스트코의 멤버십 가격이 인상돼도 대부분 재연장으로 순응하는 것은 사람들 마음에 있는 코스트코 브랜드 이미지 때문입니다. 경제적 효익을 가져올 것으로 판단되는 자원이 자산의 정의입니다. 코스트코 브랜드가 갖는 무형의 이미지가 얼마나 강력한 자산인지 단적으로 보여줍니다. 무형자산은 감가상각 비용도 발생하지 않는 회계 이면의 또 다른 해석인데요. 기업의 가치를 판단할 때 개인투자자일수록 PER/PBR 수준, 부채비율, 또는 재고 자산 증감을 통한 원가율 변화 등 미시적 시야를 넘어서야 합니다.

매니지먼트의 중요성을 강조하면서 지표 해석(PER, PBR) 또는 메시지(매출 성장 최대 등)의 또 다른 이면을 언급한 이유는 단순합니다. 보이지 않는 것의 가치가 훨씬 강력하기 때문입니다. 아주 강력한 무형자산을 갖춘 기업은 고객 마음속에서 더욱 충성도를 높이며 무형자산 강화 역할까지 수행합니다. 주식 투자의 본질은 사업입니다. 직장인은 하루 시간 3분의 1을 회사에 피고용되어 주주들의 꿈을 달성하기 위해 사용합니다. 공간과 시간 활용의 제약을 받는 대신 얻게 되는 것은 현금흐름의 안정성이죠. 형태만 갖춘 사업체가 아니라 진정 사업으로 이해관계가 일치하는 매니지먼트가 이끄는 곳에 투자돼야 합니다. 현명한 투자자는 IR로부터 제공받은 주제만 선별적으로 바라보지 않습니다. 오히려 주도적인 나의 선별 기준을 가지고 '피하고 싶은 유형'부터 찾아보는 사람일 것입니다.

6

다섯 번째 기준: 고객이 고객을 불러오며
홍보비를 아낄 수 있는 기업인가

기업에서 가장 중요한 것은 결국 이익 창출 능력이라고 합니다. 그렇다면 이번에는 이익을 결정하는 손익계산서의 항목을 한번 생각해보려 합니다. 먼저 톱 라인(top line)이라 불리는 매출이 나오고 매출(제조)원가가 나옵니다. 매출에서 매출원가를 제하면 매출 총이익이 나옵니다. 다음으로 판매비와 관리비를 제하면 영업이익이 도출됩니다. 앞서 언급했던 외부 환경에서 이익이 결정되는 시클리컬 기업들의 특징은 제조원가가 높은 변동성을 보이기 쉽습니다.

한편 흥미로운 부분은 판매를 위한 마케팅 비용 등이 반영되는 판매비와 관리비 영역입니다. 일반적으로 제조업의 영업이익률은 생산이 늘어날 때 제조원가가 낮아지며 개선되기 쉽습니다. 기업의 비용 중 임금, 감가상각비, 임차료 등 매출과 관련 없이 일정하게 발생하는 고정 비용 비중이 높으면 영업레버리지 속성을 갖추고 있다고 표현합니다. 이런 기업은 동일 매출 증감 대비 영업이익이 더 크게 움직이죠. 한편 생산 증대 따른 이익률 개선도, 영업레버리지 속성도 기업의 해자와는 무관합니다. 사업의 성격에 따라 결정될 뿐이죠.

중요한 것은 영업이익률을 결정짓는 핵심 요인은 판관비율에서 기인하며 매우 소수 기업은 경제적 해자를 기반으로 판매비와 관리비에서 자연스럽게 비용이 절감된다는 것입니다. 경제적 해자기업의 특성인데요. 고객이 다른 고객에게 무보수로 브랜드를 선전하며 스스로 고객이 된 것을 자랑스럽게 생각합니다.

열혈 충성 고객을 확보하고 있는 '테슬라'

글로벌 최고의 전기차 기업 테슬라는 '테슬람'이라는 용어까지 만들어냈는데요, 테슬람은 '테슬라'와 '이슬람' 두 단어를 섞어 만든 신조어로 테슬라 브랜드를 광적으로 추종하는 사람들을 가리키는 말입니다. 그만큼 브랜드에 충성하는 다수의 고객 풀을 가지고 있다는 뜻이겠죠. 그들 상당수는 테슬라의 주주이면서 테슬라의 가장 충성스러운 영업 사원 역할을 수행하는데 자발적으로 테슬라의 우수함을 직장이나 주변에 홍보하기도 합니다. 기름으로

운행하는 내연기관차 소유주에게 전기차로의 전환은 이용 편의성에서 심리적 부담이 존재하는데 테슬라의 가치에 매료된 고객은 영업에서 가장 어려운 단계일 수 있는, 이야기로 끌어들이는 후킹(hooking)을 자진해서 수행하는 것입니다. 가장 광고비가 비싼 시간 중 하나로 알려져 있는 미국의 프로미식축구(NFL) 챔피언 결정전 슈퍼볼 광고 타임에 2022년 기아를 비롯해 BMW, GM 등 글로벌 자동차 브랜드 6개사가 참여했다고 하는데요, 그만큼 자동차 산업은 광고비 지출이 막대하며 차량 판매를 위한 영업 사원들의 경쟁이 치열한 것으로 알려져 있습니다. 그렇기 때문에 테슬라에게는 자발적으로 브랜드를 열렬히 홍보하는 고객들이 무엇보다 큰 자산일 수 있습니다.

테슬라의 10k 사업보고서를 보면 고객들의 입소문에 기반하여 마케팅과 판매가 발생한다는 점을 언급합니다. 낮은 광고비는 높은 영업이익률로 연결되죠. 자연스럽게 기업의 경제적 해자가 발생하는 특성을 보여줍니다. 브랜드 충성도가 높은 고객이 또 다른 고객을 자발적으로 유입시키며 파괴적혁신을 선도하기 때문에 미디어에서 자연스럽게 노출도가 높아진다는 것입니다.

"우리들의 제품과 브랜드는 미디어 커버리지에 자주 노출되어 왔고 앞으로도 그럴 것입니다. 전통적인 대규모 광고비 투입 없이도 주요 매체들의 높은 관심과 입소문이 우리들의 매출 성장 핵심 원동력입니다."

– 테슬라의 10k 사업보고서 중

　한편으로, 의료 업계도 보수적인 업계 특성과 한번에 뒤집기 어려운 임상 데이터 특성상 높은 진입장벽을 가지고 있는데 의료기기 업종에서도 고객이 고객을 부르는 기업이 존재합니다.

　다가오는 미래에 확정적인 것이 있다면, 저출산에 따른 인구 절벽과 노령화 사회일 것입니다. 노령화 인구의 특징은 보수적인 소비로 전환된다는 것입니다. 고령화 시대에서 피부 탄력을 위한 시술도 증가할 수 있겠지만 1차적으로 피부미용 의료기기는 의료기기 내에서는 임상실험 등의 영역에서 진입장벽이 높지 않고, 고객의 입장에서도 생명과 직결되는 긴급한 니즈는 아닙니다. 노령화 사회로 진입 시 소비 여력이 줄어든다 하더라도 소비할 수밖에 없기에, 시장에서 주목하고 있는 곳은 생존 본능과 연결되는 기업입니다. 선진 사회로 진입함에 따라 발생하는 대표적인 부자 질병은 당뇨병이었죠. 마찬가지로 필연적으로 진입하는 사회는 노령화이기 때문에 저는 그와 관련된 기업들을 주목하고 있습니다.

앞으로 더 많은 고객을 확보할 '에드워즈 라이프사이언시스'

　한국심장학회는 심장판막 이상 질병의 핵심 배경을 노령화로 소개하고 있는데요, 그러한 맥락에서 에드워즈 라이프사이언시스 (Edwards Lifesciences, 이하 'EW')라는 기업이 흥미롭습니다. EW는 심장판막 질환을 가진 환자들이 가장 선호하는 '최소 침습(최소 절개) 치료'의 선두적인 의료기기를 개발하는 기업입니다. EW의 주요 고객이 겪고 있는 대동맥 판막 협착증은 대동맥 판막이 노화 현상으로 좁아지면서 혈액 순환의 이상으로 이어지는 질병입니다.

건강보험심사평가원에 따르면 우리나라도 2020년 심장판막 질환자 수가 1만 6,000명을 돌파해 2016년 대비 약 57% 증가했다고 합니다. EW사의 IR 자료를 보면 매출 내 핵심 비중을 차지하는 TAVR(대동맥판막치환술)이 2028년까지 시장 규모가 가장 크게 커

2028까지 자사 의료기기 사업이 더욱 커질 것으로 보는 EW

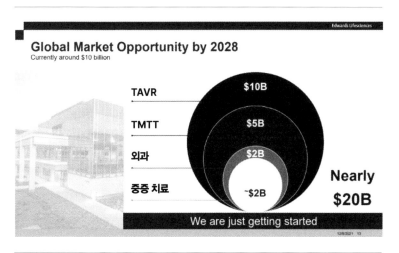

출처: EW

질 것으로 판단하고 있습니다. EW는 심장 수술에 필요한 생체 조직 인공 판막을 세계 최초로 개발하기도 했는데요. EW는 자사 제품 숙련도가 높은 전문가를 프록터 의사로 선정하여 판막 수술법을 교육하며 관리하고 있습니다. TAVR은 가슴을 절개하는 기타 수술 방식들과 다르게 넓은 허벅지 동맥에 카테터를 사용하여 인공 판막 스텐트를 삽입, 심장 내 손상된 판막으로 이동시킨 뒤 부풀려 판막을 끼워 넣는 치료법입니다.[12] 가슴을 절개하지 않기 때문에 흉터가 없고, 수술 시간이 최소화되며, 무엇보다 국소 마취를 하기에 심정지가 불필요한 것이 특징입니다. 즉 환자 입장에서 가장 선호하는 방식이죠.

그렇다면 EW을 계속 가져가는 기업으로 선택한다면 다음과 같은 것을 주요하게 본 것입니다. 1) 본격적으로 커지는 시장인가 2) 해당 산업 내 일등 기업인가 3) 과거 시계열 검증은 어떠한가 4) 꾸준한 이익 성장만으로 그치는 것이 아니라 수익성 밴드의 급이 달라지고 있는가 5) 고객의 전환 가능성에 대한 경제적 해자는 어떠한가. EW는 직전 10년 전 구간 매출과 영업이익이 성장하였으며, 높은 경쟁 강도에 따라 상대적으로 높은 CAPEX 비중에도 수익성 밴드가 상향되고 있습니다.

사업 모델 및 브랜드 가치 영향으로 고객이 고객을 자발적으로 불러오며 기업과 고객의 이해관계가 일치하는 기업이 경제적 해자를 갖추고 있다고 말씀드렸는데요. EW의 주요 고객은 심장 판막

시술을 진행하는 심장 병원의 의사들입니다. 의사 입장에서는 업계 최상위 기술력을 갖춘 EW의 장비로 수술법을 학습할 수 있기에 자신의 전문성이 더욱 높아질 수 있습니다. EW의 제품이 널리 확산되는 것이 의사들에게도 유익하겠죠. 심장 판막 의사가 업계 최상의 EW 제품을 통해 시술하고, EW의 위상과 본인의 전문성 성장이 함께 이뤄진다면 윈윈(win-win)일 것입니다.

광고 없이도 돋보적인 명품 브랜드 '에르메스'

고객이 무보수로 또 다른 고객을 회사로 유치하기 위해 애쓰고 있는 회사는 이외에도 여러 곳 있습니다. 가장 대표적인 예로는 함께할 때 더 재미있는 스크린 골프 문화가 있습니다. '골프존'이 이끌어온 스크린 골프 열풍은 한국의 집단주의 문화에 잘 어울리며 반강제적으로 친구들과 직장 동료를 골프존으로 데려왔습니다. "모난 돌이 정 맞는다"라는 문장이 있듯이 집단적으로 함께하고 강권하는 문화에 익숙한 한국의 집단주의는 영업 비용 없이도, 골프존의 신규 고객 유입에 우호적으로 작용했습니다.

명품 산업에서는 에르메스가 대표적입니다. 탑티어 연예인과 배우들이 스스로 비싼 비용을 지불하며 에르메스의 제품을 사용하기 위해 애쓰고, 그들의 사용으로 에르메스의 가치는 저절로 높아집니다. 〈이코노미스트〉에 따르면 에르메스는 연간 매출액의 5%가량만 광고 및 프로모션으로 사용하며 이는 타 명품 그룹 대비 절반에 불과한 수준이라 주장합니다. 실제 글로벌 명품 그룹 내에서 탑티어의 최상단을 유지 중인 LVMH그룹과 비교해보더라도 에르메스의 광고 집행 비중이 큰 차이를 보입니다.

넷플릭스의 다큐멘터리, 〈D-7 카운트다운〉의 '샤넬 오트 쿠튀르 쇼'를 보면 샤넬의 부활을 이끈 칼 라거펠트에 대한 이야기를 다룹니다. 우리가 잘 아는 브랜드를 떠올려보면 디올, 이브생로랑, 지

에르메스 2021년 연간보고서 (단위: 백만 유로)

	2021	2020	2019
매출	8,982	6,389	6,883
전년 대비 현재 환율 시	40.6%	-7.2%	15.4%
전년 대비 직전 회계 기간 평균 환율 적용 시	41.8%	-6.0%	12.4%
경상영업이익	3,530	1,981	2,339
매출 대비 비중(%)	39.3%	31.0%	34.0%
영업이익	3,530	2,073	2,339
매출 대비 비중(%)	39.3%	32.4%	34.0%
순이익 - 그룹 지분	2,445	1,385	1,528
매출 대비 비중(%)	27.2%	21.7%	22.2%
영업현금흐름	3,060	1,993	2,063
투자(금융 투자 제외)	532	448	478
조정된 잉여현금흐름	2,661	995	1,406

자료: 에르메스
주: 직전 회계 기간 평균 환율 기재

방시, 발렌시아, 샤넬 등 대다수 명품 브랜드는 디자이너 브랜드로 출발했기에 크리에이티브 디렉터에 따라 큰 영향을 받습니다. 한편 에르메스의 본질은 소재 기업이고 누구 하나, 특정 한 사람으로 에르메스의 브랜드가 떠올려지지 않습니다. 구찌 등 명품 기업들이 앞다투어 NFT 및 메타버스 진출에 목을 매던 지난해 가상 세계로의 진출 소식이 들리지 않던 브랜드도 결국 에르메스입니다. 매출 성장에 직결될 수 있는 마케팅 활동을 주도적으로 포기하고 비용을 절감하자 최상단의 브랜드 가치가 오히려 확고하게 유지되며 저절로 마케팅이 작동했습니다.

에르메스는 2021년, 역대 최대 실적 달성에도 순이익 대비 CAPEX 투자 규모는 기존 30%대에서 22% 수준으로 오히려 큰 폭 감소했습니다. 2022년에도 큰 폭의 실적 성장을 예상하는 상황에서 CAPEX 확장 없이 사업을 성장시킨다는 것은 결국 보이지 않는 무형자산이 더 강해진 것을 의미합니다.

시간이 지날수록 빛나는 기업을 선별하라

사업으로서 주식을 선별하기 위한 핵심 기준은 참 복합적이죠? 수익성도 좋아야 하고, 사업 모델도 중요하다고 하는데요. 중요한 것은 그 모든 것을 모두 만족하는 기업에만 투자해야 합니다. 분기별 수혜주라 불리는 대다수 기업은 투자 포인트가 존재합니다. 하지만 모든 경제적 해자의 조건을 비교해보면 그중 몇 가지는 크게 들어맞지 않습니다. 그렇다면 아주 탁월한 기업이 아닌 것이고, 그 기업에게는 시간이 적으로 작용합니다.

　다양한 기업들 가운데 과연 어떤 사업 모델을 가지고, 어떤 매니지먼트를 둔 기업이 보이지 않는 강력한 무형자산을 통해서 과도한 CAPEX 투자 없이도 매출 성장을 편안하게 이어가는지 지켜보세요. 주주 수익의 원천지표, ROE 제고를 위해서는 영업이익률 개선이 필요하고, 이익률 달성을 위해 과도한 영업 비용의 부담을 피하려면 필수적으로 판관비 부담이 낮아야 하는데요. 이게 어떻게 가능할까요? 비용 없이도 제품과 브랜드 홍보가 이뤄지고, 고객들이 제품을 홍보할수록 자신들의 가치가 높아진다고 믿어야 합니다. 시간이 지나면 열위의 기업은 본래의 급을 그대로 드러내기 마련입니다. 싸구려 품질을 가진 기업을 매우 일시적인 순간 더 싸게 매수해서 빠르게 매도한다는 전략은 본질적으로 불리합니다. 혹시 수익을 냈다 하더라도 일상의 균형감을 파괴하는 방식입니다. 내 일상에 충분히 전념하면서도 기업이 갖추고 있는 프리미엄 덕분에 스스로를 돌보는 기업에 투자하는 것이 편한 투자입니다.

7

여섯 번째 기준:
숫자의 일관성이 있는 기업인가

잘 아시는 것처럼 매일 9시가 되면 한국 증시는 열리고 주가가 갑자기 오르는 대다수 기업들은 지금부터 실적이 좋아진다는 근거를 대고 있습니다. 실제로 당장 숫자가 좋아지지는 않더라도, 미래에 대한 기대감을 먹고 주가는 오르게 되죠. 한편 실제 규모 있는 수익을 내기 위한 묵직한 투자를 위해서는 사실 미래가 아니라 기업의 과거 모습에 오히려 더 집중해야 합니다. 미래에 대한 모습은 앞으로 예상되는 숫자의 증감률에 대한 모습인데요. 오히려 지난 10년간의 숫자 추이를 볼 때 해당 기업이 원천적으로 가지고 있는 사업 모델의 강점 및 한계에 대해 알 수 있습니다. 기업의 비용 부담을 경감시키는 무형자산을 확인할 수도 있습니다. 무엇보다 일관된 숫자 흐름이 10년 시계열을 통해 확인된다면 매니지먼트 차원에서도 숫자 관리에 신경 쓰고 있다는 것이겠죠? 그런 기업은 효율적인 자원 관리를 통해 계단형으로 비전을 달성해 나가게 됩니다.

다음은 생명과학 기업들의 연구개발에 필요한 실험실 장비 등을 공급하는 회사 '써모피셔 사이언티픽(Thermo Fisher Scientific)'의 지난 10년(2010~2020년) 숫자 추이입니다.

동사의 10년 숫자 테이블은 사실상 완벽한 모습을 보여주는데요. 크게 세 가지 특징을 가지고 있습니다.

1) 매출과 영업이익, 잉여현금흐름의 10년 연속 성장

먼저 가장 중요하다고 말씀드렸던 것은 산업이 성장하는 것입니다. 다음으로 성장하는 산업 내에서 기업의 경쟁력을 통한 매출의 성장입니다. 부채 비율, 재무 건전성, 순현금, 이익률, 수익성, 심지어 PER과 PBR, PEG 등의 밸류에이션 멀티플까지. 이런 단어들은 모두 중요하고 멋진 내용들이지만 진실은 단순합니다. 지속적인 매출 성장이 동반되지 않는다면 지금 좋아 봤자 유효기간이 존재하는 수치일 뿐이며, 흘러내리는 매출 성장이 모든 지표를 악화시킬 것입니다. 다수가 중요시하게 생각하는 PER 멀티플 지표는 주가와 순이익의 비율 지표인데요. 회계적인 순이익은 사실 매출이 급감하는 가운데 자산 처분 이익을 통해 만들 수도 있습니다. 제약,

바이오 기업 등에서는 연구개발비를 주관적 판단에 따라 개발비로 자산화시키면서 왜곡이 발생할 수도 있습니다. 미래의 항구적이고 더 빠른 성장을 위해 채용 확장이 필요할 때 오히려 인력을 축소하

써모피셔 사이언티픽 재무 정보

	2011.12	2012.12	2013.12	2014.12	2015.12	2016.12	2017.12	2018.12	2019.12	2020.12	TTM
매출(백만 달러)	11,725	12,509	13,090	16,889	16,965	18,274	20,918	24,358	25,542	32,218	38,250
전년 대비 증감률(%)		7%	5%	29%	0%	8%	14%	16%	5%	26%	19%
매출총이익(%)	41	42.3	42.2	44.4	45.7	45.8	45.2	44.6	44.4	49.7	51.3
영업이익(백만 달러)	1,345	1,564	1,687	1,904	2,452	2,638	3,065	3,833	4,181	7,893	10,891
전년 대비 증감률(%)		16%	8%	13%	29%	8%	16%	25%	9%	89%	38%
영업이익률(%)	11.5	12.5	12.9	11.3	14.4	14.4	14.7	15.7	16.4	24.5	28.5
순이익(백만 달러)	1,330	1,178	1,273	1,894	1,975	2,021	2,225	2,938	3,696	6,375	8,596
주당순이익(달러)	3.46	3.21	3.48	4.71	4.92	5.09	5.59	7.24	9.17	15.96	21.59
전년 대비 증감률(%)		-7%	8%	35%	4%	3%	10%	30%	27%	74%	35%
배당금(달러)		0.54	0.6	0.6	0.6	0.6	0.6	0.68	0.76	0.88	0.96
전년 대비 증감률(%)			11%	0%	0%	0%	0%	13%	12%	16%	9%
배당금 분배율(%)		15.7	16.5	14.5	12.2	12	10.2	10.4	8.3	6.9	4.5
주식 수	385	367	366	402	402	397	398	406	403	399	398
주당순자산(달러)	40.92	43.26	45.41	51.22	52.17	55.05	61.55	66.87	73.62	80.23	93.68
영업현금흐름(백만 달러)	1,691	2,040	2,011	2,619	2,817	3,156	4,005	4,543	4,973	8,289	10,252
전년 대비 증감률(%)		21%	-1%	30%	8%	12%	27%	13%	9%	67%	24%
CAPEX(백만 달러)	-267	-315	-282	-428	-422	-444	-508	-758	-926	-1,474	-2,120
순익 대비 CAPEX 비중	-20%	-27%	-22%	-23%	-21%	-22%	-23%	-26%	-25%	-23%	-25%
잉여현금흐름(백만 달러)	1,425	1,724	1,728	2,192	2,394	2,712	3,497	3,785	4,047	6,815	8,132
전년 대비 증감률(%)		21%	0%	27%	9%	13%	29%	8%	7%	68%	19%
주당현금흐름(달러)	3.1	4.7	4.54	5.15	5.2	6.87	7.11	9.66	9.76	14.21	
운전자본(백만 달러)	1,708	2,742	6,754	1,190	1,594	2,155	2,373	4,478	5,696	11,653	
자기자본이익률(%)	8.75	7.72	7.88	10.13	9.43	9.43	9.48	11.09	12.91	19.87	25.76

자료: 써모피셔 사이언티픽

며 순이익이 늘어날 수도 있습니다.

투자에 입문한 초기에는 PER 등 밸류에이션 멀티플 지표를 집중적으로 보게 되지요. 그렇지만 손익은 계속 변하는 것이니 흘러가도록 내버려두고 내 일상에 집중하는 투자 방식을 고수하고 싶다면 기업의 경제적 해자 판별에 익숙해져야 합니다. 해자를 판단하는 핵심 지표는 매출 성장과 사업 본체에서 벌어들이는 영업이익의 성장입니다. 돌아보시면 경제와 주가는 수년 단위로 괴상한 가지각색 이유로 어려움을 반복합니다. 지금은 인플레이션 위기에 이어 경기침체 두려움이 시장을 덮고 있습니다. 3년 전 2020년에는 코로나19가 발생했죠. 예상을 뒤집고 트럼프가 당선됐던 2017년과 2018년에는 새로운 지정학적 질서와 부동산 시장의 폭등, 2012년에는 남유럽 위기가 시장의 화두였습니다. 우리들 개인의 사정이 어려웠던 이유도 매년 항상 있었고 이것은 기업의 사정도 마찬가지입니다. 매출 성장 및 영업이익이 어려웠던 제각각의 이유는 매번 있습니다. "시장이 어려워서 평가손이 발생했다, 이익률 훼손이 불가피했다, 대내외 환율 영향이 컸다, 일회성 비용이다"고 말이죠. 직접적으로 투자를 해보신 분들이라면 모두 익숙한 기업들의 실적 평계 문구입니다.

전 여러분들에게 이러한 제안을 드리고 싶습니다. 우리 각자는 다른 이의 인생을 살 수 없습니다. 인간의 선천적인 능력은 일정 수준 타고나는 것이며, 이미 지나온 시간을 되돌릴 수도 없습니다. 한편 주식 투자의 최대 장점은 나보다 가장 잘난 사람을 선택할 수 있는 것입니다. 그중 가장 잘난 사람이, 가장 탁월한 이해관계 연동으로 몰입하고 있는 조직을 찾고, 가장 단단한 경제적 해자를 갖춘 기업과 함께해야 합니다. 달리 말해서 싸구려에 중독되는 습관을 버려야 합니다. 얼핏 합당해 보이는 이유들에 모두 공감하며 "네가 실적이 어려울 수밖에 없던, 그런 충분히 일리 있는 이유가 있었구나"라고 말하기보다 "그럼에도 실적을 만들어낸다"고 숫자로 일관성을 보여주는 기업을 택하시면 고민이 사라집니다. 상단의 지난 10년 숫자 테이블이 말하는 것은 특정 시점의 우위가 아닌 기업의 숫자 일관성을 그대로 보여줍니다. 매출과 영업이익, 잉여현금흐름이 가장 중요합니다. 10년간 탁월한 성장이 이어졌다면 반드시 이유가 있습니다.

2) 순이익 대비 20% 수준의 CAPEX 비중

앞서 숫자 테이블에서 연갈색으로 음영 표기된 순이익 대비 CAPEX 비중을 보시죠. 지난 10년간 써모피셔 사이언티픽의 순익 대비 CAPEX 비중은 20%대를 안정적으로 유지 중입니다. 글의 핵심은 써모피셔 사이언티픽이 압도적으로 탁월한 기업이라는 것이 아닙니다. 오히려 도대체 어떤 연유로 초우량기업 A 등은 순이익의 100%를 상회하는 CAPEX 금액을 사용하는데(252쪽 참조),

어떤 기업은 CAPEX 비중이 순이익의 5% 수준에 머물 수 있는 것인지를 생각해봐야 합니다. 마지막으로 안정적으로 CAPEX 비중이 20%를 기록한다는 것은 무슨 의미일까 생각해보자는 것입니다.

첫 번째로 써모피셔 사이언티픽의 매출 성장은 지난 10년간 평균 13% 성장률을 기록했는데요. 특정 시점이 아닌 10년 평균 매출 성장률인 것을 고려하면 상당히 높은 성장률입니다. CAPEX를 집행하는 이유는 결국 미래의 매출 성장 동력을 확보하기 위해 생산비를 확대하고, 시설 경쟁력 등을 제고하는 것인데요. 20% 수준의 CAPEX 비중으로도 두 자릿수 매출 성장을 만든다는 것은 그만큼 산업 내 해당 기업의 위상이 대단하고, 영위하는 사업이 경기 변동을 크게 타지 않으며, 메가트렌드에 의존한다는 뜻입니다. CAPEX가 집행되며 대규모로 경쟁력 강화를 위해 벌어들인 대부분을 내놓지 않아도 이미 쌓아올린 업계 내 경제적 해자로 손쉽게 매출 성장을 올릴 수 있다는 뜻입니다. 실제 고령화 인구가 증대하고 건강에 대한 관심이 증대하며 생명과학 기업들의 연구 개발 경쟁이 치열해지고 있죠. 자연스럽게 생명과학 기업들에게 연구개발 장비를 납품하는 써모피셔 사이언티픽과 같은 기업에게 수혜가 집중되었습니다. 고령화는 계속 진행 중이고 선진국 대열에 진입하는 국가들이 많아지며 건강에 대한 관심은 향후에도 필수적으로 높게 유지될 것입니다.

생태계 내에서 기업의 경제적 해자가 한순간에 무너지기는 쉽지 않습니다. 물론 순익 대비 20%대 CAPEX 수준으로 일관된 숫자를 유지했던 매니지먼트의 의지와 리더십이 한순간에 사라지지도 않을 것입니다. 매니지먼트 차원에서 기업의 자금 흐름을 눈여겨보고 있다는 그 안도감이 '흘러가면 이기는 투자'를 지향하는 우리에게 정말 필요한 선별 조건입니다. 우리가 투자한 사업장에 정말 든든한 매니저가 책임지고 관리를 맡고 있는 것입니다. 앞서의 잉여현금흐름 10년 성장도 사실 매니지먼트의 숫자에 대한 관심을 그대로 보여줍니다. 매출 성장 증감률 그 자체에 집중하지 않고 영업현금흐름의 성장성을 유지하는 한도에서 두 자릿수 매출 성장을 만든 것이고, CAPEX 비용이 과도하지 않기 때문에 잉여현금흐름이 10년 연속 성장할 수 있던 것입니다. 물론 매니지먼트의 위와 같은 숫자 관리 능력은 또다시 기업의 무형자산에서 기인한 것이죠. 아주 강력한 기업의 인적자산, 무형자산이 선별 능력이 탁월한 주주를 만나 시간 속에서 숙성될 때 비로소 우리는 장기 성장 수혜를 누릴 수 있습니다.

3) 영업이익률 및 수익성 밴드의 개선

기업의 수익성은 흔히 영업이익률과 자기자본이익률이라 불리는 ROE로 판단합니다. 영업이익률이 높아도 ROE가 낮은 경우가 있고, 일부 유통 및 식품 기업에서는 이익률이 낮지만 효율적인 자본 집행 및 높은 부채 비율에 따른 레버리지 효과로 ROE가 높게 나오기도 합니다. 영업이익률은 기업의 기술력 등이 가지고 있는 경제적 해자를 직관적으로 표현해주는데요. 이익률이 높더라도 인건비 등 고정성 비용 부담이 높은 기업의 경우에는 일정 수준 이상의 매출 성장이 나오지 않을 때 ROE 수익성이 악화됩니다.

이익률이 낮은 상태에서 ROE 수익성이 높게 나온 기업들이 있죠. 평소와 다르게 특정 연도 ROE가 높게 나온 기업들을 살펴보면 독립적 해자 없이 우호적 환경 영향으로 매출 성장이 발생했고, 순이익이 분출한 경우가 많습니다. 달리 말해 시장을 점유하고 있는 일등 기업이 이익률을 포기한 뒤 경쟁을 몰아붙일 때, 또는 시장 환경이 악화되어 매출 성장이 압박받을 때 박한 이익률이 더 위태로워지며 수익성 수준이 극도로 나빠질 수 있음을 의미합니다 (물론 고려신용정보, 코스트코와 같이 낮은 이익률이 업종 특성에서 기인하는 경우는 예외입니다).

그렇다면 수익성 수준을 고려할 때 핵심 판단 기준은 무엇일까요? 시점별로는 영업 환경이 달라지고 숫자도 춤을 출 수 있다는 것을 인정하고 기업이 과거부터 지금까지 가고 있는 방향성을 조망해보는 것입니다. 주가라는 것은 결국 기업의 가치인 것이죠.

이익률도 ROE도 절대 숫자 측면에서 최상이 아니더라도 방향성이 우상향을 하는 것이 중요합니다. 수익성 밴드(ROE)의 절대 수준이 10% 이하로 높지 않다 하더라도 매 3년, 5년 등 점차적으로 방향성이 우상향하게 된다면 주가도 그에 맞춰 호조를 보일 가능성이 높습니다. 앞서 써모피셔 사이언티픽의 숫자 테이블을 보면 10% 초반의 영업이익률과 10% 이하 ROE를 기록하던 체력에서 매 3년이 지날 때마다 영업이익률과 ROE가 함께 상승하며 2020년 시점에는 20%가 넘는 이익률과 ROE를 기록한 것을 볼 수 있습니다. 매출이 증가하면서 영업이익이 증가하고 매니지먼트가 무리한 성장을 추구하지 않기에 영업현금흐름의 균질적 성장이 유지됐습니다. 기업의 경제적 해자 덕분에 CAPEX가 과도하지 않고, 자연스럽게 잉여현금흐름 증가로 연결됩니다. 풍요로운 잉여현금 덕분에 자사주 매입 등을 통해 추가적으로 ROE 수익성을 높여줄 수 있는 선순환 구조입니다. 그렇다면 출발은 단순하게 특정 시점의 PER 배수 및 ROE 수익성 수준이 아니라 방향성이 될 것입니다. 어떻게 이런 방향성이 나왔을지 생각해보면 기업의 경제적 해자와 숫자를 관리하는 매니지먼트가 중요하다는 것을 다시 깨닫게 됩니다.

매 분기별로 신경 쓰지 않아도 되는 편안한 투자 방식이 결국 유리합니다. 주변 대다수의 투자자를 돌아보세요. 상당수 직장인은 하루 중 대부분의 시간을 직장에서 소비하고, 출퇴근 이동까지 한 뒤 잔여 시간을 분기별 수혜주 발굴에 녹이고 있습니다. 작은 수익이 나오면 그것에 기뻐합니다. 그러나 더 멀리 봐야 합니다. 그 작은 수익을 얻기 위해 얼마나 마음 졸여야 했나요? 투자 수익이 목적이라면 규모를 키워야 하지 않을까요? 규모가 크지 않은 수익으로 실제 나의 재산을 얼마나 증가시킬 수 있고 노후 대비를 할 수 있을까요? 무엇보다 분기별로 시간을 녹이는 투자 방식은 과연 얼마나 오래 지속 가능할까요? 성과가 나온다 한들 유일한 여가 시간에 가족과의 관계를 놓칠 것이고 더 중요한 가치를 잃어버릴 수 있습니다. 10년간 작은 수익을 벌고 잃는 동안 본인의 신체 능력과 체형은 악화되고, 본인이 무엇을 좋아했는지 취향은 기억도 나지 않을 것입니다. 10년 시계열 점검을 통해 기업이 성장하는 방향성에 투자해야 합니다. 결국 기업의 경제적 해자와 창업자·매니지먼트, 사람에 대한 투자입니다.

8

일곱 번째 기준:
탁월한 자본 관리 능력이 있는가

앞서 탁월한 기업이 일반적으로 갖는 수익성과 사업 모델, 잉여현금흐름에 대해 강조하였습니다. 한편 숫자적인 일관성과 매력에 대해 빠져들다 보면 가장 쉽게 놓칠 수 있는 함정이 동시에 존재합니다. 바로 탁월한 기업이라 불리는 블루칩 상태 이전의 모습은 과연 어떠했는지 이해하는 것입니다.

성장이 폭발적으로 분출하는 구간에서 파괴적혁신으로 생태계 전체를 잡으려고 하는 기업에게 주주 수익성과 배당금 지급 및 상향, 잉여현금흐름 중심 경영을 주장한다면 어떨까요? 언뜻 듣기에 주주를 위하는 스마트한 투자자의 요구 같지만 현실과 크게 다릅니다. 어린이에게는 어린이에게 필요한 옷이 있고, 감수성이 예민한 아이에게는 그에 맞는 대화법이 존재합니다. 마찬가지로 대다수 기업들에게는 "어느 곳에서 성장이 나올 수 있는지 알려만 주세요" 하는 갈증이 있을 뿐입니다. 배당과 자사주 매입을 하는 이유는 결국 기업의 CAPEX 확대를 통한 수익 창출보다, 성장이 쉽지 않은 구간에서 자본 활용처를 찾기 어렵기에 주주에게 자본을 돌려주는 것입니다.

매우 뚜렷한 비전과 파괴적인 기술력을 갖춘 뒤 수십 퍼센트 수준의 매출 성장을 기록 중인 기업이 있다고 가정해볼까요? 이 기업에게 당장 필요한 것은 물 들어올 때 노를 젓듯이 기업의 확고한 해자 구축을 위한 성장 가속화 전략입니다. 무엇을 해야 할지 뻔히 보이고, 성장할 곳이 눈앞에 있다면 임직원의 수를 늘리는 것이 합리적이고 연구개발비를 늘리는 것이 자연스럽습니다. 잉여현금흐름이 중요한 이유는 결국 주주 수익성 제고로 사용될 수 있는 재원이기 때문입니다. 지금 구축할 수 있는 파괴적인 혁신을 통해 기업가치가 더 크게 증가될 수 있다면 당연히 해당 방향성으로 자금을 사용하는 것이 주주를 위하는 것입니다.

조금 엉뚱하지만 인문학적으로 한번 생각해보는 건 어떨까요? 바로 공간의 기능성과 효율에 대해 생각해보는 것입니다. 이것은 개별 기업 하나하나를 사업으로서 조망하는 것과 분산 투자를 어떻게 접목시킬 것인가에 대한 주제의식과도 연결됩니다.

보유 중인 기업의 특성을 직시해야

어떤 모습의 숫자 유형만이 정답이라 말하기보다는 서로 다른 기업의 성장 사이클을 고려할 때, 각각의 기업별로 최적의 자본 활용을 하고 있는 기업에 투자해야 합니다. 조금 더 직관적인 이해를 위해 우리가 일상에서 적용하는 공간의 구분과 활용 방식을 통해 접근해보겠습니다.

가장 밀접하게 일상에서 체감하지만 의외로 쉽게 간과하는 효과 중 하나는 공간의 힘입니다. 얼마 전에는 미국의 테크 기업이자 원격근무의 필수적인 툴 '줌'의 실적 및 가이던스가 기대치를 하회하며 주가가 하락하였는데요. 결국 다수의 기업에서 원격근무를 실험한 결과, 사무 공간으로 조성된 곳에서 근무할 때 생산성이 높다는 것입니다. JP모건, 골드만삭스, 테슬라 등에서 매우 강하게 원격근무를 반대하는 것은 잘 알려진 이야기입니다. 최근 노동조합 결성 확산으로 투자 심리 악화를 겪고 있는 스타벅스는 사실상 커피가 아닌, 스타벅스가 지향하는 공간을 판매하는 기업입니다. 나이키는 창업자 필 나이트의 자서전 이름이 《슈독(신발에 미친 개)》인 것처럼 운동화 판매를 본질로 두고 있지만, 사실상 나이키는 어느 공간에서도 움직임을 준다는 이미지를 판매합니다. 강력한 스트랭스 훈련 중 하나로 케틀벨이 있습니다. 케틀벨 운동에 필요한 공간은 고작 3평입니다. 글을 쓰는 직업을 가진 제 특성상 근무 공간은 카페, 자택, 여행지 어느 곳에서도 가능한데요. 그럼에도 불구하고 생산성이 가장 높은 곳은 단연코 사무실입니다. 더 길고 강도 높게 운동이 되는 곳은 오직 체육관입니다. 즉 각각의 공간들은 서로 다른 기능성을 가지고 있고, 재원과 여력이 된다면 목적에 최적으로 부합하도록 공간을 구별할 필요가 있다는 것입니다.

이제 일상의 소비 브랜드에서 투자로 관점을 전환해볼까요? 앞선 챕터에서 말씀드린 것처럼 버크셔 해서웨이의 포트폴리오를 보면 4개 종목에 집중 투자되어 있습니다. 그들은 소수 기업이지만 개별 기업 간 속성은 크게 다릅니다(기술주의 애플, 민간 소비 여력을 빠르게 반영하는 아메리칸 익스프레스 카드사, 대표적인 경기 방어 및 인플레이션 수혜 기업인 코카콜라, 경기 방향성에 연동되는 금리 민감도가 높은 BoA 은행). 이들 기업들은 숫자와 밸류에이션 멀티플은 차이가 크게 발생하지만 공통점으로는 해당 기업이 영위하는 사업 영역에서는 가장 탁월한 프리미엄 브랜드 가치를 가지고 있다는 점입니다. 소비자는 애플 브랜드를 위해 프리미엄을 지불하며, 아메리칸 익스프레스는 마스터·비자 등과는 결이 다른 프리미엄 이미지를 갖습니다. 코카콜라는 여타의 후발 탄산 음료 브랜드와 비교할 때 사람들의 인식 및 마음속 청량감에서 급이 다릅니다.

모든 분기 실적과 애널리스트 리포트를 민감하게 쫓아가지 않는 투자를 사실 누구나 하고 싶습니다. 장기 실적 성장이 보장된다면 말이죠. 다음의 다섯 가지 핵심 요인의 조화를 통해 기업의 항구적인 성장을 가늠할 수 있습니다. 1) 본능과 통계가 만들어내는 시장 전체의 성장, 2) 물 들어오는 환경에서 수익성 훼손 없는 자연스러운 기업의 매출 성장, 3) 프리미엄 브랜드 가치를 통한 판관비용 부담 개선(입소문과 브랜드 이미지만으로 판관비 부담 없이 마케팅 효과 발생), 4) 군이 분기별로 숨아낼 필요가 없는 해당 가치의 최상단 기업, 5) 마지막으로 탁월한 매니지먼트의 숫자 관리 능력(현금흐름과 수익성, 신규 매출 다변화 조화).

우리들 대다수는 지금부터 가장 좋은 기업은 어느 곳인지 찾기를 희망합니다. 한편 저는 우리 스스로 다르게 질문을 해볼 필요가 있다고 생각합니다. 비가 많이 올 때 좋은 신발과 날이 매우 더울 때 좋은 신발은 분명히 다릅니다. 지형이 험난한 곳에 오를 때 필요한 신발과 장거리를 걸어야 할 때 필요한 신발은 또 다릅니다. 중요한 분명한 사실은 우리는 평생 눈 감기 전까지 걸어야 하고, 걷는 도중에는 상단의 모든 지형이 번갈아 가며 계속 나온다는 것입니다. 생각해보면 우리들은 자연스럽게 기능성의 차이를 인지하기에 각각의 이용료를 지불한 뒤 공간을 분리해서 사용하고(사무 공간, 체육관, 음악 연습실 등), 목적의 차이를 인지하기에 등산화와 하이킹화조차 분리해서 신곤 합니다.

투자도 마찬가지입니다. 지금부터 좋은 특정 기업을 찾아 집중투자하는 방식도 있겠지만, 더 편안한 투자 방식을 위해서는 속성이 서로 다른 최상단 일등 기업을 분산 투자하는 방식이 필요합니다. 반드시 숫자가 많아야 할 필요는 없습니다. 10개 기업 내에서도 기업 간 속성이 크게 다를 수 있습니다. PBR이 0.2배에 불과한 방직면화 기업과 테슬라를 함께 투자한다면 이것은 서로 간 상충되는 포지션이 아닙니다. 오히려 각 기업 주식이 소구하는 가치의 최상단 가치를 겨냥한 셈이 됩니다(파괴적혁신과 자산 가치). 보유하고 계신 기업들의 숫자 그 자체를 통한 자신의 분산 투자 여부를 판단하시면 안 됩니다. 이를테면 업종이 다른 기술주 30개 종목은 종목 수의 분산에도 불구 실질적인 분산 효과가 크게 감소합니다. 클라우드 사업을 영위 중인 현금흐름 중심 기술주, 결제 분야 최상단 지위를 확보한 고(高) 멀티플 기업, IT 개발자들을 위한 최상의 협업 플랫폼 기업을 예로 들어보죠. 이들은 업종이 다르지만 기업의 성장 스테이지 및 속성은 유사합니다.

내가 보유하고 있는 기업들의 특징을 정리해보시길 바랍니다. 걷다가도 바로 말할 수 있을 정도로 단순하고 직관적이어야 합니다. 방어 가치, 성장 가치, 인플레이션 환경 부합 기업 등으로 나눠볼 수 있을 텐데요. 이때 브랜드가 단순히 유명하다거나, 개인적인 친분으로 가깝게 느껴진다거나 하는 이유로 접근하지 않아야 합니다. 이를테면 애플과 구글, 테슬라, 디즈니, 나이키, 스타벅스, 록히드마틴은 모두 많이 들어본 이름이니 단순하게 좋은 기업이고 분산 투자가 완료되었다 생각할 수 있습니다. 그렇게 끝나서는 안 됩니다. 기업의 속성별 구분이 필요하고, 기업의 속성은 기업 성장 단계(phase)에 따라 달라집니다. 현금흐름으로도 바로 구별됩니다.

블루칩 기업은 이미 생태계 내 지위를 확보하고 있고, 밸류에 대한 이견이 적기에 변동 폭이 상대적으로 적습니다. 해자가 위태롭지 않기에 매출 성장을 만든 뒤에도 주주에게 현금을 돌려줍니다. 일반적으로 블루칩 기업은 주주 환원 목적으로 재무현금흐름이 유출을 기록합니다. 한편 성장 초기 기업은 압도적인 성장 속도 및 생태계 구축에 전력을 다하기에 재무현금이 유입을 보이곤 합니다. 성장을 위해 자금을 조달한다는 뜻입니다. 구글, 머크, 테슬라, 에르메스, 존디어는 모두 탁월한 기업이겠지만 머크와 구글은 테슬라 대비 훨씬 안정적인 재무 흐름을 갖추고 있는데 이는 블루칩 속성입니다.

성장과 배당, 방어의 가치를 각 3분의 1로 구성하는 방식도 좋은 투자 방식입니다. 20개 종목 내에서 80% 비중을 보유하는 것도 즐겨 사용하는 투자 방식 중 하나입니다. 중요한 것은 그때그때 오를 것 같은 수혜주들로 관심이 가지 않으려면 나의 투자 방식에 대한 정립이 가장 먼저 필요합니다. 이것을 버핏은 야구 타석에 들어서는 투자자로 비유하였습니다. '주가가 오르든 내리든, 가장 탁월한 기업에만 초점을 유지하는 투자자'로 말입니다. 어떤가요? 멋진 말이죠? 사실 자신의 투자 원칙이 있다면 선별은 생각보다 쉽습니다. 중요한 건 실천과 유지가 아닐까 싶습니다.

기업의 속성에 따라 분산 투자가 이뤄져야

목적에 맞는 공간의 분리를 우리는 당연하게 받아들입니다. 분산 투자도 기업의 속성에 따라 자연스럽게 분산돼야 합니다. 기업의 속성이 서로 다른 것은 각각의 성장 속도에 따라 그 기업에게 필요한 자원 사용 방식이 다르기 때문입니다. 중요한 것은 어떤 일관된 모습으로 숫자가 반드시 나와야 하는 것이 아니라, 각각의 기업 숫자를 보면서 충분히 이상적인 숫자인지, 질이 나쁜 모습인지 즉시 구별할 수 있는 능력입니다.

실제 기업의 배당 정책으로 한번 살펴볼까요? 노보 노디스크와 S&P글로벌의 과거 배당금 기록을 사례로 들어보겠습니다. 노보 노디스크는 압도적인 점유율로 당뇨 및 비만 시장 내 경제적 해자를 만들었고, 막대한 연구개발비를 투자한 이후에도 충분한 배당금을 지급했고 자사주를 매입했습니다. 신규 플레이어가 진입한 후

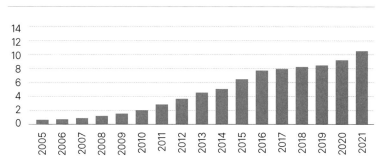

노보 노디스크 배당금 지급 흐름   (단위: DKK)

자료: 노보 노디스크

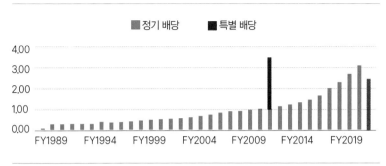

S&P글로벌 배당금 지급 흐름　　　　　　　　　　　　　(단위: 달러)

■ 정기 배당　　■ 특별 배당

자료: S&P글로벌

기존의 해자를 위협할 만큼 경쟁 강도가 심각하지 않았고, 당뇨와
비만 시장은 가파르게 성장하고 있기 때문입니다.

　다음으로 S&P글로벌의 배당금 막대차트도 매우 인상적인 지
속 우상향 곡선을 그리고 있는데요. 글로벌 신용평가 사업은 이미
3개 브랜드로 독점화되어 있고, 채권 발행을 통한 자본 조달 니즈
는 자본 시장의 발달에 따라 지속적이며 사업 영역은 S&P 인덱스
브랜드 사용료 및 ESG 부문의 평가 수수료까지 안정적이기 때문
입니다. 달리 말해 주주의 이익으로 남은 자본을 막대하게 재투자
하지 않더라도 기업의 경제적 해자는 유지될 것으로 판단됩니다.

　한편 테슬라의 10k 사업보고서를 보면, 배당금을 지급하지 않
았고 앞으로도 당분간 지급 계획이 없음을 밝히고 있습니다. 주당
배당금 섹션에서는 테슬라가 조용하지만 묵직하게 올려놓은 이미
지는 사실 주가 차트입니다. 여타 자동차 산업 내 기업들은 물론 전

테슬라의 여타 자동차 기업 대비 주가수익률 차트 (단위: 달러)

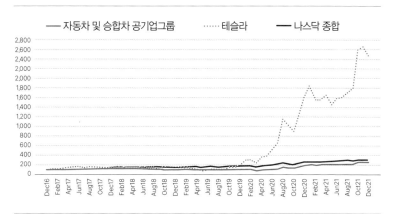

자료: 테슬라

체 기술주 인덱스를 압도적으로 아웃퍼폼하고 있습니다. 즉 자신들은 가파른 성장성을 기록할 수 있는 미래를 직관하고 있으며, "어디서 성장할 것인가"에 대한 직관 및 추진력은 자본을 주주에게 돌려주는 것보다 훨씬 효과가 높음을 보여줍니다.

연초 대비 66%가량 주가가 폭락하며 엄청난 시련을 겪고 있는 아크 인베스트먼트의 캐시 우드는 사실 60세가 넘은 투자 베테랑입니다(2022년 12월 18일 기준). 현재의 ETF 투자 성과와 별개로 시장의 사이클을 모두 경험해본 그녀의 관록은 높게 평가받아야 한다고 생각합니다. 그녀는 다수의 매체와의 인터뷰에서 2002년 당시의 아마존에 대한 투자를 복기하기도 했는데요. 당시의 아마존은 인터넷주의 붕괴 이후, 엄청난 폭락과 함께 시장에서 버려진 기업이었으나 온라인 전자상거래는 결국 오게 될 미래였고, 숫자에 대한 해석은 성장 스테이지에 따라 크게 달라질 수 있음을 직관적으로 언급합니다. 지금은 애플에 투자하면 안정적인 투자를 한다 생각하지만 아이폰이 출시되었을 당시만 하더라도 노키아와 모토로라의 제국에 덤비는 무모한 생각처럼 보였다는 것입니다. 테슬라의 초기 주주로 강하게 '확신 매수(conviction buy)'를 추천하며 이름을 알린 캐시 우드는 결국 기업의 적자 숫자라는 것도 사실 의미를 잘 해석해야 함을 강조합니다. 이를테면 매출 성장세가 가파른 기업의 경우 생태계 내에서 더 빠른 성장을 위해 연구개발비를 확대할 수 있고, 만약 연구개발비를 낮추게 될 경우 영업이익을 기록하겠지만 그것이 과연 파괴적혁신 성장 기업에게 필요한 것인지 생각해봐야 한다는 것입니다.

이 챕터의 결론이 바로 이 부분입니다. 장기로 흘러가도 편안한 투자 기업을 구별하기 위해서는 기업별 비전과 가장 필요한 자본 활용 방식을 이해해야 한다는 것입니다. 매니지먼트의 자본에 대한 활용 배경을 내가 충분히 이해해야 마음이 편할 수 있습니다. 큰돈을 투자했는데 잘못되면 절대 안 되는 자본이라면, 테슬라와 같은 파괴적혁신 기업에 모든 돈을 넣는 것은 어리석은 결정이 될 수 있습니다. 이 경우 폐기물 산업, 상조 기업 등 조금 더 안정적이고 파괴적혁신에 노출되지 않은 기업에 투자하면서 성장성을 놓치지 않기 위해 혁신 기업을 섞어주는 방식도 활용 가능합니다. 물론 투자의 시점 분산 및 주식 및 부동산, 현금 등 투자 자산 클래스의 비중 분산도 핵심 전략 중 하나입니다. 무엇보다 매일 뉴욕 증시와 한국 증시를 시간별로 바라보며 아무런 의미 없는 시황에 매달리기보다, 내가 투자한 기업들은 어떤 속성을 가지고 있는지 즉시 말할 수 있어야 합니다. 마음이 불안한 투자자의 본질은 사실 스스로 기업에 대한 해자를 말할 수 없는 빈약한 무형자산 때문입니다. 미래 가치를 보고 있는 사람은 불안할 이유가 없습니다.

Chapter 9.

메가트렌드로
분석하는
성장 기업 사례

이번 챕터에서는 다가오는 메가트렌드를 통해 그에 부합하는 개별 기업을 알아보는 시간을 가져보겠습니다. 단순하게 특정 기업 명칭을 외우는 것은 사실 아무런 의미가 없습니다. 오히려 해당 트렌드는 강화되는 가치가 분명한 것인지, 해당 가치가 강화될 때 내가 선별한 기업이 연결되어 있는지 고민하고 숫자를 팔로우업하는 것이 중요합니다.

1

고령화 사회 트렌드가
가속될수록 성장하는, 'SCI'

제가 가장 집중하는 메가트렌드는 역시 저출산과 고령화입니다. 지금 우리 사회는 저출산 기조와 맞물려 구조적 고령화 사회가 심화되고 있습니다. 평균 연령이 높아질수록 질병이 많아지고 고령자의 사망자 수도 매해 늘어나게 됩니다.

미국에는 자기자본 수익성이 높고, 숫자의 일관성 및 투명성이 탁월한 기업들이 많죠. 베이비부머(2차 대전이 끝난 1946~1965년 사이에 출생한 사람들) 세대의 고령화에 따른 수혜가 집중되는 기업으로는 상조 및 묘지 서비스를 일괄 제공하는 SCI(Service Corporation International)라는 기업이 있습니다. 피터 린치는 저서 《이기는 투자자》에서 SCI를 소개하며 음울한 사업을 하기 때문에 투자하기 좋은 기업으로 소개하고 있습니다. 함께 언급되는 기업 중 하나는 혐오스러운 사업을 하는 것으로 알려진 폐기물 처리 기업 '웨이스트 매니지먼트'이기도 하죠. 결국 어떤 기업이 높은 진입 장벽을 가지고 시장 전체를 끌어올리는 성장성을 보유하고 있는지 확인하고, 마지막으로 매니지먼트가 숫자의 질을 챙기고 있는지 봐야 합니다.

최근 SCI의 IR 자료를 보면, 미국의 고령화 인구가 구조적으로 증가하고 있으며, 주당순이익이 안정적인 성장세를 그리고 있고, 마지막으로 S&P500를 압도하는 총주주수익률이 눈에 띕니다. 2005년부터 2021년까지 주당 배당금은 연평균 17% 성장하였고 동기간 주식 수는 52% 감소하였으니 자연스럽게 높은 주주 수익성이 유지 중인 것으로 확인됩니다. 숫자를 직관할 때는 단편적으로

SCI의 배당금 상향 및 자사주 매입 규모

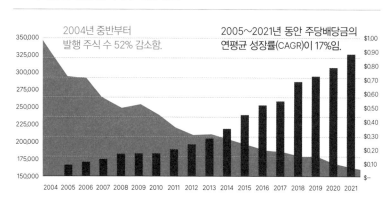

자료: SCI

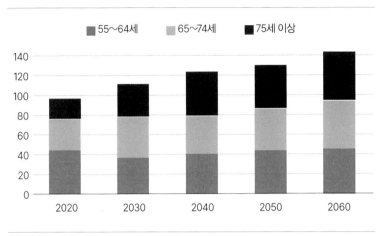

자료: SCI

이미 만들어진 숫자에 감탄하기보다는 앞으로 숫자의 흐름이 더 좋아질 것인지, 나빠질 것인지 가늠하는 것이 중요합니다.

SCI가 집중하고 있는 메가트렌드는 증가하는 미국의 75세 이상 인구 숫자입니다. 의료 기술의 발달로 생명 연장은 일부 진행되겠지만 여전히 고령인구 숫자는 공동묘지 및 상조 서비스의 타깃 고객군이 됩니다.

동사의 주당 순이익은 2015년부터 2019년까지는 연평균 13%로 성장했고 코로나19로 사망자 수가 급증한 2020~2021년 구간에서는 연평균 57% 성장했습니다. 코로나19 사망자 급증에 따른 일회성 매출 특수가 사라지는 우려가 있을 수도 있는데요. 큰 그림에서 직전 10년을 조망하면 동사는 541% 상승하며 S&P500의 288%

SCI 주당 순이익 흐름

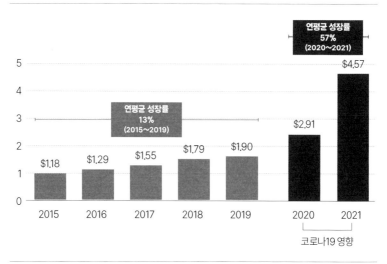

자료: SCI

SCI 총주주수익률(연간)

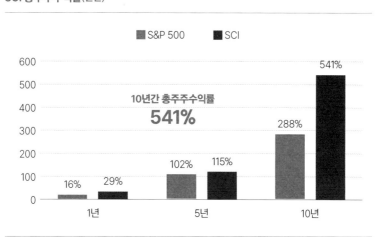

자료: SCI

를 크게 상회하였습니다. 상세 사업 전략을 확인해보면 묘지 서비스 내에서도 프리미엄 묘지 판매는 연평균 18%로 성장하고 있고, 노령인구 숫자가 본격적으로 늘어나는 시기부터는 양적(quantity) 의 성장이 예상됩니다.

앞서 다뤘던 '고객이 판관비용을 아껴주는 기업'에 대한 설명 중 언급했던 에드워즈 라이프사이언시스도 주력으로 판매하는 대동맥판막 치환 상품의 특성을 고려하면 노령화의 수혜 기업으로 볼 수 있습니다. 심장 판막의 노령화에 따른 질환은 고령화 사회에 더욱 많아질 것이며 글로벌 각국의 경제성장 수준이 제고됨에 따라 건강보험으로 커버리지가 확대될 것입니다.

2

선진화 사회 진입과
'노보 노디스크'

비만 및 당뇨 시장의 독보적인 플레이어, 노보 노디스크에 대해서는 앞서 탁월하고 일관적인 숫자 균질성과 매니지먼트의 효율적인 자본 관리 능력을 통해 설명해드린 적 있습니다. 한편 잘 생각해보시면 일관적인 숫자 균질성과 효율적인 자본 사용은 일단 산업 성장이 나오는 상황에서의 질적 비교입니다. 무엇보다 톱 라인에 해당하는 매출 성장이 나와야 영업이익의 성장을 노려볼 수 있고, 질적으로 우수한 현금흐름의 균질성과 ROE 밴드의 상향을 생각할 수 있습니다. 산업 성장성이 부족할 경우에는, 사업 영역에서 경제적 해자를 보유한 기업도 배당과 자사주 매입 같은 주주 환원 정책을 적극적으로 펼치기 어렵습니다.

KBS 뉴스에 따르면 "중국은 성인 인구 가운데 당뇨 발병률이 11.2%까지 치솟으며 세계 최대 당뇨 국가가 되었다"고 합니다. 중국뿐 아니라 인도의 비만, 당뇨 문제도 심각합니다. 〈인디아 투데이〉가 발표한 국민건강통계 데이터에 따르면 인도는 4명 중 1명이 비만으로 문제를 겪고 있고 비만 인구 속도가 빨라지고 있습니다.

성인이 된 후 여러 복합적인 이유로 생기는 당뇨병을 '2형 당뇨'라고 하는데 서구화된 식습관, 운동 부족, 스트레스 등 환경적 요인이 크게 작용한다고 합니다. 사람의 습관은 한번 정착되면 쉽게 돌아가기 어렵습니다. 직전 3년간 전 세계적으로 크게 확산된 생활

당뇨 인구 증가 예상 추이(2045년까지 51%가 증가한 7억 명으로 예상됨)   (단위: 백만 명)

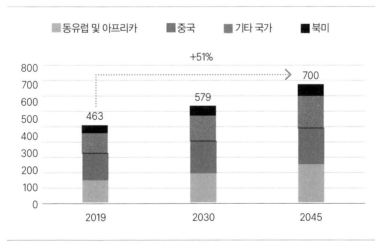

자료: 노보 노디스크

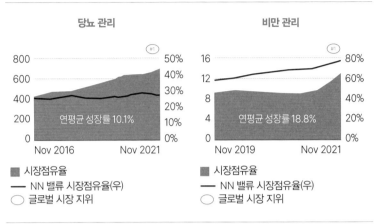

노보 노디스크의 당뇨 및 비만 시장점유율

(단위: 백만 DKK)

당뇨 관리

연평균 성장률 10.1%

시장점유율
NN 밸류 시장점유율(우)
글로벌 시장 지위

비만 관리

연평균 성장률 18.8%

시장점유율
NN 밸류 시장점유율(우)
글로벌 시장 지위

자료: 노보 노디스크

습관은 바로 배달음식 문화입니다. 클릭만으로 손쉽게 음식을 시켜 먹을 수 있었던 극도의 편리함이 비만 습관을 배양시켰는지 모릅니다. 〈이코노미스트〉는 코로나19 직후 칩 버그 리바이스 대표의 코멘트를 소개하며 사람들의 집안 내 활동시간이 증가하는 등 영향으로 바지 사이즈 교체 수요가 폭증했음을 언급합니다. 단순히 코로나19가 아니더라도 시대가 진화할수록 편리성은 높아지고, 연령 구성은 고령화되며, 식습관은 선진화의 표본처럼 서구화되는 것이 자연스러운 흐름입니다.

노보 노디스크의 2021년 당뇨 및 비만 시장점유율 및 성장률 추이를 보면, 글로벌 점유율은 양 시장 모두 1위를 차지하고 있고 시장의 크기를 보여주는 표면적은 가파르게 성장하고 있습니다. 노

노보 노디스크 재무 정보

	2011.12	2012.12	2013.12	2014.12	2015.12	2016.12	2017.12	2018.12	2019.12	2020.12	TTM
매출(백만 DKK)	66,346	78,026	83,572	88,806	107,927	111,780	111,696	111,831	122,021	126,946	129,910
천년 대비 증감률(%)		18%	7%	6%	22%	4%	0%	0%	9%	4%	2%
매출총이익(%)	81	82.7	83.1	83.6	85	84.6	84.2	84.2	83.5	83.5	83
영업이익(백만 DKK)	21,880	29,474	31,493	34,492	49,444	48,432	48,967	47,248	52,483	54,126	53,747
전년 대비 증감률(%)		35%	7%	10%	43%	-2%	1%	-4%	11%	3%	-1%
영업이익률(%)	33	37.8	37.7	38.8	45.8	43.3	43.8	42.2	43	42.6	41.4
순이익(백만 DKK)	17,097	21,432	25,184	26,481	34,860	37,925	38,130	38,628	38,951	42,138	44,362
주당순이익(DKK)	6	7.77	9.35	10.07	13.52	14.96	15.39	15.93	16.38	18.01	19.14
전년 대비 증감률(%)		30%	20%	8%	34%	11%	3%	4%	3%	10%	6%
배당금(DKK)	1.92	2.8	3.61	4.51	5.04	9.33	7.58	7.83	8.25	8.53	9.08
전년 대비 증감률(%)		46%	29%	25%	12%	85%	-19%	3%	5%	3%	6%
배당금 분배율(%)	33.7	36	39.3	45.8	39.3	63.3	48.9	49.6	50.9	48.2	47.5
주식 수	2,851	2,758	2,694	2,630	2,578	2,535	2,478	2,424	2,378	2,340	2,320
주당순자산(DKK)	2.13	2.57	2.63	2.34	2.43	2.3	3.01	2.97	3.31	4.19	4.52
영업현금흐름(백만 DKK)	21,374	22,214	25,942	31,692	38,287	48,314	41,168	44,616	46,782	51,951	54,188
전년 대비 증감률(%)		4%	17%	22%	21%	26%	-15%	8%	5%	11%	4%
CAPEX(백만 DKK)	-3,332	-3,622	-3,644	-4,335	-6,406	-8,267	-8,648	-12,410	-11,231	-22,081	-22,374
CAPEX 비중	-19%	-17%	-14%	-16%	-18%	-22%	-23%	-32%	-29%	-52%	-50%
임여현금흐름(백만 DKK)	18,042	18,592	22,298	27,357	31,881	40,047	32,520	32,206	35,551	29,870	31,814
주당현금흐름(DKK)	1.15	1.19	1.24	1.61	1.73	2.16	2.45	1.98	2.31	3.15	
전년 대비 증감률(%)		3%	4%	30%	7%	25%	13%	-19%	17%	36%	
자기자본이익률(%)	45.95	54.9	60.54	63.92	79.9	82.23	80.2	76	71.19	69.7	70.63

자료: 노보 노디스크

보 노디스크는 노벨상 수상자가 창업하여 100년간 혁신을 이어온 기업입니다. 점점 확대되는 비만과 당뇨 시장에서 노보 노디스크는 모두 1위 점유율을 유지하고 있는데요. 10년 시계열을 살펴보면 이 익 성장의 지속성 및 탁월한 자본환원, 이익과 일치하는 현금흐름의 특성을 보입니다.

노보 노디스크의 지난 10년 데이터를 보면, 10년 연속 매출이 늘어났으며, 영업이익은 단 두 차례만 5% 이내 감소했습니다. 가장 중요한 주당순이익(EPS)은 10년 연속 상승하였으며 순이익과 현금흐름의 괴리율을 확인해보면 영업현금흐름은 탁월한 성장을 기록하고 있습니다. 높은 영업현금흐름은 곧바로 잉여현금흐름 증가세로 연결됩니다. 순이익 대비 CAPEX는 20~30% 수준을 안정적으로 유지하며 최근에만 50% 수준으로 확대된 상황입니다. 풍요로운 잉여현금흐름은 꾸준한 배당 성향 50%로 자연스럽게 연결되고 이후에도 추가적인 자사주 매입을 진행합니다. 잉여현금흐름을 통해 주주환원을 적극적으로 시행하기에 동사의 자기자본이익률(ROE)은 10년 전 46% 수준에서 더욱 개선된 70% 수준으로 안착했습니다.

한편 동사의 꾸준한 실적 성장은 어느 곳에서 기인하는 것일까요? 판관비 부담으로 이익률이 박한 제약 업종 특성과 다르게 과점적 지위를 통해 높은 이익률을 유지하는 것입니다. 자연스럽게 노보 노디스크의 이익률은 10년 전 35% 수준에서 42% 수준으로 상향되었습니다. 노보 노디스크는 메가트렌드로 주목하고 있는 비만 시장에서 1위 사업자(글로벌 점유율 70%, 독점 수준)이며, 점점 커지고 있는 당뇨 시장에서도 1위 사업자입니다(글로벌 점유율 1위, 약 30%).

인구 통계학자 신위안은 저서 《2030 축의 전환》에서 "서방 선진국들이 인구 노령화 시대로 걸어 들어가고 있다면 중국은 그야말로 달려 들어가고 있다"고 표현합니다. 생각해보면 대학교 교양 수업 중 글로벌 문화 과목의 1순위는 식습관부터 시작합니다. 가장 부담 없이 시작하는 문화 체험은 역시 음식이겠죠. 문화적 경험 차원을 넘어, 육류 소비의 비중 증가는 선진국으로 진입한 국가에서 발견된 공통적 현상입니다. 가장 좋은 투자 방식은 메가트렌드 속에서 발생한 수요를 흡수하며 경쟁의 진입강도를 높게 쌓아올린 기업에 투자하는 것입니다. 조인성과 허준호가 열연한 영화 〈모가디슈〉에서 북한 대사 림용수가 총알이 빗발치는 상황에서도 필요로한 것은 결국 인슐린이었습니다. 전쟁 중에도 생존과 직결되는 공급 기업은 경제적 해자가 단단합니다.

3

현대인의 숙제를 대신해주는

'코스트코'

코스트코는 한국에서도 인기가 높은 미국의 유통 기업입니다. 코스트코는 쇼핑을 하기 위해서 진입장벽이 매우 높은 편입니다. 일반적인 유통 기업은 손님을 한 명이라도 더 불러 모으기 위해 마케팅 비용을 퍼붓는 상황인데 코스트코의 광고를 본 적은 없습니다. 바로 제품 퀄리티와 가격에 자신이 있기에 일반 광고를 하지 않고 입소문만으로 손님을 불러 모으는 전략인데요.

마케팅에서 가장 중요한 손님의 방문(acquisition) 이후에도 난관은 이어집니다. 바로 코스트코에서 쇼핑을 하기 위해서는 별도의 유료 멤버십에 가입해야 하고 결제 가능한 수단은 코스트코와 협약한 지정 카드사의 카드 또는 현금뿐이라는 것입니다. 가장 어려운 영업 중 하나가 카드 영업일 것입니다. 이미 개개인마다 대출 우대금리, 할인 등의 혜택으로 사용하는 주 사용 카드가 있는 상황에서 코스트코 이용만을 위해 별도의 카드를 만든다는 것은 대단한 불편입니다. 이해하기 어려울 만큼 높은 진입장벽에도 한국의 코스트코 양재점은 단일 매장 매출 1위를 기록합니다. 국내에 새로 오픈하는 매장마다 최고의 흥행을 기록하고 있는데요, 그 이유는 무엇일까요?

미국의 또 다른 대표적인 유통사인 월마트는 일반적으로 탁월하다 말하기는 어려운 저가부터 일반 상품을 타깃, 품목 수를 최대한 늘리고 최저가로 판매하는 전략을 취합니다. 한편 코스트코의 전략은 자세히 보시면 아메리칸 익스프레스, 애플과도 유사하게 느껴집니다. 광고를 하지 않고, 쇼핑을 하기 위한 진입장벽도 높지만 제품의 선별과 퀄리티, 가격 경쟁력 등 모든 측면에서 프리미엄 요인이 사업 전략에 녹아 있습니다. 잘 아시는 것처럼 아메리칸 익스프레스, 애플, 코스트코는 모두 버크셔 해서웨이의 핵심 투자 기업이었습니다(코스트코는 최근 편출한 것으로 알려짐).

저도 코스트코 주주가 된 이후 멤버십에 가입하여 열심히 사용해봤는데요, 특징이 매우 명확합니다. 1) 퀄리티 높은 제품만 판매하며, 구입 후 코스트코 이미지가 나빠질 수 있는 열위 제품을 저가로 판매하지 않습니다. 2) 퀄리티 높은 제품으로 카테고리 내 독점형 상품을 판매합니다. 예를 들어 제습기를 판매한다면 위닉스 제품 단일 상품만 판매하는 식입니다. 퀄리티 높은 제품을 매장 내 경쟁 없는 단일 공급 기업으로 선정하고, 납품사는 수량이 확보되기에 압도적 최저가를 공급합니다.

미국 현지 코스트코의 전략에 대해서는 금번 미국 유통 전문가와의 질의에서 새롭게 알게 되었는데, 핵심 대도시에는 반드시 코스트코가 있다는 것입니다. 유사한 형태의 할인점 '타깃(Target)' 등의 경우에는 도심지가 아닌 외곽에서 승부합니다. 도서《인스타 브레인》에서는 SNS가 현대인에게 불안한 마음을 심어주고 중독을 만들어내는 원리를 다룹니다. 원시시대에는 어느 곳에 식수가 있고, 어느 곳에 맹수가 있는지 새로운 정보에 대한 노출이 생존과 직결됐다고 하는데요. 오늘날 현대인들은 늘 뭔가를 알아봐야 할 것 같고, 신규 정보를 놓치면 큰일 날 것 같은 기분을 받습니다. SNS의 신규 소식 알림에 대해 강박 증상은 사실 쇼핑할 때마다 우리가 받는 "바보가 되면 안 된다. 조사를 잘해야 한다"는 스트레스와 유사합니다. 너무나 많은 정보 유입으로 이미 피로한 현대인들은 쇼핑 또한 또 다른 숙제처럼 느끼는 것입니다. 코스트코는 자체적으로 최고의 퀄리티 제품만을 소싱한 뒤, 네이버 최저가와 대비해서도 일반적으로 저렴한 가격에 공급합니다. 자연스럽게 오프라인에서 편하게 쇼핑했는데도 현명한 선택을 했는지에 대한 불안을 제거해줍니다.

어떤 제품이든 코스트코에서 산 것이라면 '잘 산 것이다'라는 믿음, 이 믿음이 결국 무형자산입니다. 높은 멤버십의 갱신율과 정기적인 멤버십의 가격 인상 주기 도래도 결국 코스트코의 제품에 대한 특징에서 비롯됩니다.

3) 타깃 소비자를 정확히 이해하고 있습니다. 대부분의 소비를 생각해보면 현대인들은 쇼핑을 하면서도 때때로 고충을 겪습니다. 쇼핑을 하려면 어떻게 해야 '호구'가 되지 않을지 벌써부터 피로도를 느낍니다. 제품별 비교 조사를 해야 하지만 검색 내용의 상당수는 광고로 범벅되어 있고, 퀄리티 및 가격 모두를 재검증해야 합니다. 코스트코는 가격에 민감하고 퀄리티에 민감한 다수에게 소싱 업무를 위탁받고, 최적의 제품 조사 및 퀄리티 보장 역할로 멤버십 이용료를 수취합니다.

물론 유통 업계는 경쟁이 치열합니다. 코스트코의 매출총이익률은 감소하고 있습니다. 한편 기업 정체성의 본질을 보여주는 코스

코스트코 매출총이익률　　　　　　　　　　　　　　(단위: %)

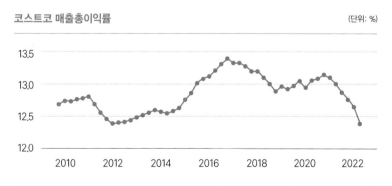

자료: 코스트코, macrotrends.net

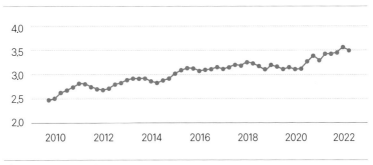

코스트코 영업이익률 (단위: %)

자료: 코스트코, macrotrends.net

트코의 티커는 비용(Cost)이지요. 그만큼 규모의 경제 효과를 누리며 비용 통제에 집중하고 있고 영업이익률(OP Margin)은 지속 개선되고 있습니다.

코스트코의 밸류에이션 PER, PBR은 모든 관점에서 보더라도 비싸다고 느낄 수 있습니다. 유통업의 낮은 이익률, 심화되는 경쟁 강도, 상대적으로 일관되지 않은 현금흐름 등을 고려할 때 더욱 그렇습니다. 코스트코 멤버십을 이용해보지 않은 고객일수록 더욱 믿기 어려운 밸류에이션이고 지속성에 의문이 생기는 사업 모델인데요. 이것은 제 주변에 있는 독일인, 벨기에 가족도 지적한 부분입니다(영국, 독일 모두 코스트코가 없습니다). 1차적으로 멤버십 이용료를 내야만 입장 가능하다는 게 이해하기 힘들죠. 다음으로 코스트코 제품이 굳이 왜 좋다고 하는지, 어디든 싸게 파는 곳이 있는데 이해하기 어려워합니다. 글을 읽으시는 분들 중 코스트코 이용 경

COSTCO WHOLESALE FY'21 Highlights

- Record Sales & Earnings (16% comp sales increase)
- Membership income hit a record $3.9B, with renewal rates also hitting records of 91% for US and Canada, and 89% worldwide
- Merchants and Operators managed supply chain and labor challenges exceptionally
- Special cash dividend of $10.00 per share in December 2020
- Kirkland Signature, Costco's private label, represented a record $59B in total sales

자료: 코스트코

험이 아직 없는 주주 분이 계시다면 직접 멤버십에 가입해서 꼭 이용해보시길 권합니다. 코스트코가 입점하지 않은 지방에 산다 하더라도 온라인 코스트코 이용은 무리가 없습니다.

코스트코가 발표한 2021년 실적 하이라이트를 보면 왜 코스트코가 탁월한 기업인지 다시 확인할 수 있습니다.

1) 고객 충성도와 경제적 해자: 코스트코의 2021년 실적 하이라이트에서 가장 중요한 것은 멤버십 갱신율 91%입니다. 미국과 캐나다를 제외한 지역에서도 갱신율이 89%를 달성했습니다. 미국, 캐나다는 이미 코스트코 매장 수가 많아서, 멤버십 가입 시 효용이 높죠. 매장 수가 상대적으로 적고, 이용 편의성이 떨어지는 타 국가에서조차 갱신율이 89%인 것은 대단한 해자가 있음을 보여줍니다.

2) 경쟁력 있는 PB 상품: 코스트코의 자체 PB 브랜드로 '커클랜드'

자료: 코스트코

가 있는데요. 경쟁력이 대단합니다. 역대 최대 매출을 기록했다고 하는데요. 식품, 영양제, 강아지 사료 등 직접 커클랜드 제품을 구입해본 경험으로는 어떻게 이 가격에, 이런 퀄리티가 나올 수 있는지 신기할 따름입니다. 이후부터는 커클랜드 제품이라면 '일단 구매해야 이익이다'라는 개념마저 생깁니다. 저처럼 PB 브랜드인 커클랜드를 경험해본 사람이라면 코스트코에 대한 충성도가 자연스럽게 더 높아졌을 것입니다.

　3) 탁월한 매니지먼트와 이사진 구성: 앞서 매니지먼트 및 이사진의

COSTCO **Costco Today**

828 Warehouses Worldwide

572 - U.S.	14 - Taiwan
105 - CN	13 - Australia
40 - Mexico	4 - Spain
30 - Japan	2 - France
29 - UK	2 - China
16 - Korea	1 - Iceland

자료: 코스트코

이해관계 구성 편에서 다룬 것처럼 코스트코의 이사진 상당수가 아주 오랫동안 이사진으로서 재직하고 있고 소유 이해관계도 일치합니다.

4) 성장 가능성: 코스트코의 국가별 진출 현황을 보면 유럽 내에서는 스페인과 프랑스 정도가 눈에 띄며 아시아 내에서도 현재 미진출 국가가 상당수입니다. 코스트코는 출점 속도에 신중을 기하는 것으로 유명합니다. 자연스럽게 이미 진출한 국가 내에서도 침투율에 추가 성장 가능성이 있고(2022년 8월 25일, 코스트코 경남 김해 지역 오픈 직후 교통대란이 났던 뉴스에서 알 수 있듯이 코스트코의 신규 오픈은 늘 화제를 몰고 옵니다) 타 국가로도 진출 시 성장 가능성이 높습니다.

5) 압도적 가격 경쟁력: 코스트코 IR 자료에서 가장 인상적이었고,

자료: 코스트코

이제야 이해되는 내용이 있었습니다. 바로 새롭게 들여온 신규 제품 중 일부의 가격 경쟁력을 IR 슬라이드에 포함시킨 것입니다. 코스트코는 하나의 영역을 지정하여, 가장 좋은 제품을 소싱하고, 그 카테고리에서 최상단 경쟁력을 확보합니다. 공급 기업은 수량에 대한 확신이 있기에 가격 대폭 인하를 고려하더라도 납품을 결정합니다. 이번에 코스트코가 신규 제품을 소개한 자료를 보면 시중 경쟁사 제품 가격 대비 절반 수준을 가격으로 책정했습니다. 가격이 저렴할 뿐 아니라, 가격 대비 질이 좋고, 이용 금액 따른 적립률 등 혜택을 고려하면 멤버십을 해지하는 게 바보 같은 선택이 됩니다. 멤버십의 충성도가 계속 유지된다는 것은 재무적으로 어떻게 해석 가능할까요? 매출 성장을 위한 CAPEX의 비중이 크지 않아도 된다는 것을 의미합니다. 생산 자산은 결국 매출 성장을 만들어내야 하며 연한 도래에 맞춰 감가상각이 발생하기에 경쟁력 제고를 위해 CAPEX를 집행합니다. 고객 마음속의 코스트코에 대한 이미지(충성도)는 감가상각이 아니라 오히려 매년 증가하고 있다고 볼 수 있습니다.

모든 기업은 향후 미래 이익 전망을 가지고 있습니다. 모든 유통 기업은 물론 다수의 상장 기업을 놓고 볼 때 가장 확실한 고객 충성도를 가진 기업이라면 이 기업의 자산은 타 기업의 자산 대비 더 강할 것입니다. 바로 무형자산에 대한 영역이며 매출 성장의 지속성을 가늠하는 잣대입니다. 매출 성장은 순이익으로 연결되고 순이익은 자기자본의 이익잉여금으로 연결되죠. 오직 장부 기준의 PBR(주가순자산비율) 밸류에이션에 한정하지 않고, 미래에 대기 중인 이익잉여금을 고려하면 밸류에이션 부담은 완화됩니다. 코스트

코스트코 주가 흐름 (단위: 달러)

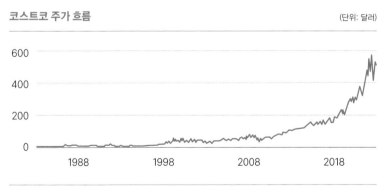

자료: 구글

코는 주기적으로 멤버십 가격 인상을 통해 현 상태가 유지만 되도 성장이 나옵니다. 물론 출점 및 국가 확장을 통해 신규 가입도 늘어날 것이니 더 큰 성장도 기대됩니다.

4
지친 현대인의 일상 속 작은 즐거움,
'영원무역'

뉴스를 온통 도배하고 있는 것은 인플레이션과 경기 침체 가능성에 대한 소식입니다. 생산가능인구가 줄어드는 상황에서 대규모 금융완화 정책의 부작용으로 경제성장률의 부진이 확정적으로 예정되어 있습니다. 물론 주식 시장은 때로는 경제성장률 부진 소식에 오히려 규제 완화 가능성을 예상하며 상승하는 경우도 있습니다. 미래 성장률 방향성을 조망하는 것은 주식 시장의 지수 밴드를 예측하려는 것이 아닙니다(누구도 알지 못합니다). 오히려 '어떤 가치로 니즈가 증가할 것인지 가늠하기 위해서'입니다.

경기가 침체되고 인플레이션이 상시적으로 높은 경제환경이라는 것은 무엇을 의미할까요? 개인의 삶이 빠듯하기 쉽고 스트레스 수준은 증가하며 보여주기 위한 과소비보다는 각자의 힐링을 위한 니즈가 증가하는 시기가 될 것입니다. 빠르게 성장하는 시기에는 모두가 앞만 보며 달라가게 되지만, 환경 자체가 가라앉는 구간에서는 오히려 각자 돌아보는 시기가 늘어납니다. 사회가 선진화되며 옷의 기능에 따라 의복의 구별이 달라집니다. 이를테면 겨울 옷에서 스키복이 분화되고, 이제는 한국에서도 테니스복과 골프복까지 다양한 의류가 보편화되었습니다. 그렇다면 가장 저렴한 비용으로 스트레스를 해소하기 적합한 의상은 무엇일까요? 저는 아웃도어 의류라 판단합니다.

자연과 함께하는 등산 및 캠핑, 트레킹은 현대인의 정신건강에 이로운 것으로 알려져 있습니다. 영원무역이 OEM(주문자상표부착생산)으로 의류를 생산하는 대표적인 브랜드는 노스페이스, 룰루레몬, 파타고니아 등으로 알려져 있고 모두 최근 3년간 실적이 폭발하는 기업들입니다. 특히 동사의 주요 고객사 룰루레몬, 파타고니아 등은 아웃도어 의류 중에서도 프리미엄 이미지가 존재하는 브랜드입니다. 룰루레몬은 레깅스계의 샤넬이라 불리고 파타고니아는 가장 돈을 잘 버는 것으로 알려진 미국 투자은행의 유니폼으로 인식되기도 했습니다.

버핏의 투자를 자세히 살펴보면 아메리칸 익스프레스와 코스트코도 평이한 결제 및 유통 업종 내에서도 프리미엄 이미지를 갖춘 기업에 집중하는 것을 알 수 있습니다. 결국 브랜드는 소비자가 바라는 본인의 정체성에 해당하겠죠? 극심한 경쟁 속에서 가격만으로는 신규 진입자에게 언제든 뒤집힐 수 있고 프리미엄 가치를 제공하는 기업만이 파고를 넘을 수 있습니다. 그런데 파타고니아는 비상장이기에 투자가 어렵고, 룰루레몬은 상장 기업이지만 밸류에이션이 지나치게 높아 부담을 느낄 수 있습니다. 아웃도어 레저 시장의 성장에 베팅하면서 밸류에이션 매력까지 확보하고 싶다면 영원무역은 좋은 대안이 될 수 있습니다.

영원무역은 앞서의 아웃도어 및 스포츠 의류에 특화된 제조 OEM과 함께 유럽의 프리미엄 자전거 브랜드, 스캇(Scott) 사업의 과반수 지분을 획득함으로써 고급화되는 취향을 타깃하고 있습니다. 자전거 사업부의 매출 내 비중은 대략 25% 수준이며, 스캇 매

영원무역 매출 구성 (단위: 100만 원)

사업 부문	매출 유형	품목	주요 상표 등	제14기 반기	제13기 반기
제조 OEM	상품 제품	아웃도어/ 스포츠 의류 신발, 백팩 등	노스페이스, 룰루레몬, 파타고니아 외	1,923,599	1,164,854
스캇	상품 제품	자전거 관련 상품, 스포츠용품 등	스캇 외	627,869	590,401
기타	상품 제품 기타	아웃도어 의류 관련 상품, 기타 상품 외	OR 외	80,229	65,000
단순 매출 합계				2,631,697	1,820,255
내부거래 매출액 제거				(919,687)	(574,437)
합계				1,712,011	1,245,818

자료: 영원무역

출의 약 80%는 유럽에서 발생 중입니다. 제조 OEM 사업부의 성장세에 비할 수는 없지만 스캇 브랜드 역시 MTB 및 전자바이크(e-bike) 시장을 중심으로 꾸준히 성장하고 있습니다. 특정 산업이 지난 수년간 성장했다는 것은 사실 결과론적 해석에 불과합니다. 프리미엄 애슐레저 시장이 성장할 것인지? 의류를 기능성에 따라 구별하는 아웃도어 시장이 지속 성장할 것인지? 마지막으로 적지 않은 웃돈을 지불해야 하는 프리미엄 자전거 시장이 계속 성장할 것인가? 그렇다면 그 원동력이 무엇인지? 숫자 뒷단에서 우리가 집중해야 하는 주제는 바로 메가트렌드의 원천에 대한 질문입니다.

시간이 갈수록 한 사회의 생활 수준은 성장하게 됩니다. 경제는 발달하게 되겠지만 SNS로 극단적 비교가 일상화되고, 기계를 통한 인력 수요 대체로 잠재 성장률은 낮아지기 쉽습니다. 자연스럽게 생활 수준 유지를 위해서는 비혼율이 높아지기 쉽고 혼인 세대 내에서도 자녀 수는 한 명으로 집중되기 쉽습니다. 물론 워라밸이라는 최근 10년간 광범위하게 확산된 단어는 앞으로 당연히 지켜야 하는 개념이 되겠죠. 모두 취향 소비의 극대화를 위한 재원과 시간 활용 니즈로 연결될 것입니다. 상대적으로 비용이 적게 필요한 아웃도어 레저 시장 성장과 반복적 소비가 필요 없는 프리미엄 자전거 시장의 성장으로 연결되기 쉽습니다.

영원무역의 실적은 최근 시장 기대치를 상회하는 실적을 기록 중인데요. 2022년 3월, 6월, 9월로 갈수록 전년 대비 증가율은 감소하는 것을 볼 수 있습니다. 결국 아웃도어 브랜드 역시 경기 침체 영향을 완전히 피할 수는 없을 것인데요. 그럼에도 시계열을 넓혀 멀리 바라보면 취향 소비와 아웃도어 시장은 성장할 것으로 판단합니다.

노스페이스 브랜드를 보유한 동사의 고객사인 VFC의 실적 발표 자료에 따르면 노스페이스는 연간으로 33%의 성장세를 기록한 가운데 2023년 가이던스로 두 자릿수의 성장세를 예상하고 있습니다.

단기적으로 아웃도어 브랜드 시장조차 경기 침체가 극대화되는 구간에서는 소비에 영향을 받을 수 있습니다. 일례로 스포츠 의류

영원무역 재무 정보 (단위: 억 원, %)

재무연월		2022/03	2022/06	2022/09
영업이익	컨센서스	865.9	1,537.3	2,153.0
	잠정치	1,458.7	2,081.4	2,759.0
	서프라이즈	68.46	35.39	28.14
	전년동기대비	97.20	98.33	96.68
당기 순이익	컨센서스	558.8	1,009.0	1,491.8
	잠정치	988.2	1,710.4	2,264.7
	서프라이즈	76.84	69.51	51.81
	전년동기대비	100.47	176.07	96.33
잠정치 발표(예정)일/회계 기준		2022/05/16(연결)	2022/08/16(연결)	2022/11/14(연결)

자료: 영원무역, 네이버 재무 정보

VANS "OFF THE WALL"	THE NORTH FACE	Timberland 🌳	Dickies
+20% +19% C$	+33% +32% C$	+20% +20% C$	+19% +19% C$

자료: VFC IR 자료

중심으로 영원무역과 고객사 포트폴리오가 유사한 대만의 OEM 기업 에클라트(ECLAT)의 월간 실적 동향을 보면, 2022년 1월부터 9월까지의 실적은 전년비 높은 상승률을 기록하였으나 10월에 들어서면서 역성장이 나오고 있습니다. 실적의 변동은 단기적으로 주가에 영향을 줄 수 있습니다. 한편 수혜주와 단기적인 역성장, 기업의 해자는 다른 것입니다. 투자가 노후를 위한 것임을 이해한다면 기업의 급을 알아보는 선별에 집중하고 분기별 실적에 따른 파고에 흔들리지 않아야 합니다.

  미국이 가파르게 긴축을 이어가며 달러/원 환율이 급등하고 원화 가치가 빠르게 약화되고 있습니다. 일부에서는 원화 약세 방어를 위해 달러 투자를 함께 고려하기도 하지만, 환전 수수료 등을 고려하면 사실 그다지 유리하지 않은 투자 방식입니다. 달러화는 위기가 오고 위험자산이 녹는 상황에서 자산을 보호하는 효과를 가지고 있죠. 달러화 강세의 수혜를 함께 누리는 기업으로도 영원

영원무역의 사업보고서 중 환율 영향

(단위: 천 원)

구분	당기		전기	
	5% 상승 시	5% 하락 시	5% 상승 시	5% 하락 시
USD	11,973,230	(11,973,230)	14,021,370	(14,021,370)
CNY	333	(333)	112,112	(112,112)
EUR	3,746	(3,746)	5,870	(5,870)
HKD	326	(326)	301	(301)
JPY	4,352,883	(4,352,883)	4,386,708	(4,386,708)
CHF	222	(222)	262	(262)
GBP	17	(17)	16	(16)
SGD	189	(189)	177	(177)
합계	16,330,946	(16,330,946)	18,526,816	(18,526,816)

자료: 영원무역 사업보고서

무역은 활용될 수 있습니다.

영원무역은 대금을 달러화로 결제받고 손익 계산서에는 원화로 표기되기 때문에 환율 상승 효과를 누릴 수 있습니다(영원무역 사업보고서 환율 영향 참조, 달러/원 환율 상승 시 세전 이익에 수혜). 물론 경제위기 수준까지 경기침체 우려가 높아지며 실적이 역성장하는 구간에서의 달러 강세는 실적을 바꿀 만한 임팩트는 가지지 못하겠죠. 그럼에도 어떤 기업이 메가트렌드에 가장 적합한 가치를 제공하고 있는지, 외부 환경 변동과 무관하게 기업의 매니지먼트가 탁월한지 파악해야 합니다. 단기 파고를 넘어 장기로 실적을 조망한다면 (아웃도어) 산업 성장에 힘입어 꾸준하게 매출이 증가하며, 수

영원무역의 외국인·기관 순매매 거래량

날짜	종가	전일비		등락률	거래량	기관 순매매량	순매매량	외국인 보유주수	보유율
2022.09.30	44,600	▼	2,900	-6.11%	259,586	-123,389	+90,095	12,957,763	29.24%
2022.09.29	47,500	▼	350	-0.73%	76,944	-1,715	+4,809	12,867,668	29.04%
2022.09.28	47,850	▼	750	-1.54%	110,010	+9,100	-8,302	12,860,859	29.02%
2022.09.27	48,600	▲	1,000	+2.10%	91,052	+19,852	-11,024	12,869,263	29.04%
2022.09.26	47,600	▼	1,000	-2.06%	105,342	+37,169	-29,335	12,880,287	29.07%
2021.11.01	43,650	▼	1,000	-2.24%	98,525	-22,434	+13,405	12,089,742	27.28%
2021.10.29	44,650	▼	1,000	-2.19%	117,612	-36,928	+20,554	12,076,354	27.25%
2021.10.28	45,650	▼	450	-0.98%	84,835	-24,010	+24,065	12,055,800	27.21%
2021.10.27	46,100	▲	100	+0.22%	92,906	-15,985	+17,186	12,031,735	27.15%
2020.11.05	28,900		0	0.00%	110,885	-32,101	+39	10,140,235	22.88%
2020.11.04	28,900	▲	350	+1.23%	92,285	-3,699	-5,787	10,139,048	22.88%
2020.11.03	28,550	▲	550	+1.96%	69,137	+5,958	+922	10,144,539	22.89%
2020.11.02	28,000	▼	400	-1.41%	101,540	-45,111	+1,670	10,137,317	22.88%
2020.10.30	28,400	▼	900	-3.07%	120,764	-31,142	-3,941	10,122,359	22.84%

자료: 네이버 재무 정보

익성의 급을 달리해오고 있는지 확인하는 지혜도 필요합니다.

최근에는 장기 투자 관점에서 바라보는 국민연금이 지분 취득 공시를 내기도 했는데요. 영원무역을 사고 있는 주체는 사실 긴 시계열에서 보면 명확합니다. 외국인이 지분율을 높이고 있는 것이죠. 2020년도의 22%대에서 2021년에는 27%대로 높아졌으며, 2022년에는 증시 폭락 및 외국인의 순매도 행렬에도 불구 지분율이 29%대로 높아졌습니다.

영원무역은 지난 12년간 약 350% 상승하며 연평균 29% 수준의 주가상승률을 기록한 기업입니다. 주가수익률을 보면 배당 수익 재투자는 미포함된 상태이기에 수익률은 오히려 과소 평가된 상태

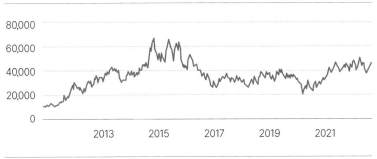

자료: 구글

입니다.

　영원무역의 가장 큰 매력 중 하나는 사실 파괴적인 수익성보다 안정적인 실적 성장 속 밸류에이션 매력입니다. 이익 창출 능력을 보여주는 PER는 2022년 기준 4.3배로 역대 최저 수준이며, PBR은 장부가치에도 미치지 못하는 0.7배 수준입니다. 2023년에는 경기 침체 영향을 반영하여 이익 기대치가 낮아지고 밸류에이션 부담이 다소 높아지겠지만 그럼에도 평균 밴드 대비 저렴한 수준입니다. 그렇다면 주가는 지난 12년간 330% 증가했는데 어떻게 밸류에이션 멀티플은 부담이 낮아진 것일까요(PER, PBR은 모든 조건 동일 시 주가 상승 시 배수가 높아짐)? 바로 기업의 급이 변화하며 이익 창출 능력이 좋아진 것입니다. 주당배당금도 자연스럽게 300원에서 350원, 400원, 500원, 이어서 1,000원으로 빠르게 증가하고 있는 것을 알 수 있습니다.

천천히 말씀드리는 요지를 상기해보시기 바랍니다. 금번 챕터의 핵심 주제는 메가트렌드를 조망해야 하며 인문학적으로 톱라인에 해당하는 매출 성장이 자연스럽게 발생하는 곳을 투자하자는 것입니다. 매출 성장이라는 것은 산업이 저무는 곳에서 특정 기업이 유달리 잘해서 발생할까요? 그런 경우도 있겠지만 일반적으로 매출 성장은 산업이 성장하는 곳에서 늘어나기 쉽습니다. 인문학적으로 본능이 수요를 만드는 곳, 또는 통계학적으로 고령화·비혼율 등에 따라 시장이 성장하는 곳일 텐데요. 투자 기업 선별의 핵심은 인문학과 정성적 스토리 투자로 끝내선 안 됩니다. 그것은 1차적 관점에 해당할 뿐 이후부터는 정량적 모든 지표가 투자 관점에서 맞아야 합니다. 시간이 갈수록 유지되는 질이 좋은 이익 창출 능력, 점차적으로 더 개선되는 급의 변화가 필요합니다. 그런 기업만이 수익 창출 능력이 더 좋아지면서 주가가 상승하더라도 밸류 매력이 더 높아집니다.

5

장기 불황 시대의 수혜 기업,
고려신용정보

한국에서는 가치주 또는 성장주, 두 분류의 투자 방식이 극명하게 대립되는 것처럼 받아들여지곤 합니다. 성장주 투자가 유리한가, 가치주 투자가 유리한가? 언제 들어도 흥미진진한 질문이 반복되기도 하죠. 섣불리 답을 내리기보다 왜 두 개의 투자 스타일이 대립되는 것으로 이해될지 질문해봐야 하는데요.

배당 성향이 높으면서 지속 성장 동력까지 확보한 기업이 드물기 때문입니다. 기존 사업이 수익성이 높고 돈을 잘 벌 경우 경쟁자가 진입하여 이익률이 악화되며 점차 성장 동력을 잃게 됩니다. 새로운 사업 영역에 진출해서 돈을 벌고자 하니 자신이 없는 경우가 있죠. 이때 기업은 배당 및 자사주 매입 등을 통해 자본을 주주에게 돌려줍니다. 특히 한국에서 가치주로 분류되는 대부분의 기업들은 비균질적인 이익 성장을 보입니다. 적자를 만들지는 않겠지만 이익 체력의 변화 없이 대부분 과거 수준을 맴도는 경우에 해당합니다. 한 번쯤 지방 여행 등을 하실 때 광고판을 봤을 법한 기업이 한국의 채권 추심 1위 기업, 고려신용정보입니다.

지난 10년간 글로벌 경제정책을 관통했던 정책은 저성장 및 다가오는 경기 불황을 타파하기 위한 양적완화 정책이었습니다. 미국을 필두로 해서 일본 등 선진국 대다수 국가는 중앙은행의 국채 매입을 통해 채권 금리를 낮게 유지했습니다. 전폭적 지원금 지급을 통해 확장적 재정 정책을 함께 유지했죠. 2020년 세계를 강타했던 코로나19 전염병 확산은 기존의 양적완화 사이즈를 훨씬 더 높였는데요. 글을 쓰는 2022년 현시점 세계가 집중하는 주제는 지금까지 뿌려 놓은 자금의 회수, 긴축 정책의 강도 및 속도입니다.

고려신용정보는 긴축 구간에서 한계 차주 발생 및 연체율 증가로 최대 수혜를 얻을 수 있는 기업입니다. 당장의 연체율 증가에 따른 수혜만이 아닙니다. 노인 인구 증가 및 생산가능인구의 감소에 따른 구조적 저성장 수혜까지 그대로 흡수할 수 있습니다. 우리나라는 이미 글로벌 저출산 통계에서 압도적인 1위를 차지하고 있죠. 결혼을 하지 않고 하더라도 두 명 이상의 자녀는 생각도 하지 않는 것이 일반적인데요. 생산가능인구가 늘어나지 않는 경우 수요 증가에 한계가 있기 마련입니다. 정부로서는 재정 확장 정책을 통한 인위적 경기 부양에 나서기 쉽습니다. 수출 중심의 한국경제 체질을 고려하면 통화 가치 절하에 나서기 쉽습니다. 한 국가의 역사는 기본적으로 화폐 가치 절하를 통한 성장 동력 확보로 연결됩니다. 자연스럽게 회수 금액에 해당하는 표면 금액의 증가로 이어지기 쉽습니다.

고려신용정보의 지난 10년 실적을 보면 한국에서 매우 희소한 배당 성장주의 전형적인 모습을 갖추고 있습니다. 채권 추심 업종에서의 경제적 해자를 자연스럽게 알 수 있는데요. 1위 시장점유율을 기반으로 매출 및 영업이익이 꾸준히 늘어납니다. 클라이언트에 해당하는 금융권에서는 선두 지위를 가지고 있는 고려신용정보에서 추심 업체를 바꿀 이유가 적습니다. 안정적인 선두 지위를 기반으로 매출 성장에 어려움이 없기에 높은 배당 성향을 유지합니다. 부채 비율이 업종 특성상 높은 특성도 있지만 기본적으로 탁월한 자기자본이익률(ROE) 수준을 유지합니다. 고려신용정보는 높은 배당 성장을 유지하면서 직전 10년간 안정적 주가 성장을 기록한 것은 아래 다섯 가지 배경으로 요약될 수 있습니다.

1) 시클리컬 속성이 없다: 경기 불황기에는 연체 채권 수주 물량이 늘어나고 경기 회복기에는 기 수주한 물량의 채권 회수가 늘어나며 매출로 인식이 늘어납니다.

2) 대주주와 이해관계가 일치한다: 복잡한 지분 구조 없이 심플한 사업 구조여야 합니다. 다음 주주관계 표에서 볼 수 있듯이 대주주와

고려신용정보의 최대 주주 및 특수관계인의 주식 소유 현황 (단위: 주, %)

성명	관계	주식의 종류	소유 주식 수 및 지분율				비고
			기초		기말		
			주식 수	지분율	주식 수	지분율	
윤의국	최대주주 본인	보통주	2,157,962	15.1	2,157,962	15.1	–
신예철	최대주주 배우자	보통주	2,119,758	14.8	2,119,758	14.8	–
고려휴먼스(주)	최대주주 30% 이상	보통주	1,341,249	9.4	1,341,249	9.4	–
윤태훈	최대주주 자녀	보통주	1,215,399	8.5	1,215,399	8.5	–
윤수연	최대주주 자녀	보통주	150,000	1.0	150,000	1.0	–
오상범	임원	보통주	1,000	0.0	1,000	0.0	–
계		보통주	6,985,368	48.8	6,985,368	48.8	–
		우선주	–		–		

자료: 고려신용정보 사업보고서(2022년 3월 31일)

소액 주주 간 이해관계가 정확하게 일치합니다. 자연스럽게 대주주의 연간 현금 수입을 늘리고 싶다면 높은 배당 성향을 유지하게 됩니다. 동사의 2017~2021년, 직전 5년간 평균 현금 배당 성향은 55% 수준입니다. CAPEX 수준은 순이익 대비 낮은 비중을 유지합니다(직전 5개년 평균 순이익 대비 CAPEX 비중, 30% 이하). CAPEX 부담이 적기에 잉여현금흐름은 계단형으로 성장합니다. 본업이 건강한 성장 기반의 높은 배당 성향이기에 주당 배당금은 꾸준하게 성장합니다.

3) 장기적으로 인플레이션 수혜를 받는다: 동사의 실적은 기본적으로 채권 회수 금액과 연동됩니다. 한편 채권이라는 것은 결국 숫자

고려신용정보의 배당 관련 재무 정보

	2017	2018	2019	2020	2021
현금DPS(원)	200	220	250	275	300
현금배당수익률	6.59	5.80	5.06	4.61	3.53
현금배당성향(%)	77.55	65.43	52.49	37.14	42.37

자료: 고려신용정보, 네이버 재무 정보

로 표기되는 화폐 가치에 대한 내용이고 화폐 가치는 매년 하락합니다. 그렇게 따지면 다른 기업도 마찬가지 아니냐고 할 수 있지만, 다른 기업은 고정적 수준의 채권 수주 비중 등으로 승부하는 것이 아니라, 해당 시점의 출시 상품, 제품 경쟁력의 해자 등으로 승부가 발생합니다. 동사는 기존 금융기관 등과의 관계 및 점유율로 고정적 물량을 기본적으로 수주하는 구조이기에 화폐 가치 하락분이 그대로 숫자에 반영되기 쉽습니다.

4) 높아지는 시장점유율: 고려신용정보의 시장점유율은 15% 수준에서 17% 이상으로 최근 빠르게 높아지고 있습니다(241쪽 도표 참조). 크게 세 가지 이유가 있을 것입니다. 1) 채권 추심업 기업 중 국내 유일한 상장사로서 이미지 2) 브랜드 인지도가 높은 시장 내 선두 기업 3) 마지막으로 채권 추심 시장 정체기에 자본력 면에서 열위에 있는 경쟁사의 채권 물량을 흡수하며 점유율을 키우고 있기 때문입니다.

경기 변동에 따라 금융권의 대출 규모와 동사의 수주 물량은 변

고려신용정보의 직전 5개년 영업이익률 및 자기자본 수익성 재무 정보

	2017	2018	2019	2020	2021
영업이익률	5.68	7.08	6.94	7.85	8.99
순이익률	4.08	4.52	5.68	7.73	6.78
ROE(%)	21.02	25.64	–	39.79	31.62

자료: 고려신용정보, 네이버 재무 정보

화될 수 있습니다. 채권 회수율도 경기 상황에 따라 영향받을 수 있겠죠. 그럼에도, 고려신용정보는 전국적인 인지도를 통해 채권 물량 수주에 유리하며, 상장사로서 지위로 시장점유율을 확대해가고 있습니다.

5) 이익의 예측 가능성: 여러분들께 일관되게 말씀드리는 요지는 지금 당장 누가 수익을 가져다준다 해도, 최상급이 아니라면 피하라는 내용입니다. 그렇다면 기업의 경제적 해자를 가늠하는 가장 좋은 방법은 무엇일까요? 너무 간결합니다. "수익성 높은 (질이 좋은) 이익 성장이 지속될 것인가?" 이 하나의 문장으로 요약하여 설명할 수 있습니다.

동사의 ROE는 20%대에서 40%까지 올라온 상황입니다. 사람이 직접 영업하는 사업 특성상 이익률은 낮을 수밖에 없지만 결국 영업이익률의 목적은 단 하나입니다. 높은 이익률이 의미하는 지표, 진입장벽이 높기에 이익 성장이 지속될 수 있고, 높은 수익성으로 연동될 수 있는지 가늠하기 위함입니다. 즉 이익률보다 결과 값

인 실제 주주 자본에 대한 수익성 ROE가 훨씬 중요합니다.

영업이익률은 기업이 업계에서 가지고 있는 경쟁력이 얼마나 높은지 가늠하는 지표이죠. 수익성은 이익률과 자기자본이익률(ROE) 모두 포괄하는 단어인데요. 영업이익률은 높지만 ROE가 상대적으로 낮은 기업들이 존재하고 반대의 경우도 있습니다. 이때는 ROE가 인위적으로 높여진 상태인지, 고수익성의 지속 가능성을 잘 가늠해야 합니다. 인위적으로 ROE가 높아진 경우는 어떤 때일까요? 이익이 감소하는데도 불구하고 자사주 매입을 늘리고 배당금 확대 등을 하는 경우, 또는 과도한 부채 비율을 안고 있는 경우입니다. 부모가 실직했는데 자녀의 자존심을 위해 페라리를 사주는 상황이 과연 지속 가능할까요? 좋은 기업은 자연스럽게 돈이 잘 벌리는 가운데 수익성이 자연스럽게 높은 상황을 의미합니다.

고려신용정보의 직전 5개년 재무 정보를 보면, 대면 기반 사업 특성상 영업이익률은 낮지만 높은 ROE가 유지되고 있습니다. 부채 비율은 2021년 기준 140% 수준에 해당하지만 부채의 25% 수준은 금융이자가 발생하지 않는 매입 채무에 해당하기에 안정적으로 성장하는 좋은 숫자입니다.

6

경기 변동과
무관한 기업

2022년을 기점으로 인플레이션 우려로 증시가 급락하더니 이제는 경기 침체를 모두가 두려워하고 있습니다. 앞으로도 투자를 이어가다 보면 경기 변동은 끊임없이 순환할 것이고 그때그때의 두려운 이유들은 계속 나올 것입니다. 2008년 금융위기, 2011년 남유럽 위기, 브렉시트, 트럼프 당선, 코로나19 발생 등 예상을 뛰어넘는 충격은 사실 형태만 달리하며 계속됩니다. 투자 기간을 충분히 묵힐 수 있는 투자자일수록 경제적 해자를 점검해야 합니다. 소비여력 침체에서 매출 역성장 우려는 없는지, 신규 플레이어 진입의 위협에서 견고할 수 있는지 점검해봐야 합니다. 대표적으로 견고한 산업 중 하나는 폐기물 산업이 될 것입니다.

폐기물 매립지가 거주지 인근으로 오는데 반대하지 않는 주민은 매우 적을 텐데요. 매립지 확보부터 쉽지 않지만, 매립 이후에는 수십 년간 모니터링 의무까지 져야 하는 폐기물 산업은 신규 업체들이 진입하기에 규제 강도가 높습니다. 휴대전화 통신 및 금융 모두 대표적으로 전환 비용이 높은 서비스 유형인데요. 폐기물 처리 서비스 또한 락인(lock-in) 효과가 높은 서비스업 중 하나입니다.

진입 장벽은 높고, 고객의 락인 효과는 높기에 자연스럽게 기존 선두 기업에게 프리미엄이 쌓이기 쉬운데요. 미국의 1위 폐기물 처리 기업 웨이스트 매니지먼트는 쓰레기 수거부터 폐기물 이전, 매립 이후 재활용까지 폐기물 전 과정에서 매출이 수직통합으로 발생합니다. 동사는 컨퍼런스콜을 통해 인플레이션 압력에 대응하여 폐기물 처리 비용을 인상하며 가격 전이가 가능하다 밝혔습니다. 실제 웨이스트 매니지먼트는 안정적으로 10% 후반대의 영업이익

웨이스트 매니지먼트 손익계산서 (단위: 백만 달러)

	2017	2018	2019	2020	2021
매출	14,485	14,914	15,455	15,218	17,931
매출총이익	5,464	5,665	5,959	5,877	6,820
EBITDA	3,930	4,229	4,089	3,989	4,712
EBITDA 비율	27.13%	28.36%	26.46%	26.21%	26.28%
영업이익	2,636	2,789	2,706	2,434	2,965
영업이익률	18.20%	18.70%	17.51%	15.99%	16.54%

자료: 웨이스트 매니지먼트

웨이스트 매니지먼트 배당금 추이(19년 동안 연속 배당금 증액)

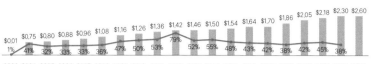

자료: 웨이스트 매니지먼트

률을 지속적으로 기록하는 중인데요. 규제 산업이기에 플랫폼 기업처럼 극단적 고수익성을 보이지 않지만, 반대로 환경 변화와 무관하게 높은 수익을 낸다는 특성을 그대로 보여줍니다.

웨이스트 매니지먼트의 폐기물 처리 수익률은 6% 이상으로 최고 수준을 기록하였는데요. 동사의 CEO가 IR 자료에서 자주 사용하는 표현은 'annuity like'입니다. 마치 연금처럼 손쉽게 따박따박 자신들은 돈을 벌고 있다는 것입니다. 동사는 2019년 연속 배당금 증액을 IR 슬라이드에 언급하고 있습니다. 핵심은 산업 성장성이 더 커지고 있고, 기업이 갖는 해자가 깊어지는 가운데 만들어 낸 배당금 상향입니다.

일반적으로 우리는 단기적 시각에 자꾸 관심을 뺏기게 됩니다. 증시가 오를 것이냐, 내릴 것이냐, 어떤 유명한 사람이 숏 포지션을 구축했는가 등 흥미 위주로 투자도 진행되기 쉬운데요. 시계열을 장기로 조금만 늘리면 관점은 명확합니다. 생활에 필수적인 서비스에서 독점적 해자를 구축하고, 숫자 성장이 더 빨리지는 기업에 자본을 배치해놓으면 됩니다. 일상 생활에서 가장 현명한 소비를 했다고 느끼게 해주는 코스트코, 경제성장률과 무관하게 상시적으로 발생하는 폐기물 처리 기업 웨이스트 매니지먼트, 나의 재산 여부와 무관하게 반복적 투여가 필요한 인슐린 관련 기업 노보 노디스크 등 모두 단일 사업을 영위하고 경제적 해자를 쉽게 알 수 있는 기업들입니다.

불황기라고 해서 특별히 호황을 맞는 것도 아니고, 호황기에 수요가 감소하는 기업도 아닌 기업을 찾아야 합니다. 대단한 수주 공시 등은 없지만 원만하게 꾸준하게 이익을 만들고, 그렇기 때문에 더욱 편하게 투자할 수 있는 기업이겠죠. 최근에는 2차전지에 이어, 태양광, 다음으로는 군사 기업으로 자금 쏠림이 이뤄지며 끊임없이 단발성 뉴스들이 옮겨 다니는데요. 일회성 및 단기간 수혜에 집중된 수주 중심 기업의 경우 매도 타이밍을 놓치게 되면 흘러내리는 경우가 허다합니다. 글을 쓰는 2022년 10월 최근 같은 급락장에서는 그나마 테마가 있고, 호재가 있는 기업만 살아남는다고 생각할 수 있는데요. 이런 시기일수록 안정적 사업체 중심으로 시선을 좁혀야 합니다.

경기 변동과 무관한 기업이라는 특징에서 웨이스트 매니지먼트 뿐 아니라 앞서 언급한 노보 노디스크나 고려신용정보를 함께 살펴보시죠. 다음 이미지는 일론 머스크가 노보 노디스크의 비만 치

노보 노 디스크 제품에 대해 좋은 피드백을 하는 일론 머스크의 트위터

료제인 '위고비'를 사용하고 있다고 말한 트윗 내용 중 하나인데요. 경기가 어려우면 스트레스를 받아 비만 인구가 늘어나고 경기가 좋아도 선진 사회로 진입하기에 비만 인구가 늘어납니다. 당뇨도 마찬가지입니다.

　마음 편한 심플한 투자를 해야 합니다. 경기 변동을 맞췄다고 기뻐하기보다, 경기 변동에 민감하지 않은 균질적 성장 기업을 선택해야 합니다. 투자에서 정말 중요한 것은 항속적 수요입니다. 무엇으로 판별 가능할까요? 먼저 매출 및 영업이익 성장의 지속성이며, 반복적 수요가 발생하는 사업 모델입니다. 제품이 판매된 이후에 추가 구매가 늦어지는 경우 아주 파격적으로 산업이 성장하지 않는 한 성장이 한계를 맞습니다. 금융의 원동력은 화폐 팽창이고, 자연스럽게 상환과 대출 실행이 반복되는 수요입니다. 금융의 앞단이 신용 조회, 메인이 대출 실행이라면 그다음은 채권 회수, 추심입니다. 고려신용정보가 영위하는 사업이죠. 인슐린 투여 역시 반복

적 수요입니다. 1형 당뇨는 회복이 어렵다고 알려졌기에 인슐린을 계속 주입해야 하고, 2형 당뇨 역시 극단적 환경 개선 없이는 반복적 투입이 필요합니다. 웨이스트 매니지먼트가 영위하는 폐기물 산업은 사실상 매일 수요가 발생하는 영역입니다.

국내 증시를 보다 보면 투자자 입장에서 불편한 상황들이 익숙하게 펼쳐집니다. 소액 주주에게 불리한 형태로 기업이 분할되거나, 전혀 상관없는 분야로 사업다각화를 한다는 뉴스 등도 익숙합니다. 기존에 우량주로 분류되던 기업조차 그러한데, 실적조차 형편없는 기업들은 더욱 경계해야 합니다. 물론 그 모든 본질과 상관없이 순간순간 그들은 수혜와 테마로 묶인 채 급등과 급락을 반복합니다. 대부분은 이렇게 질문합니다. 주가가 오를 것 같으면 된 것 아니냐고 말이죠. 그렇지가 않습니다.

대주주와 이해관계가 일치하고, 단일 사업에서 확고한 경제적 해자를 보유한 채, 고객이 스스로 열정적인 영업 사원이 되어 마케팅비를 절감해주는 회사. 이런 기업은 자연스럽게 이익율이 높게 나오게 되는데요. 일론 머스크의 비만치료제(위고비) 고객으로서의 트윗은 노보 노디스크의 해자를 보여주는 사례입니다. 생각해보면 테슬라, 에르메스, 애플, 코스트코도 모두 동일한 경제적 해자 기업의 특성을 보여줍니다. '고객이 무비용으로 기쁘게 제품 홍보 역할을 수행'하는 것입니다. 가치에 대한 집단 구성원의 생각 변화에서도 기업의 해자를 확인할 수 있습니다.

혹시 프라이탁이라고 들어보셨나요? 재활용 플라스틱으로 가방을 만들어 판매하는 기업인데요. 전 세계적으로 인기를 끌고 있습니다. 압구정 프라이탁 매장 앞에는 손님들이 길게 줄을 서 있습니다. 재활용 사업 및 재생에너지에 관심이 높은 것이 MZ세대의 특징입니다. 정말 마음 편한 투자는 기업의 투자가치뿐 아니라 기업이 제시하는 비전에 대해 공감돼야 합니다. 만약 환경 재생 에너지에 대한 관심이 높고, 경기 방향성과 무관한 성장, 안정적인 배당 사업을 생각한다면 웨이스트 매니지먼트를 생각해볼 수 있습니다.

투자를 처음 배울 때 중요하다고 배웠던 재무 지표들을 떠올려보시죠. 수익성의 지표 중 하나인 ROE와 영업이익률이 있죠. 재무 건전성의 지표인 부채 비율도 있습니다. 그 외 본업이 역시 짱짱해야 한다고 말하는 영업이익 성장률도 있습니다. 가장 중요하다 말하는 영업현금흐름이 있고 주가와 밀접한 관계를 보인다는 잉여현금흐름도 있습니다. 모두 많이 들어본 재무 지표인데요. 가장 중요한 것은 단연코 산업 성장성과 매출 성장입니다. CNBC는 미국 내 쓰레기 산업이 어떻게 돈을 벌고 있는지 여러 폐기물 전문가의 인터뷰를 통해 자세하게 다룬 적이 있는데요.[13] 폐기물 처리 단가 관련 핵심 영향 요인 중 하나는 인구 밀도라고 합니다.

UN 통계 자료에서 확인 가능하듯 미국은 최대 소비 국가인 동시에 여전히 인구가 증가하는 강대국인데요. 폐기물 산업은 폐기물을 수거하고, 이동시킨 뒤 매립하는 역할을 합니다. 이후 매립 폐기물을 에너지로 전환하기까지 하는데요. 수거부터 재생에너지 전환까지, 전 과정에서 매출 성장이 발생합니다. 정부는 매립 폐기물을 에너지로 전환시키는 기업에게 보조금을 지급합니다. 2022년 천연가스를 중심으로 한 에너지 가격 급등세는 웨이스트 매니지먼트가 생산하는 재생에너지의 가치를 높여줍니다. 산업이 성장한다는 의미를 각별하게 여러 갈래에서 생각해봐야 합니다.

예를 들어 의류 산업은 성장할까요? 산업 전체의 일관된 성장이라 하기보다는 세그먼트별로 상황이 다를 것입니다. 취향의 가치가 경제 성장에 따라 중요시되고 SNS를 통해 연결 및 비교가 가속화되며 명품 산업이 더 가파르게 성장하겠죠. 한편 글로벌 경기 불황을 고려한다면 명품 및 가성비 의류 등 일부만이 성장을 견인하고, 그 외 브랜드는 극심한 소비 부진에 시달릴 것입니다. 달리 말해 산

미국 인구 증가(1950~2102)

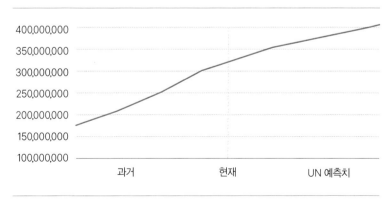

자료: UN 통계

업이 성장한다 하더라도 개별 기업별로는 엄청난 경쟁 강도에 놓인 다는 것입니다.

폐기물 산업의 경우, 산업 전체는 파격적으로 성장하지 않을지 모르겠습니다. 다만 글로벌 배달음식의 성장은 직전 수년간 가속화 되었고, 재활용이 갖는 시대적 의미는 젊은 세대를 중심으로 훨씬 높아졌습니다. 웨이스트 매니지먼트의 매출에는 폐기물의 재활용 도 포함되며, 환경 규제가 강화되며 매립 이후 30년간 폐기물 모니 터링 의무가 존재합니다. 매립지 확보는 정부와의 우호적 관계가 핵 심이며 규모가 영세한 신규 사업자의 진입을 막는 강력한 장벽입니 다. CNBC의 폐기물 산업 분석에 따르면 공기업은 최근 연이어 폐 기물 사업에서 철수하고 있어, 선두 기업의 점유율 확대로 연결될 전망입니다. 이익 성장이 가장 중요하지만 성장의 지속성을 위해서 는 무엇보다 균질적 매출 성장이 중요합니다. 로봇, 전기차, 태양광 등 시대적인 산업에 더 끌리기 마련이지만 안정적 매출 성장의 1번 은 상대적으로 경쟁 강도가 제한된 곳에서 1등 해자를 차지하는 것입니다.

Chapter 10.

즐거운
투자를 위한
마인드셋

도서를 마무리하며 이번에는 훨씬 더 중요한 일곱 가지 핵심 포인트를 말씀드리려고 합니다. 앞서 우리는 투자의 본질이 무엇인지, 훌륭한 기업은 어떤 특징을 가지고 있는지, 메가트렌드를 보면 어떤 기업이 유리할지 등 주식 투자 관점에서 미시적 내용들을 살펴보았죠. 한편 투자에서 훨씬 더 중요한 진짜 승부수는 즐겁게 투자를 이어갈 수 있는 환경을 조성하는 것입니다. 다음 일곱 가지 큰 방향성이 앞서 미시적 주식 투자 관점보다 훨씬 중요하니 늘 명심하고 실천하시기 바랍니다.

1

투자 성과는
오직 맡길 때 만들어진다

개인투자자들을 긴 시간 관찰하며 공통적인 내용을 발견할 때가 많습니다. 이상적인 롤모델에 대한 인식이 처음부터 잘못됐다고 느낍니다.

이를테면 주식 투자 분석이 예리하고, 투자 수익률이 벤치마크를 매년 이긴 뒤 몇천만 원, 몇억 원의 수익을 낸 경우에 대단히 부러워하고 존경을 표합니다. 그들은 어떻게 성공을 한 것일까 찾아본 뒤 내린 결론은, 결국 기업에 대한 공부를 해야 하며 노력 없이 되는 것은 없다는 것입니다. 사업보고서를 열심히 뜯어보게 되고, 분기 보고서 등의 상세 주석 내용까지 열심히 공부하고 애널리스트 리포트를 찾아봅니다. 산업 리포트를 읽고, 기업 리포트를 읽고, 일부에서는 주식 스터디를 하고 IR에 전화하는 모임까지 만들어 활동하기도 하죠. 분명 이것들은 기업에 투자할 때 가장 기본이라 할 수 있는 공부일 수 있고, 투자 성과에도 도움이 될 것입니다. 한편 저는 오히려 조금 다른 질문을 하고 싶습니다. 과연 위와 같은 방법이 성과를 내는 것에 정말 이상적인 투자 방식인가라는 질문입니다.

직장을 다니게 되면 출퇴근 거리 등을 제하고 나서 퇴근 후 여유 시간은 불과 3시간쯤 해당할 것입니다. 싱글이라면 연애에 집중해야 할 때이고, 결혼을 해서 자녀가 생겼다면 자녀와 시간을 보내고 양육에 집중해야 합니다. 물론 일부는 돈을 목표한 시점까지 모은 뒤 결혼할 계획을 갖습니다. 일부는 결혼 후에도 의도적으로 출산을 늦추는 계획을 갖기도 합니다. 제 기준에는 모두 지극히 비합리적 단기적 관점에 불과합니다. 돈이라는 것은 내가 집중할 때 더 벌리는 것도 아니고, 녹일 때 성과가 더 높게 나오는 것도 아닙니다. 오히려 훨씬 중요한 것은 올바른 원칙의 지속성이고, 투자 외 나의 라이프스타일에서 만족도를 높일 수 있는 균형감입니다.

상식적으로 겨우 3시간 단위의 여유 시간이 있는데 리포트와 기업 뉴스를 찾아본 뒤, 매일 시황을 점검하면서 나의 삶의 만족도를 올릴 수 있을까요? 기초 체력을 위한 운동 시간은 물론, 가족을 돌아볼 시간, 그 외 나의 취향을 계발할 수 있는 여유는 완전히 사라집니다. 투자는 본인이 압도적인 노력을 통해서 풀어내는 것이 아닙니다. 노력을 해야 하는 것은 맞지만 '노력의 주제를 어떻게 인식하는가'는 훨씬 더 중요한 질문입니다. 계속 언급드린 것처럼 전 세계적으로도 독보적 경제적 해자를 갖춘 기업은 매우 희소하며 특정 분기에 기대치를 하회하거나 상회한 것으로 해자가 바뀌지 않습니다. 지금부터 실적이 좋아지는 열위의 A 기업이 금분기라고 특별할 것 없는 압도적으로 탁월한 해자의 B 기업 대비 더 좋은 것도 아닙니다. 열위의 기업에게는 시간이 적으로 작용하기 때문입니다.

그렇다면 어떻게 하면 투자 성과와 삶의 균형감을 동시에 가져갈 수 있을까요? 그 해답은 '투자는 오히려 바보가 성과를 낼 수 있다'고 인식하는 것입니다. 내가 모든 분야에서 전문가가 되는 것은 처음부터 불가능하다고 인식하는 게 중요합니다. 내 한계를 인정하면 자연스럽게 각 분야에서 1등 전문가를 찾아 맡기는 방식으로 해답을 찾게 됩니다. 퇴근 후 시간을 녹여 풀어내는 방식이 아니기에 각자의 일상에 집중할 수 있습니다. 휴식을 통해 삶에 즐거움이 확보됩니다.

한편 분야별로 전문가들이 풀어내도록 맡겨 놨기에 장기간에 걸쳐 성과는 더 탁월하게 복리로 나오게 됩니다. 투자 측면에서는 경제적 해자를 갖춘 사업 모델에서 이해관계가 일치하는 매니지먼트를 보유한 기업, 양질의 일자리가 증가하는 지역의 대지 지분 등이 그것입니다. 열위의 기업을 1년에 12번씩 바꿔가며 수혜를 얻는 것보다 아주 탁월한 기업의 규모를 키우는 것이 언제나 나은 선택입니다. 유비는 자신의 부족함을 인정하며 분야별 인재를 얻었습니다. 〈삼국지〉를 통해 투자에서도 믿고 맡기는 리더십 교훈을 얻길 희망합니다.

2
새벽 시간을 확보하고
좋은 습관만 남긴다

여러분은 마음에 항상 품고 생각하는 존경하는 분이 계신가요? 저는 《네이비씰 승리의 기술》의 저자 조코 윌링크를 존경하며 자주 생각하는데요. 그는 매일 새벽 4시 30분경 일어나 손목시계 인증을 트위터에 남기는 것으로 유명합니다. 20년간 네이비씰에서 근무하며 이라크 등 목숨이 실제 오가는 전장에 참여했는데요. 매일 새벽 나의 적보다 일찍 일어나 하루를 준비하는 태도에 대해 그는 언급합니다.

새벽에 일찍 일어나 하루를 준비하는 태도에 대해서는 노력형 천재 코비 브라이언트도 여러 차례 강조한 적이 있습니다. 새벽에 일찍 일어나는 것만으로도 경쟁에서 몇 걸음이나 앞설 수 있고, 그

격차는 점차 쌓인다는 것이죠. 저도 직장생활을 10년가량 했기 때문에 체력 관리의 어려움과 시간 활용의 중요성에 대해 격하게 공감합니다.

투자 열풍이 불며 일부에서는 점심 시간을 활용하며 애널리스트 보고서를 읽는 등 자기계발 움직임이 있었는데요. 직장생활의 자존감은 결국 승진 및 인사고과에서 좌우되며, 조직생활에서 원만한 커뮤니케이션을 만드는 팀워크는 사실 함께 밥 먹으며 생겨나기도 합니다. '월급 루팡'이라는 말까지 생겨날 정도로 회사는 허투루 다니고 최대한 내 할 일을 해야 한다는 주장도 있었지만 그것이야말로 자충수에 해당하는 짧은 생각입니다. 우리 모두는 사람이기에 감정적 동물입니다. 직급이 높아질수록 업무에 대한 몰입 없이는 동료로부터 능력 없는 취급을 당하고 이때 자존감이 높이 유지되기란 현실적으로 어렵습니다.

더 멀리 내다보려면 회사에서는 업무에 완전 몰입하고, 별도의 본인 시간을 확보하기 위해 새벽을 일찍 준비하는 것입니다. "나는 새벽에 일어나는 게 힘들어, 새벽형 인간은 허상에 가깝고, 저녁형 인간이 나는 더 맞는 것 같아"라는 의문도 들 수 있는데요. 생각해보시면 저녁 시간의 상당 분을 우리는 불필요한 감상에 빠져 보낼 확률이 높습니다. 아침이라면 굳이 깊게 들어가지 않을 법한 감정도 저녁 밤 시간이 되면 유독 떠오릅니다.

새벽으로 승부수 시간을 결정하면 일찍 자게 됩니다. 피로도가 회복되어 명료한 상태가 되고, 술을 마실 확률도 없기에 저녁 대비 생산성이 높아집니다. 직장인 및 사업을 하시는 분들 모두 조용한 새벽 시간을 확보해서 승부를 걸어야 합니다. 습관이 결국 하루를 구성하고, 하루가 한 달, 1년이 되며 그 사람의 인생을 바꾸게 됩니다. 일부에서는 고생하고 왔으니 퇴근 후 맥주 한 캔 정도는 괜찮겠지라고 말하는 경우도 있습니다. 하지만 정말 그런가요? 맥주를 마시게 되면 어울리는 안주를 찾기 마련이고 안주가 맥주를, 맥주가 다시 안주를 부르는 자연스러운 순환이 만들어집니다. 맥주도 있고, 안주도 있다면 영화 한 편은 너무 자연스러운 힐링 코스입니다. 이것이 바로 "딱 한 잔 맥주를 마셔도 괜찮지", 새벽형 인간의 결단 부재에서 생겨나는 연결고리입니다. 새벽 4시 30분에 일어나는 루틴이 정착되어 있다면 밤 10시에 분위기를 잡으며 맥주를 딸 수 없습니다.

하루하루를 뒤가 없는 마음으로 살아야 하는데 새벽 4시 30분은 매일을 전쟁으로 만들어줍니다. 하지만 그 기분이 상쾌합니다. 우리가 괴로운 것은 신체의 고통이 아니라 정신의 고통에서 오기 때문입니다. 하기만 하면 맛보는 매일매일의 확정적 승리감, 새벽의 승리로 하루를 시작해보세요.

3

인생의 중심을 바로 세우는
'실전 체력' 만들기

저는 투자리서치 사업을 영위하고 있는데, 한번씩 당황스러운 경험을 할 때가 있습니다. 이를테면 주변에 투자 분석이 직업이라 말하면 우리나라의 수출 동향에 대해 말하거나, GDP 성장률 등에 묻고 응당 알아야 하는 것처럼 생각하는 것이죠. 대략적인 매크로에 대한 큰 그림과 방향성을 이해하는 것과 매일 시황을 면밀하게 살펴보는 것은 완전하게 다릅니다. 어떤 기업이 산업 내 대체 불가능한 경제적 해자를 갖추고 있는지 생각하는 것과 금분기에 어떤 기업의 실적이 좋았는지 분석하는 것은 또 다른 주제이죠. 안타깝지만 시장 참여자 대부분은 단기적으로 눈에 보이는 것 중심으로 호흡하기 마련입니다. 실적 발표 당일에는 실적이 잘 나온 여부를 빠르게 판단한 뒤 매매를 하는 게 유리하다고 생각합니다. 매크로를 해석한 뒤 이번 달 전략을 매번 새롭게 설정하는 식입니다.

아이러니하게 CPI 지수가 발표되고 연관된 매크로 뉴스 등이 도배될 때 저는 구독자들에게 이러한 질문을 던지는데요, 좀 황당할 수 있습니다. 전일 잠은 잘 주무셨는지, 깊은 잠의 비중은 얼마나 됐는지, 오늘 출퇴근할 때는 계단을 이용했는지, 하루 1만 보 이상은 걷고 있는지 등의 질문입니다. 다수의 전문가들이 긴박하게 CPI 지수를 해석합니다. "역시 내가 생각한 대로 베어마켓 랠리 맞지요?"라고 외치는 상황에서 엉뚱한 소리만 하고 있으니 보는 사람은 답답할 수도 있을 텐데요. 하지만 저는 그런 것들을 야단스럽게 체크하기보다 다른 것을 하는 게 더 낫다고 생각합니다.

어떤 기업은 사업 모델 특성상 환 변동 손익 노출도가 높죠. 환율에 따라 분기 손익은 변동되기 쉽지만, 기업의 경제적 해자가 그에 따라 출렁거리지는 않습니다. 야단스럽게 움직이는 상당수의 호재와 악재는 분기가 지나가면 기업의 대응력에 저절로 묻히기 마련입니다. 훨씬 더 중요한 주제는 우리들의 실전 체력, 건강 상태, 자존감이 넘칠 수 있는 환경이 조성되어 있느냐입니다.

생각해보세요. 소음에 잘 놀라는 사람들의 특징은 1월에도 놀라고, 5월에도 놀라고, 9월에도 제각각의 이유로 시황을 보며 놀라고 부산하기 마련입니다. 정신없이 시황과 정책 수혜를 해석하다 보니 어느새 3개 분기나 지나가버린 경우도 많으시죠? 숨겨진 팩트는 단 하나의 기업도 사실 깊이 있게 조망해본 적은 없다는 것입니다. 얄팍한 지식들만 쌓인 것이겠죠. 드라이한 사업의 개요 및 실적 증감률과 경제적 해자는 다릅니다. 해자를 보려면 매니지먼트, 사업 모델에 집중해야 합니다. 다음 분기 실적이 아닌 오히려 과거부터 10년간 숫자의 균질성을 찾아봐야 합니다. 하지만 대부분 해자를 판단할 시간은커녕 퇴근 후 시간을 녹이며 그때그때 쭉정이 기업들에 매달립니다. 반년이 지나는 동안 본인의 신체 능력은 더욱 퇴보될 것입니다. 40대에 접어들면 대다수가 자연스럽게 디스크의 퇴행을 맞이하게 되고 허리 건강이 악화되기 마련입니다. 많은 사람들은 직장생활 중 과장 시기가 되면 뱃살이 나오는 것을 당연하게 여기게 되죠. 제가 생각하는 최악의 직장인 시나리오란 바로 이것입니다. 대다수가 눈앞에 보이는 손익 중심으로 집중하면 대부분 초라하게 마감하게 됩니다.

퇴근 후 모든 시간을 주식 공부에 쏟았지만, 가족과의 관계는 소홀해지고, BM을 이기기도 하고 지기도 하면서 자그마한 엑셀 내에서 위로를 삼는 거죠. 시장이 어렵다며 피터 린치 등의 투자 고전을 읽지만, 막상 본인의 투자는 또다시 매일매일 시황에 따라 구성됩니다. 그때그때 좋아 보이는 기업들로 구성한 뒤, 그렇게 손절과 수익을 반복합니다. 물론 대다수는 잃을 것이고, 그중 일부는 번 것도 크게 잃은 것도 아닌 상태로 시간이 흐르는데요. 그때는 심지어 자녀와 부인을 책임지는 가장일 것이고 노후가 불안할 것입니다. 이직의 기회가 상당 분 사라지는 40대 임직원에게 회사는 승진과 인사 발령 등을 수단으로 무리한 요구를 하게 됩니다. 이때는 임직원 대다수가 다른 일은 해본 적 없기에 독립할 용기가 사라지는 때이죠. 커뮤니티 내에서 BM을 상회했다고 칭찬받아도 실상은 허무한 많은 개인투자자의 모습이라 생각합니다. 거듭 강조합니다. 도서에 기재한 고쳐야 하는 투자 방식은 바로 과거 제 모습이며, 스스로 하는 다짐이자 고백입니다.

지긋지긋한 고리를 끊어버리는 방식 중 첫 번째는 앞서 말씀드렸던 투자는 내가 아닌 전문가 집단에서 풀어내는 것이고, 다음으로는 진짜 내가 집중해야 할 것을 가려내는 것입니다. 투자는 전문가 매니지먼트에 맡겨 놓은 뒤 우리들은 바로 실전 체력 강화에 집중해야 합니다.

런던 금융의 중심지인 시티 지역(The City Of London)에서 잠시나마 인턴을 하고, 이후에는 경영학 석사를 공부하면서 이튼 등 사립학교 출신들을 본 적이 있습니다. 제가 봤던 대부분이 말끔한 차림새와 매우 남성적인 근육질 몸매에 아주 빼어난 운동 실력을 갖추고 있었는데요. 잘 생각해보시면 서양철학의 뿌리는 고대 아테네 시대입니다. 도서 《스포츠의 탄생》에 따르면 철학자 플라톤은 이스트미아 제전에 출전해 레슬링 경기에서 우승한 적이 있습니다. 플라톤이 내세운 철학의 핵심은 우매한 대중이 아닌, 리더십을 갖춘 철인에 의한 정치였죠. 아리스토텔레스가 몽매한 군중들에 의해 집단 린치당하는 모습을 본 뒤 내린 결론인데요. 플라톤은 철인이 성장하는 교육 단계를 연령에 따라 6단계로 구분했다고 합니다. 그중 제2기라고 불리는 17~20세의 주요 목표는 '체육과 군사훈련에 전념함'으로 명명되어 있습니다. 자연스럽게 서양에서 리더십은 필수적으로 신체 능력과 직결됩니다. 영국 왕실의 왕자들이 실제 공수 부대에서 근무하며 전투기를 모는 것은 유명한 일화인데요. 이것은 가장 페이가 높기로 유명한 금융투자 업계도 마찬가지입니다. 스포츠 활동을 통해 경쟁력을 고취시키는 탁월한 능력 육성에 집중하는 것이죠. 전 세계에서 가장 높은 급여를 받은 블랙스톤의 슈와츠만 회장은 고등학교 재학 시 육상부 주장을 했고 펜실베니아 100미터 달리기 최고 기록자 중 한 명이었습니다.[14] 타이거 펀드로 유명한 헤지펀드의 거부, 줄리언 로버트슨의 핵심 채용 기준에는 강도 높은 스포츠 운동 경력이 있었죠.[15]

큰 그림을 그리며 여러분의 비전을 생각해보시길 바랍니다. 직장인으로서 신체 능력이 크게 퇴보한 상황에서 퇴근 후 불필요한 시황에 심취하며 대단한 금융인이 된 듯한 착각에 빠지지 않아야 합니다. 더 중요한 숙제를 해야 하는데요. 대표적인 숙제는 회계 공부, 고전을 통한 인간의 본능 조망, 1만 퍼센트 이상 주가가 분출한 경제적 해자 기업의 공통점 발굴, 사업 모델의 질적 우위 비교 등입니다. 이것들은 급하지 않고 매일의 시황과 무관합니다.

국내 메이저 정유 업계에서 트레이더로 일하는 지인과 대화하다

알게 된 사실인데요. 서구권 및 일찍 선진국 반열에 들어선 일본의 트레이더들은 어려서부터 꾸준히 집중한 주특기 스포츠가 있다고 합니다. 즐거운 투자를 위해 압도적으로 필요한 능력은 4분기 지식이 아니라 실전 체력입니다. 실전 체력의 핵심은 1번 유산소(달리기 및 생존 운동에 해당하는 수영), 2번은 근력 운동(허리 질환을 방지하기 위한 코어 근력), 3번은 두 명 중 한 명으로 승패가 결정되어 경쟁심을 고취시키는 투기 운동이라고 생각합니다. 경쟁이 치열한 환경이 두렵고, 아이들이 유약하게 자랄까 걱정된다고 많이들 우려하지만, 해결책은 간단합니다. 매일매일 우리들의 일상을 신체를 활용하는 경쟁 환경에 의도적으로 노출시키는 것입니다.

4
나만의 취향을 만드는
즐거움에 빠지자

시간이 갈수록 승률을 높일 수 있는 투자 방식 중 핵심은 퇴근 후 즐거움이 있는 삶을 만드는 것입니다. 바로 취향이 있는지 여부 인데요. 아주 많은 현대인들에게 나타나는 질환이 있습니다. 바로 마음 건강과 관련한 우울증, 공황장애 그리고 근골격계 척추 질환 등인데요. 퇴근 후의 시간까지 책상에 앉아 직무 자격증 공부에 심 취하고, 주식 공부에 몰두한다면 장기 성과가 어떻게 될까요? 대다 수의 사람들은 공부는 엉덩이로 하는 것이고, 결국 노력하는 자가 승리한다고 말하겠지만 말이죠. 하지만 실제 제가 본 성공한 사람 중 대부분은 한 가지 분야에만 매몰되지 않고 다양한 경험들로 자 신의 전문성을 확장시킨 사람입니다.

회사의 직무를 전문적으로 잘하는 것은 중요하지만 퇴근 후 시간까지 업무 전문성을 위해 노력한다면? 글쎄요. 그 사람은 40대가 넘어가며 조직 개편 및 인사 발령이 나올 때마다 회사에 실망할 가능성이 높다고 생각합니다. 30대가 넘으면 해외로의 이직이 어려워지고, 40대가 넘으면 다른 회사로의 이직도 일반적으로 어려워집니다. 가장 가능성이 높던 젊은 때에 회사에 전념했는데 40대부터는 어느새 시장가치가 낮아진 나를 발견하게 됩니다. 나만 바라보는 가족들을 생각할 때 우울한 감정이 들기 쉽습니다. 벌어 놓은 재산은 많지 않을 것이고, 신체 능력은 퇴화되었을 것이고, 본격적으로 돈은 들어가기 시작하는데, 퇴근 후 즐거운 일은 마땅히 찾기 어렵습니다.

잘 생각해보세요. 잘되는 사람은 모든 것이 잘 풀리는 경우가 많습니다. 경제적으로 여유가 있으니 마음에 여유가 있고, 가정 내 관계가 평화롭고, 좋은 환경에서 아이가 바르게 자랍니다. 한편 경제적으로 여유를 갖는 방법은 무엇일까요? 제 기준에는 오직 단 하나의 아주 좁은 길만 존재할 뿐입니다. 앞서 말씀드렸듯이 내가 바보임을 인정한 뒤 더 뛰어난 입지와 사람들(매니지먼트)에게 자본을 배치한 뒤 나는 일상의 여유에 집중하는 것입니다. 오히려 퇴근 후 나의 취향과 건강에 집중하기 때문에 강한 신체 능력을 가질 수 있게 되고, 주변과 가족들에게 관대한 사람이 되기 쉽습니다. '내가 요즘 왜 이리 민감할까?'하고 자신을 자책하는 많은데요. 많은 경우 체력이 부족한 상황에서 업무와 일정을 소화하기 버겁기 때문에 민감해지는 것입니다. 체력이 부족해지는 이유도 사실 당연한데요. 모든 것을 내가 직접 녹여서 공부해야 하고, 내가 직접 풀어야 한다고 생각하기 때문입니다. 투자 방식을 바꾸지 않으면 직장을 다니며 여유 시간이 당연히 나지 않습니다.

저는 투자 블로그와 리서치를 운영하는 중이지만 사실 상당 분의 주제는 균형 있는 철학과 리더십이라고 보는 것이 맞을 듯합니다. 사회생활을 시작한 이후 끊임없이 나의 인생은 투자로 결정된다고 생각했고, 스스로 만족하는 작은 성과를 거둔 뒤 퇴사했는데요. 사실 함께 집중했던 것은 취향에 대한 투자였습니다. 퇴근 후 1:1로 기타 레슨을 꾸준히 배웠고, 다음으로는 수영 레슨을 1:1로 배웠고, 요즘 한창 빠져 있는 것은 유도입니다. 투자에 전념하지 않는 게 아니라, 오히려 진짜 탁월한 성과는 마음이 즐거울 때 나오는 지속성에서 나옴을 알기 때문입니다.

많은 사람들이 표면적인 단기 성과를 비교하며 자신을 자책하는 것에 익숙합니다. 단기 성과가 순간적으로 부족하면 자신을 탓하기 쉬운데요. 늘 장기적이고 주관적인 시야로 재해석해야 합니다. 내가 보고 있는 관점이 맞고, 나의 투자 원칙이 있다면, 과정 중 변동성에는 마음을 둘 필요가 없습니다. 훨씬 중요한 것은 '과연 나는 매 회계 연도별로 투자 외에 한 인간으로서 매력이 증가하고 있는가?'입니다. 꼭 신체 운동만이 취향이 되지는 않겠죠.

홀러가면 이기는, 맡기는(경제적 해자 기업) 투자에 익숙해진 구독자 분들께서 사연을 보내주는 경우가 많습니다. 커피 원두마다 새로운 매력이 있다는 것을 느끼고 바리스타 자격증을 취득하신 분, 클래식 음악 감상에 본격적으로 취향을 갖기 시작하신 분, 달리기에 재미를 붙인 뒤 매일 달리기를 시작하신 분, 수영 안경과 모자를 구입한 이후 수영 레슨을 딸과 함께 시작하신 분 등 이야기를 듣다 보면 '무언가 녹이지 않으면 뒤처지는 것은 아닐까' 하는 불안한 심리를 조금이나마 제가 없애드린 것 같아 큰 기쁨이 됩니다.

제가 퇴사 후 가장 큰 즐거움으로 삼는 것은 KBS 클래식 FM 방송을 하루 종일 듣는 것인데요. 특히 오후 2시 정만섭 님의 〈명연주 명음반〉, 저녁 8시 최은규 님의 〈실황 음악〉, 밤 10시에 시작하는 이상협 님의 〈당신의 밤과 음악〉 3개 프로그램에서 큰 기쁨과 위로를 얻습니다. 경제적으로 성공한 사람 모두는 성취에 대한 중독을 경험한 적이 있다고 생각합니다. 처음에는 몰입이 성취로 이어지고 성취에 중독되는데요. 일정 시간이 지나면 오히려 인생의 균형감이 열쇠로 작용합니다. 뜨거운 열정과 과유불급은 언제나 아주 작은 차이이고 번아웃이 올 가능성도 있습니다. 무작정 마음을 다스리려 하기보다는 강제화할 수 있는 환경 조성이 중요합니다. 제 경우는 예술의전당 회원으로 연회비를 내고 할인을 받아 공연을 보며 기분을 전환합니다. 술 한 잔 값도 되지 않고 술을 끊었기에 생긴 습관입니다.

취향은 분야와 무관하며, 꼭 돈과 연관될 필요가 없습니다. 잘 기억해야 합니다. 투자 공부를 더 한다고 더 부자가 되는 게 아닙니다. 그런 식이라면 박사 학위 교수님이 제일 부자여야 합니다. 오히려 마음에 여유를 가지고, 다른 이들의 수요를 관찰하다 보면 유연한 자세도 만들어집니다. 제가 취미로 하고 있는 유도를 하다 보면 크고 작게 다치는 경우가 계속 있습니다. 어느 날은 조르기에 귀가 부어올라 피를 뽑으러 이비인후과에 가고, 손가락과 발가락을 삐기도 합니다. 맞습니다. 운동은 건강하기 위해 하는 것인데 왜 그렇게 미련한 행동을 하느냐고 물을 수 있는데요. 취향과 관련해 제 관점은 언제나 명료합니다. 진짜 아픈 것은 마음이 아픈 것이라는 거죠. 하고 싶은 것이 분명한 사람은 마음에 즐거움이 있습니다. 이것은 현재 다리가 부러졌든, 통증이 있든, 또는 주변 대비 조금 못 살든 완전 무관한 주제입니다.

우리들의 삶은 여러 자아로 구성되어 있죠. 하루 중 한 번은 반드시 나의 마음을 채우는 자존감 회복 시간을 가져가야 합니다. 이때 저는 실제 몸을 움직이는 루틴이 가장 확정적 도파민 분출 방식 아닐까 생각합니다. 몸을 움직이고, 실제 비용을 투입한 뒤 배우는 양질의 레슨과 인적 네트워크 교류가 우리를 성장시킵니다. 체육관에서도 마찬가지입니다. 나보다 운동 능력도 신체 조건도 우월하고, 성공적인 커리어를 가지고 있고, 나이까지 젊은 경우가 있죠. 일부에서는 일명 '현타'가 올 수 있는 상황을 피하라고 하는데요.

저는 정반대의 생각입니다. 현타를 어려서부터 자주 체험해야 합니다. 좋은 학군에 들어가려는 이유는 결국 더 나은 사람들에게 자녀가 노출되기 위함입니다. 회사생활을 하다 보면 자연스럽게 시야가 좁아지기 쉽습니다. 직무 중심으로 일을 하기 쉽고 회사에서의 전문성과 내 사업이 연결되기 쉽지 않습니다. 퇴사를 한 뒤 제 사업을 해보니 그렇습니다.

그렇기 때문에 더욱이 멀티플레이어로 일할 수 있어야 합니다. 내가 이미 잘하는 안전지대를 탈피해 안 해봤던 완전 다른 분야로 접촉을 늘려야 합니다. 그렇게 새로운 세계관에 들어서 수시로 현타를 느끼면서 성장을 반복하는 것. 이것이 바로 자본주의 체질에 강해지는 면역력 강화입니다. 취향에 대한 투자 역시 사실 다른 이의 서비스 공급에 해당하며, 해당 수요를 즐기면서 대중들의 수요가 드러나는 메가트렌드를 들여다볼 수도 있습니다. 당장 시작해보시죠. 우울하고 불만만 많은 사람보다 즐겁게 미쳐 있는 사람이 보기에도 훨씬 좋습니다.

5

가화만사성,
비용이냐 수익이냐

탁월한 투자 성과를 만들고 재산을 증식하는 데 가장 중요한 것은 '관점'입니다. 특히 사회초년생 시기에 만들어진 관점은 이후 회사 내에서 직급이 승진하고 결혼한 뒤 가정생활을 이어가면서 더욱 고착화되는데요.

아주 많은 회사원 부부 및 직장인 가정이 이번 달 가계부를 점검한 뒤 왜 돈을 더 아끼지 못했는지 반성합니다. 심지어 때로는 서로를 비난하며 안 좋은 관계로 치닫기까지 합니다. 온라인 커뮤니티는 물론 주변에서도 그런 사례를 볼 때마다 마음이 좋지 않은데요. 사실 잘 생각해보면 저축률이 50%인 것이나 저축률이 70%인 것이나, 막상 금액 측면에서는 큰 차이가 나지 않습니다. 일부에서는 그 차이가 복리로 쌓이면 크다고 말할 수 있지만 실제 계산을 해보면 그렇게 크지 않습니다. 다시 말해 배우자 또는 본인이 이번 달에 유난히 더 많이 썼다 하더라도 100만 원 내외일 뿐이라는 것 인데요. 그 정도로는 미래가 어차피 크게 안 바뀌는 금액입니다. 그 렇다면 어차피 대세에 큰 지장 없는 비용 지출을 놓고 왜 그렇게 악착같이 다투고 또 민감하게 아껴야 한다고 스트레스 받는 걸까 요? 질문이 도발적인 것을 잘 알고 있습니다. 최고 부자들도 돈을 아끼고 저축해서 부자가 됐다고 말하는 세상인데, 아끼는 게 능사 가 아니라 하니까 말이죠.

한편 큰 부자들은 사실 아껴서 부자가 된 것이 아니라 사업을 통해서 부자가 되었든지, 연예인 같은 특수한 활동을 통해서 부자 가 되었든지, 또는 투자를 통해서 부자가 된 것이기 때문에 저축만 이 유일한 방법은 아닐 것입니다. 제가 안타깝게 생각하는 것은 많 은 직장인들의 경우 비용을 아끼는 이유가 부자가 되기 위해서라 고 무의식적으로 생각하는 것인데요. 회사에서 매우 좁은 시야로 자신의 직무에만 집중하도록 훈련되는 것이 직장인입니다. 나의 가 장 젊은 때의 시간을 대가로 일시적 현금흐름과 안정감을 받는 것 인데요. 회사원은 안정성이 장점이지만, 반대로 약점도 생각해야 합니다. 경험의 범위가 얇고 시야가 제한적인 것입니다. 이 상황에 서 비용마저 아끼며 최대 효율성을 추구하며 살아간다면 가장 끔 찍한 결과가 나올 확률이 높습니다. 퇴직 시까지 직무 전문성 외

별도 경험을 통한 무형자산이 없는 것이고, 직무 전문성은 회사 후 독립 이후에는 연결되지 않습니다. 아무리 아껴도 필수비용을 고려하면 저축 가능 금액은 실수령액에 크게 미치지 못합니다. 아이러니하게 입사 후 퇴직 시까지 실수령액 금액을 모두 합쳐도 사실 노후 대비로는 부족합니다. 투자 또는 사업, 두 가지 방법 외에는 노후 불안이 지속됩니다.

저는 완전히 다른 시각을 제시하고 싶습니다. 월급은 철저하게 향후 사업을 위한 방향성 모색, 또는 나의 투자 포지션을 유지하기 위한 현금흐름이라는 것이죠. 진짜 승부수는 아끼는 것이 아님을 이해한다면 불필요한 갈등이 없어집니다. 결국 대기업에서 스타트업에 투자하려는 이유는 미래 먹거리를 위한 신규 사업 영역에 감을 잡고 싶기 때문입니다. 즉 현금이 없는 것이 아니라 무엇을 해야할지 방향성에 대한 선명도를 잡기 위해서입니다. 마찬가지입니다. 월급을 차곡차곡 받아서 필요한 것은 그대로 꽁꽁 모아놓는 것이 아닙니다. 오히려 내 커리어 분야 외의 사람들과 접점을 늘리며 현장에 대한 이해를 높이고, 실제 승부를 벌여야 할 때 투자 재원으로 사용해야 합니다.

투자의 핵심은 다시 한번 무엇이었죠? 순간적으로 특정 시점에 누가 더 정확했는가의 관점이 아닙니다. 오히려 "당장은 주가가 내리더라도 시간이 갈수록 시간이 유리하게 작용하는 기업인가", "흘러갈수록 유리한 일자리 중심 입지의 대지 지분인가"입니다. 이것들은 시간을 멀리 놓고 찾아야 하는 질문입니다. 시간이 내 편인 투자를 할 때만 관계가 평안하게 됩니다.

사람은 모두 감정적 동물입니다. 기계처럼 정확하게 산식대로 가족 구성원의 예산 사용을 다루기 시작하면 현금 수준이 자연스럽게 낮아지기 쉽습니다. "현금을 놀게 하면 안 된다. 핵심은 회전이 빠른 것이다"라고 생각하며 현금을 모두 사업과 투자에 사용하는 것도 마찬가지입니다. 장기적으로 높은 수익률이 기대되는 주식 및 위험자산에 모든 여유 현금을 집행하는 것이죠. 알고 보니 성과가 낮더라고 말하려는 게 아닙니다. 오히려 과정 중 균열이 발생하면 그 모든 비전과 꿈이 이뤄지기도 전에 관계가 박살나는 것이죠. 가정 내 기운이 불안해지면 자연스럽게 아이의 정서에 악영향을 미칩니다. 아이의 정서가 실컷 가정에서 불안해진 뒤 다시 돈을 들여 사교육을 보내면 무엇 하나 개선될까요? 어차피 엄마의 불안한 감정이 아이에게 그대로 전파될 뿐입니다.

이번 챕터의 주제는 처음부터 끝까지 즐겁게 투자하는 방식입니다. "지나고 나서 보니 오직 즐겁고 마음 편한 투자만이 독보적인 투자 성과를 보장하더라." 버핏과 멍거 할아버지께서 주신 교훈이기도 하죠. 많은 분들이 피터 린치, 워런 버핏을 흠모하지만 그 둘은 아주 많은 차이가 있습니다. 피터 린치는 사실 운용 기간 수익률로 따지면 모두를 압도하는 경이로운 사람입니다. 그가 운용했던 펀드 규모가 초대형급임을 고려하면 더욱 경이로운 성과입니다. 펀드 규모가 일정 수준을 넘어서면 매입 시에도, 매도 시에도 호가창 자체를 흔들어놓는 부담이 생기기 때문입니다. 한편 그렇게 경이로운 성적을 거둔 피터 린치는 막상 일찍 커리어를 내려놓았습니다. 버핏과 멍거가 아직까지 현역으로 일하는 것과 정말 큰 차이인데요. 피터 린치는 훗날 자녀와 시간을 많이 보내지 못했던 것에 아쉬움을 느껴 일찍 은퇴한 것으로 알려져 있습니다.

저는 피터 린치의 투자 방식이 직장인에게 잘 맞지 않다고 생각합니다. 피터 린치는 경이로운 수준의 성과를 올렸지만 그러기 위해서 모든 시간을 투자에만 몰입했습니다. 투자와 삶의 균형이 맞지 않았고 상대적으로 조기 은퇴를 하게 됩니다. 달리 말해, 피터 린치가 소위 '워라밸'을 중요시했다면 그렇게 압도적인 성과가 나왔을까 하는 의심도 듭니다. 이때 우리는 이러한 교훈을 얻을 수 있습니다. '한번에 일등을 하지 않아도 된다.' 누구나 그렇게 될 수도 없습니다. 차라리 투자 기간을 한 살 더 늘리면 복리 수익률이 개선되기 마련입니다. 시간의 지평을 늘리고 마음이 편한 투자 방식을 정착하면 그만입니다.

버핏은 일하러 갈 때마다 탭댄스를 추는 것 같다고 말하기도 했지요. 어떤 방식의 투자가 과연 나의 즐거움은 물론 가족의 편안한 마음을 지켜줄까요? 지금 당장 좋은 게 아니라 노후 시점까지 유지 가능한 가장 좋은 투자 방식은 무엇일지 생각해보세요. 장기로 가장 좋은 투자 원칙으로, 충분한 현금 수준을 통해, 불안이 전염

되지 않은 상태에서, 즐겁게 투자하는 방식입니다.

투자를 잘하려면 무엇을 해야 할까요? 저는 1초 만에 대답할 수 있습니다. 나보다 능력이 좋은 사람을 찾아서 얹혀가는 것이죠. 사업에 미쳐 있는 창업자와 매니지먼트가 나보다 100배는 뛰어난 임직원을 고용하여 풀어내야 합니다. 여러분은 자존감이 높아지는 즐거운 생활을 영위하는 것에 의미를 둬야 합니다. 남들보다 더 잘하는 것이 중요하지 않습니다. 최악의 수만 피하면 다수가 도박에 베팅하며 청산되어 줍니다. 그럼 나는 저절로 올라가게 되어 있습니다.

6

《오륜서》를 통한
직장인의 생존 전략 배우기

실제 사업 방식에 대해서는 어떻게 조망할 수 있을까요? 이번에는 《미야모토 무사시의 오륜서》를 통해 지혜를 들어볼까 합니다.[16] 《미야모토 무사시의 오륜서》는 《손자병법》, 《전쟁론》과 함께 세계 3대 병법서로 손꼽히는데요. 무사시는 일본 제일의 검객으로 이름을 떨쳤습니다. 그는 무예뿐 아니라 그림을 그리고 병법서를 집필하는 등 다방면에서 탁월한 성취를 거뒀습니다. 무사시는 니텐이치류라 불리는 검법을 창시했는데요. 스스로를 그린 자화상에서 알 수 있듯이 한 손에는 장검, 한 손에는 단검을 든 이도류의 모습이 일반적인 니텐이치류의 이미지입니다. 한편 정작 《오륜서》에서 무사시가 강조하는 니텐이치류는 '유구무구(有構無構)'라는 핵심 철학에 기반을 두고 있습니다. 기본을 익히되 기본에 집착하지 말라는 뜻입니다. 무사시는 많은 유파들이 자세 그 자체에 지나치게 매몰되어 승리가 최종 목표임을 잊고 유연함을 잃어버린다도 지적합니다. 전투의 목적은 오직 승리하는 것이라고 강조하는 건데요. 니텐이치류는 이도류를 다루기도 하지만, 기본적으로 무사는 모든 무기를 다룰 수 있어야 함을 강조합니다.

한편으로 아이러니한 것은 무사시가 무예를 다루는 《오륜서》에서 무기 사용뿐 아니라 병법 및 다도, 예법, 예술 등 다양한 주제를 두루 익히라고 강조하는 것입니다. 무사시는 《오륜서》에서 자신의 업에서 본질을 꿰뚫어 보는 능력을 강조하는데요. 목조 건축을 총괄하는 도편수의 예를 들어 역할을 설명합니다. 도편수가 집중해야 하는 것은 적재적소에 재목을 배치하는 능력이라고 언급하는데요. 옹이가 없는 보기 좋은 재목은 미관상 건물 앞쪽에 사용하고 옹이가 있더라도 곧고 튼튼한 목재는 눈에 띄지 않는 안쪽 기둥으로 사용한다고 합니다. 마지막으로 튼튼하지 않지만 옹이가 없고 보기 좋은 목재는 병풍이나 미닫이 등에 사용한다고 말하는데요. 이는 정확하게 사업의 본질을 관통하는 문구입니다.

사장이 모든 현안을 해결하는 능력을 갖추려고 녹이는 것이 아닙니다. 서로 다른 주특기와 성향을 갖추고 있는 임직원을 노무비로 사용해 고용한 뒤 적재적소의 업무에 배치하는 것이 사장의 역할이라는 것이죠. 사업으로서 접근하는 주식 투자도 마찬가지입니다. 포트폴리오에서 각 속성별로 경제적 해자를 갖춘 끝단의 기업을 분산 배치하면 도서의 전반에 걸쳐 설명해드린 "흘러가면 이기게 된다"는 투자 방식과도 완전 일치합니다.

　무사시의 병법에 대한 설명 중 직장인 투자자가 가장 염두에 둬야 하는 것은 기록으로서 승리에 만족할 것이 아니라 실제로 이기는 것, 실전에 초점을 맞췄다는 것인데요. 직장인의 현실에 답답하고 궁극적으로 사업을 하고 싶어도 앞이 막막한 때가 있죠.《오륜서》에서 무사시는 상대방의 어디를 쳐야 할지 알 수 없을 때 어디든지 일단 부딪쳐보는 지혜를 강조합니다. 즉흥적이고 단순한 행동임에도 불구 상대방의 허점을 파악할 수 있기 때문이라고 강조합니다.

　잘 생각해보면 무사시는 전투에서 적과의 교전 방법을 설명하고 있지만 실제 투자 및 사업을 개척하는 우리들의 태도에 그대로 적용할 수 있습니다. 유구무구라는 문구처럼 형식에 파묻혀 '나는 오직 주식에서 승부를 낸다, 또는 부동산에서 승부를 낸다'고 한 방향만 고집하지 않아야 합니다. 마찬가지로 '자산 가치가 저렴한 가치주에서만 투자한다, 폭락장에서 마지막 현금을 소진했고 이제 난 무조건 버티면서 이긴다'고 고집해서도 안 됩니다. 오히려 냉정하게 형식과 무관하게 승리하는 것만이 전투의 목적임을 차갑게 상기시킵니다. 내가 녹이는 것이 아니라 능숙한 도편수가 목재를 다루듯이 서로 다른 성향의 기업들에 자본을 배치해놓는 투자 방식을 적용해야 합니다. 직장인의 특성상 점차 시야를 좁게 만드는, 아끼는 게 능사인 관리회계 사고를 경계해야 합니다.

뭘 해야 할지 막막한 직장인이라면 무사시의 조언을 귀담아보세요. 일단 부딪치면서 뭘 해야 할지 감을 찾아보라고 조언합니다. 이 책의 서두에서 말씀드린 것처럼 우리는 돈이 부족한 것이 두려운 것이 아니라, 사실 무엇을 해야 할지 모르는 게 두려울 뿐인 것이죠. 뭘 해야 할지 확신이 높아진다는 것은 다방면으로 일단 부딪쳐봤더니 감이 잡힌다는 뜻입니다.

처음 투자할 때 생각했던 시나리오가 완전히 바뀌는 경우가 대부분입니다. 기업 DNA에 대해 철저하게 오판했을 때도 올 것입니다. 우리는 모두 그런 경험을 과거에, 또는 앞으로 겪게 됩니다. 정말 중요한 것은 확정적으로 다가오는 100% 시나리오 케이스에 대해 어떻게 대응하느냐는 것입니다. 일부에서는 '나는 손실이 난 주식은 팔지 않는 게 원칙이다'고 말하는데요. 무사시에 따르면 불필요한 형식은 중요하지 않습니다. 상황이 개선되지 않을 때는 완전하게 새로운 마음으로, 가장 유리한 곳으로 리밸런싱하는 것은 사뭇 자연스러운 전투 교전 수칙입니다.

"일단 싸움을 시작하면 상대방을 재빨리 불리한 상황으로 몰아넣고 우위를 차지해야 한다. 자세에 신경 쓸 겨를 따위가 없다는 말이다. (…) 좀처럼 결말이 나지 않을 때에는 지금까지의 방법을 과감히 버리

고 새롭게 시작하는 마음으로 새로운 방법을 강구해 상황을 전환시

켜주어야 한다."

– 미야모토 무사시, 《미야모토 무사시의 오륜서》 중

원칙을 세울 때 가장 중요한 것은 무엇일까요? 승리를 위해 가장 중요한 최상위 원칙을 잊지 않는 것입니다. 투자에서의 승리는 오직 이기는 것입니다. 《오륜서》가 최고의 병법서로 평가받는 이유입니다.

7
인문학을 곁에 두는
즐거운 투자

이제 책을 마무리할 시간인데요. 한번 투자와 전혀 무관한 다음의 글귀를 한번 읽어보세요.

"훈련은 피 흘리지 않는 전쟁, 전쟁은 피 흘리는 훈련이다. (중략) 오늘은 어제의 자신에게 이기고 내일은 한 수 아래인 자에게 이겨서 훗날에는 한수 위인 자에게 이기겠다는 마음가짐으로."

- 미야모토 무사시, 《미야모토 무사시의 오륜서》 중

오륜서를 통해 앞서 실전 투자에서 직장인 및 개인투자자가 가져야 하는 삶의 자세 및 투자 방식을 배울 수 있었는데요. 군이 병법서가 아니더라도 우리가 인문학을 통해 얻을 수 있는 삶의 통찰은 상당합니다. 헤밍웨이의 고전《노인과 바다》에 나오는 청새치와 상어 떼, 그리고 노인은 실상 우리 삶 그대로를 투명하게 보여줍니다. 노인은 남루한 현실에도 불구 청새치를 기어이 잡겠다고 도전합니다. 더 이상 상어 떼에 대항할 무기도, 기운도 없던 시점에는 "인간은 파괴될지언정 패배하지 않는다"며 자신의 각오를 되뇌입니다. '청새치야, 이만하면 우리 둘 다 서로를 리스펙트하자, 멋진 결투였다.' 노인의 목소리가 아직까지 들려오는 듯합니다. 우리 모두 가슴 안에 어릴 때 꿈꾸었던 청새치가 있습니다. 입사 당시 생각했던 자신의 모습, 청새치를 가득 잡는 자랑스러운 본인 이미지가 있습니다. 현실에서는 비록 상어 떼에 뜯기며 어선이 파괴된다 하더라도, 노인은 끝까지 결연한 의지를 다집니다.

알베르 까뮈의 고전《페스트》는 제가 운영하는 투자리서치 채널에서 열정을 가지고 다뤘던 도서입니다. 소설은 페스트가 창궐한 오랑시를 배경으로 하고 있습니다. 생쥐의 죽어 있는 모습을 처음 발견한 뒤 주민들은 현상을 가볍게 여겼으나 이내 의사들은 해당 질병이 페스트임을 알게 됩니다. 소설에서 의사 리외는 등장 인물 한 명, 한 명의 어려움과 각자가 대응하는 모습을 관찰자로서 복기합니다. 제가 흥미롭게 관찰했던 인물 중 한 명은 코타르라는 인물이었는데요. 코타르는 페스트 발병 전 사기 및 밀수를 통해 생업을 이어가던 사람입니다. 페스트가 발병하던 시점, 그는 경찰의 연이은 압박으로 자살 시도까지 했던 상황입니다. 그러던 중 세상이 멸망할 것 같은 페스트가 도래하자 그의 기분이 어떠했을까요? 그는 이제 모두가 다 함께 평등해지고, 드디어 다 함께 몰락한 것 같아 오히려 기뻐합니다. 그가 진정으로 과거를 뉘우친 뒤 가장 유리한 관점을 택한다면 페스트 기간 중 오히려 정상 참작을 위해 봉사하는 삶을 택할 것입니다. 그는 오히려 페스트 확산으로 다 함께 생활 수준이 내려가고 그 모든 각자의 노력이 덧없어지는 지금의 상황이 즐겁기만 합니다.

일부 서평에서는 집단 속에서 들어가지 못하는 인물이라고 평하면서 그에게는 집단이 부조리라 말하기도 합니다. 저는 전혀 동의하기 어려웠는데요. 그는 오히려 누구나 마음속에 존재하는 어두운 거지 근성을 통제하지 못하고 살아간 것에 불과합니다. 알베르 까뮈는 사실 《이방인》을 통해 노벨상까지 수상한 프랑스의 대표적 실존주의 작가입니다. 까뮈가 활동했던 시기는 2차 대전 직후로 "사람은 무엇보다 자신의 뜻대로 솔직하게 살아야 한다"는 개인으로서 자신의 생각이 강조됐던 때입니다. 2차 대전을 겪은 직후 다수의 생각이 어떠했겠습니까? 어차피 시점만 다를 뿐 이렇게 죽거나 저렇게 죽기는 매한가지라는 허무함을 느꼈을 것입니다. 이념과 국가 권력에 의한 강요가 부조리라 여기며 울분이 터졌을 것입니다. 그런 와중에 차라리 자신의 솔직한 생각을 밝히자는 까뮈의 소설은 파격적으로 느껴집니다.

소설 속 코타르는 페스트가 소멸하는 시기에 이르자 점차 불안을 느낍니다. 드디어 페스트가 사라지고 소멸을 축하하는 마을 축하 행사가 개최되자 무차별 총격전을 개시한 뒤 체포됩니다. 다 함께 망해야 자신의 마음이 편한데, 또다시 음울했던 예전의 자신으로 돌아가야 하는 현실이 불만스러운 것입니다. 코타르는 소설 속에만 존재하는 소수가 아닙니다. 우리 사회 상당수 사람들은 코타르와 같은 마음을 품고 있고, 그들의 생각은 온라인에서 그대로 표출됩니다. 다시 한번 까뮈의 사람 본능에 대한 관찰력이 돋보이는 순간입니다.

지리멸렬한 자산 시장의 급락장을 경험하는 우리들에게 도대체 현실과 동떨어진 것처럼 보이는 소설 《페스트》가 어떤 도움을 줄 수 있을까요? 잘 생각해보시면 소설 《페스트》는 의사 리외의 관점에서 관찰한 기록인데요, 우리 중 과연 몇이나 다른 이의 취향에 귀 기울이며, 그의 상황을 이해하는 노력을 해봤을까요? 소설 속에서 타루라는 인물은 "친구가 될까요"라는 제안에 장대한 어릴 적 꿈과 부자 관계의 스토리를 털어놓습니다. 의사 리외는 그런 내용을 모두 잠잠히 듣습니다. 실제 우리들의 삶이라면 어떠할까요? 상대의 말이 채 끝나기도 전에 말을 가로채고 대화를 끝낼 것입니다. 사실 본질은 관심 없기 때문입니다.

현대인 모두가 부산하게 뭔가를 찾아 헤매지만 당장 눈앞의 것에만 급급할 뿐 정작 깊은 지혜에는 관심이 없습니다. 투자 원칙,

재무 속성의 충돌(이익 확장성과 수익성), 기업의 성장 스테이지 등에는 관심이 없고 지금 당장 나를 유혹하는 수혜주에만 집중합니다. 《페스트》속 의사 리외는 자신의 인생에 벌어지는 기구하고 전혀 예측할 수 없는 황당한 일들까지 우리 인생의 일부임을 받아들이며 담담하게 관찰을 이어갑니다.

자주 언급하는 것처럼 급락장이 오든, 상승장이 오든, 그것은 평계가 될 수밖에 없습니다. 외부 환경은 처음부터 응당 그래야 한다는 명제가 허용되지 않습니다. 부조리는 일상적인 것인데 대다수는 이렇게 하락하면 '말이 되지 않는다', '이것은 부조리하다'며 화를 내기 시작합니다. 지금의 주식 시장 하락을 대하는 다수의 태도를 봐도 마찬가지입니다. 문제의 원인이 오로지 외부 환경 때문이라고 생각하며 다른 탓할 거리를 찾습니다. 사실 본인의 시점 분산 현금흐름이 준비되어 있고, 기업에 대한 뷰가 명확하다면 두려울 이유가 화날 이유도 없는데 말이죠. 《페스트》를 통해 우리가 깨닫게 되는 것은 똑같은 외부 환경을 맞이하더라도 사람마다의 대응 방식은 완전하게 다를 수 있다는 것입니다.

우리가 매일을 같은 방식으로 살아가면 지난 주와 지난 1년 전이 도대체 무엇이 얼마나 달라질까요? 매일 시황을 보고, 금분기 실적이 좋아지는 기업을 찾고, 애널리스트 리포트를 읽고, IR에 전화한 뒤 그렇게 투자를 했고, 주가가 오르면 매도하는 방식을 취해 왔는데요. 저는 이런 식으로는 돌고 돌며 시간만 녹이면서 건강이 악화되고 자존감도 낮아지기 쉽다고 생각합니다. 나만의 취향을 가질 수가 없고, 관계는 점차 소홀해질 수밖에 없기 때문이죠.

투자를 떠올려보시면 온갖 것이 중요하다고 합니다. 주도주가 중요하다고 하고, 지금은 물가 상승률이 중요하다고 합니다. 때로는 어떤 기관이 샀고, 외국인과 기관의 수급이 어떤지 주목하기도 합니다. 사람마다 투자 방식은 모두 다를 수 있을 텐데요. 전 여러분께서 오직 즐거운 투자 방식으로 완전하게 정착하시길 희망합니다. 잠자리에 들 때 시황을 보며 마음 졸이지 마시고, 새벽에 일어난 때에는 시황과 주가 변동률을 통해 기분이 좌우되도록 두지 마세요. 마음 안에 고전이 주는 용기가 있길 희망합니다. 미야모토 무사시가 나지막이 실전 능력을 강조했듯이, 그리고 가장 외로운 순간 《노인과 바다》에서 노인의 투지가 힘이 되길 바랍니다.

SNS의 메시지에 의존하지도 마시고, 여러분 마음속에 스스로에 대한 만족과 즐거움을 찾는 투자 방식이 정착되길 바랍니다. 회계도, 매크로 해석도 당연히 배우고 해석할 수 있어야 합니다. 경제적 해자가 굳건한 위대한 기업들의 숫자는 대체로 매끄럽고, 큰 그림의 매크로 방향성은 분기 단위로 계속 빠르게 변하지 않습니다. 주식 창이나 투자 정보만 눈 빠지게 볼 게 아니라, 가을이 오면 단풍길을 걷고 크리스마스가 다가오는 겨울을 즐겨도 되는 것이죠. 실적 발표가 나왔을 때 서둘러 실적을 확인하지 못했음을 탓하기보다, 실적을 확인하지 않으면 불안한 기업에 투자한 것이 아닌지 생각해야 합니다. 그동안 당연했던 남들의 방식에 나만의 시각으로 의문을 가져봐야 합니다.

모두가 부지런함만을 강조하는 시대인데요. 다들 열심히 안 사는 게 아닙니다. 자질구레한 곳에 시간과 에너지를 자주 뺏기는 게 문제입니다. 열심히 일하면서도, 맡기지도 못하고 불안이 넘쳐나는 것이 대다수의 현실임을 기억해야 합니다. 인문학으로 하는 투자, 즐겁게 하는 투자. 이것들은 자세히 보시면 모두 하나로 연결되는 투자 방식입니다.

'사람의 본능을 이해한다면 본능은 쉽게 변화하지 않고, 경제적 해자를 갖춘 탁월한 사업 모델에 매니지먼트를 보유한 기업은 전 세계적으로도 소수이다.' '나보다 훨씬 뛰어난 사람들에게 자연스럽게 맡겨 놓고 나의 일상에 집중하면 지속적으로 즐겁게 투자를 이어갈 수 있다.' 심플한 투자 방식으로 저희 가족은 편안한 투자를 이어가고 있습니다. 한 번 편안함을 맛보면 어려웠던 때로 돌아가기 어렵다고 하죠? 심플한 투자가 주는 편안함을 느껴 보시기 바랍니다. 아주 좋은 것 외에는 스킵하기에 시간이 남고 자존감이 높아지며 관계가 좋아집니다. 부족한 글 읽어 주셔서 감사합니다. 저부터 실천하겠습니다.

미주

1 데이비드 클라크(문찬호 역), 《찰리 멍거의 말들》, 워터베어프레스, 2021.

2 버트런드 러셀(서상복 역), 《러셀 서양철학사》, 을유문화사, 2020.

3 리처드 니스벳(최인철 역), 《생각의 지도》, 김영사, 2004.

4 버트런드 러셀(서상복 역), 《러셀 서양철학사》, 을유문화사, 2020.

5 리처드 코너스·워런 버핏(이건 역), 《워런 버핏 바이블》, 에프엔미디어, 2017.

6 신병주, 《참모로 산다는 것》, 매일경제신문사, 2019.

7 2021년 버크셔 해서웨이 주주 서한 중.

8 대니얼 피컷, 코리 랜(이건 편역), 《워런 버핏 라이브》, 에프엔미디어, 2019.

9 앤드루 킬패트릭(안진환, 김기준 역), 《투자의 신》, 월북, 2021.

10 조훈현, 《조훈현, 고수의 생각법》, 인플루엔셜, 2015.

11 조훈현, 《조훈현, 고수의 생각법》, 인플루엔셜, 2015.

12 김충현, 《의료기기 산업의 미래에 투자하라》, 클라우드나인, 2020; 장환영, 〈글로벌기업 커버리지〉 리포트(Edwards Lifesciences), 한국투자증권, 2019.

13 https://www.youtube.com/watch?v=uUmtJIBibMM

14 스티븐 슈워츠먼(이경식 역), 《투자의 모험》, 비즈니스북스, 2020.

15 〈중앙선데이〉, 2021년 6월 5일 기사, "기업 분석력 탁월, 20년간 연평균 31% 수익 '월가 마법사'"

16 미야모토 무사시(박화 역), 《미야모토 무사시의 오륜서》, 원앤원북스, 2017.